思想会

Colbert

科尔贝尔
路易十四王朝的神话

*ou le mythe
de l'absolutisme*

廖宏鸿 译

〔法〕丹尼尔·德塞尔———— 著
Daniel Dessert

社会科学文献出版社
SOCIAL SCIENCES ACADEMIC PRESS (CHINA)

目　录

序　言

━━━◆━━━

　　近四百年来，让-巴蒂斯特·科尔贝尔（Jean-Baptiste Colbert）的形象深入人心。他的事迹不仅在同代的人心里留下了深刻印象，也让后人敬仰不已。无论在国王还是在民众眼中，科尔贝尔都是一位坚定的改革拥护者，同时也是公正廉洁的化身。科尔贝尔认为"秩序准则"足以保证法国王权至上的基本纲领，即权力的效能及整顿预算。科尔贝尔职业生涯的开端要追溯至 1661 年，无论是从事谨慎的幕后工作还是站至台前，他都完美地呈现了前人，尤其是尼古拉·富凯（Nicolas Fouquet）不具备的"美德"。无论该"美德"被泼了多少脏水，科尔贝尔都渴望在这位失势的最高财政总督的基础上建立起声望。备受世人崇敬的科尔贝尔享尽赞誉。他具备的美德或许可以解释他对主人的热情，主人也就是指他服务的国家。实际上，他就是"高级官吏"（grand commis）的典型。因为在古典时代（l'Âge classique），时代、帝王、朝臣、艺匠、文人、画家甚至是雕塑家，一切都冠以"伟大"之名。所有人都朝着成为太阳王光辉形象的附属品而努力。

　　在该阶段中，科尔贝尔因其承担的职责和散发的光芒而独占特殊的地位。难道不是他通过收服了中间群体和巩固中央集权的一系列条文重振财政、领地和君主制权威吗？海军的雄风难道不是因他而重振？如果不是整顿、加固了海港防御工事，法国王室海军怎么可能长久地运作？在当时的欧洲，重商主义盛行，几乎成为社会主流的意识形态，其中，"科尔贝尔主义"无异于重商主义的法国版本。而随着海军兴起的军工业混合的复杂景象也属于"科尔贝尔主义"的一部分。在海军实力决定王权成败的时代，荷兰和英格兰都垂涎海上霸权已久，而彼时的法国已经成为海上军事强国。当法国的海上贸易商队试图与海外的英国、荷兰公司竞争，甚至是将它们收入囊中时，这一切都彰显了法国海军的雄心壮志，这也是殖民成功的一个条件。法国的海军舰队护送商船远航，前往地中海沿岸、东印度甚至是西印度群岛，带去在科尔贝尔监督下生产制造的产品。

除了掌控经济、财政领域，科尔贝尔在政治领域也身居要职。在担任王室国务秘书期间，科尔贝尔掌管宫廷事务，兼管巴黎、法兰西岛，同时负责法律、政治及下属的各类工作。而在担任最高建筑总督时，他又监管文化、艺术的政策制定，换言之，君主制的宣传工作已掌握在科尔贝尔手中。荣耀对科尔贝尔的吸引与其对路易十四的吸引不相上下。意识到这一点便不难理解为何科尔贝尔是国王身边臣子中与国王最亲近的那一个。总而言之，在太阳王时代，除了领兵作战，其余的所有事务都要经科尔贝尔之手。哪怕勒泰利耶（Le Tellier）家族保留了领兵作战的权力，实际上也得看财政部门的眼色行事。除此之外，科尔贝尔尚未掌控外交大权。但从1680年起，他的兄弟克鲁瓦西的夏尔·科尔贝尔（Charles Colbert de Croissy）开始接手外交事务。独自一人承担如此多的重任着实是令人称奇！没错，正因如此，旧制度（Ancien Régime）体制下培养人才的能力毋庸置疑，无论是大臣还是官员都能得到良好的培养，这也是旧制度的一大优势。而让-巴蒂斯特·科尔贝尔将这一优势发挥至极致。他能干净利落地结束复杂混乱的局面，工作能力出众，还具备同时处理多个事务的能力。出色的工作才能及由内而外散发的热忱贯穿了科尔贝尔的一生，助其成为跨朝代、跨时代最伟大的高级官吏。科尔贝尔在宣扬君主制的同时，也不遗余力地自我推销。17 世纪 70 年代，科尔贝尔身穿国王财务官和事务官的华丽服饰，带着自豪之情披上象征着至高无上的蓝丝带让勒费弗尔画像。而在这幅充满了威严的画像中，他骄傲地提到了如下称谓："让-巴蒂斯特·科尔贝尔，骑士；塞涅莱侯爵；索镇①、谢尔河畔新堡和利涅尔的勋爵；国务秘书与国务大臣；财政总监②；管理一切会议及议政会的王家参事（conseiller du roi en tous ses conseils et au conseil royal）③；法兰西建筑、艺术及制造业总督；法兰西矿产矿业的最高总督大总管（grand maître surintendant et général réformateur des mines et minières de France）及总改革者。"画像中出现的雕塑作品"举世者"（Atlas soutenant le Monde）也隐隐透露出"科尔贝尔是法国的支持者"这一含义。

　　众所周知，科尔贝尔的成就归功于他出色的才能，同时也离不开其坚毅、时常狂暴但永远隐藏起来的性格。从辅佐马扎然到成为路易十四的近臣，科尔贝尔总能铲除挡道之人。当他接手财政事务后，地位便不可撼动了。显然，那些饱受科尔贝尔折磨的人并不会

---

① 由于本书出现的人名、地名较多，因此有通译的地名不在后括注原文。另原书中大量使用人称代词、官职或外号来指代，有些语境中为避免误解，均改为人名。原书无脚注，此中文版脚注无特殊说明均为编者添加。

② 财政总监（contrôleur général des Finances）有多种翻译，本书翻译参照熊芳芳《新财政史视域下法兰西近代国家形成问题述评》，第 158 页。

③ 王家参事（conseiller du roi）有多种译法，此官职是高等法院法官的头衔，详见庞冠群《司法与王权：法国绝对君主制下的高等法院》，第 75 页。conseil royal 译为议政会，参照黄艳红《法国旧制度末期的税收、特权和政治》，第 32 页。

怀恨在心。尽管科尔贝尔在世时受到抨击，但在下一个百年他沉冤得雪，世人肯定了他个人及其指导下推行的改革。伏尔泰在其著作《路易十四时代》中曾言："假如将科尔贝尔掌管的政府与之前的相比，后世定会将其捧在手心。但不幸的是，与他同一时代的人在他逝世之后恨不得将其尸体一分为二。工业与商贸的长足发展给法国人带来了丰盈的财富，而这一切都归功于科尔贝尔。尽管在战争期间物资有所减少，经济衰退，但在和平期间一切又重回顶峰。"伏尔泰还补充道："科尔贝尔凭借丰富的学识与天赋异禀的才干在财政界大施拳脚。"确实，重农学派对科尔贝尔忽视农业问题表示深深的遗憾，但无一不赞扬他的财政政策。随后朝代更迭：七月王朝、法兰西第二帝国、第三共和国、第四共和国直至今日的第五共和国，无一不对科尔贝尔的政策称赞有加，不仅仅在财政领域，他其余的政策皆具有伟大的前瞻性。科尔贝尔已从高级官吏成功转型为政治家。自他之后，再无任何一个大臣愿与他比较。在政客中，不因军功而因经济改革闻名于世的科尔贝尔是一个特例。他的"科尔贝尔主义"独树一帜。而历史上一般只有将军享有在名字后加上"主义"后缀的荣誉，如拿破仑、戴高乐、布朗热及菲利普·贝当将军。随着时间流逝，科尔贝尔"指挥官"的形象越发深入人心，而科尔贝尔本人也被提升至国家荣誉功臣之列。此项决议没有引发任何异议，因为科尔贝尔的政绩是毋庸置疑的。历史学家们甚至时刻警醒，不能蓄意"抹黑"这位大人物。

　　关于科尔贝尔生平的著作浩如烟海，面面俱到，这都得归功于19世纪的文坛大家。皮埃尔·克莱芒（Pierre Clément，1809～1870年）是第一个着手研究科尔贝尔生平的人。他终生孜孜不倦，纵览所有公开档案和一些未曾公开发表过的私人记录。1846年，皮埃尔·克莱芒先于《尼古拉·富凯的历史研究》（*Étude historique sur*

Nicolas Fouquet）出版了第一部著作《财政总监——科尔贝尔的生活及其政务管理》（*Histoire de la vie et de l'administration de Colbert, contrôleur général des finances*）。自 1861 年起，皮埃尔·克莱芒着手撰写了他最有名的著作《（让-巴蒂斯特·）科尔贝尔——书信、箴言及回忆录》［*Colbert（Jean-Baptiste）-Lettres, Instructions et Mémoires*］。他于 1882 年与亚瑟·德·布瓦利斯尔（Arthur de Boislisle）齐心协力共同完成了这部 8 卷 9 册①的大作。该作品因完整地展现科尔贝尔一生的跨度荣膺 19 世纪最杰出的作品之列。第一卷主要描绘了科尔贝尔在 1650 年至 1661 年是如何辅佐马扎然的。第二卷内含两册，涉及财政、税收、货币、工业以及商贸方面的内容。第三卷同样包含两册，叙述科尔贝尔在海军、战船、殖民地建设方面的成就，以及对其长子塞涅莱侯爵的训导。第四卷则是侧重于外省②农林和种马场、朗格多克运河、河道及矿山的管理。第五卷则介绍了科尔贝尔在建造军事要塞，扶持科学、文学、艺术及建筑方面的成就。第六卷展示了科尔贝尔在司法、治安、宗教事务以及其他多种事务方面的才干。第七卷则收录了私人书信。第八卷则是布罗托纳及布瓦利斯尔（P. de Brotonne et A. de Boislisle）总结的勘误总表和分析列表。皮埃尔·克莱芒还加入了对科尔贝尔研究至关重要的案卷手稿，包括一些家族记录，比如吕讷（Luynes）家族。自从 17 世纪科尔贝尔的长女让娜·玛丽-泰蕾兹（Jeanne Marie-Thérèse）与吕讷及谢弗勒斯（Chevreuse）公爵夏尔-奥诺雷·德·阿尔贝（Charles-Honoré d'Albert）联姻后，该家族便保存了大量关于科尔贝尔的案卷。唉！不可避免的是，尽管卷帙浩繁，皮埃尔·克莱芒编纂的丛书也不够

---

① 此处原文如此，但由下文可知，第二卷和第三卷都有两册，总共应该是 10 册。
② 法语中的外省指巴黎以外的省份。

完整。科尔贝尔－吕讷基金会保有历史咨询的权利。

在布瓦利斯尔的协助下，皮埃尔·克莱芒的遗孀撰写了两卷《科尔贝尔史》（*Histoire de Colbert*）对该丛书进行了增补。其中为其丈夫收集的卷宗写的序言在很长一段时间内确立了兰斯大家族的形象。除此之外，不少声名远扬的渊博之士也曾著书描绘科尔贝尔。科纳克（Cosnac）伯爵加布里埃尔·朱尔（Gabriel Jules）著有《马扎然》（*Mazarin*）与《科尔贝尔》（*Colbert*），两本书均于1892年问世。在此之前对科尔贝尔的研究主要聚焦于富凯与科尔贝尔之间的较量。如阿道夫·谢吕埃尔（Adolphe Chéruel）于1862年出版的《最高财政总督①富凯公开及私人生活回忆录》（*Mémoires sur la vie publique et privée de Fouquet, surintendant des finances*）和于1882年出版的《马扎然时期的法国史：1651～1661年》（*Histoire de France sous le ministère de Mazarin：1651-1661*）；朱尔·莱尔（Jules Lair）于1890年写成的《尼古拉·富凯——路易十四时期的检察长②、最高财政总督及国务大臣》（*Nicolas Fouquet, procureur général et surintendant des finances, ministre d'État de Louis XIV*）。总而言之，19世纪的学识渊博之士热衷于收集卷宗以便着手研究君主制的历史。他们的研究集中在于17世纪确立了绝对君主制的波旁王朝。因此，在这些记录了神圣历史的著作中既有贤者也有罪人。每个人都有自

---

① 也有学者将最高财政总督（surintendant des finances）译为财政总监或财政总督，因本书有不少财政官员职位，且为了与总督（gouverneur）区分开，本书翻译参照熊芳芳《近代早期法国的赋税与王权》，第29页。

② 检察长（procureur général）的翻译参照黄艳红《法国旧制度末期的税收、特权和政治》，第183页。检察长是高等法院的成员，负责维持法院秩序和在刑事案件中充当公诉人，提交给高等法院登记的法令宣言等要先交给检察长，由检察长向法院做陈述，他还负责向国王传达法院的意见。只有检察长与首席庭长直接由国王任命。

己的角色。

在王朝历史的人物群像中，既有节俭聚财的贝亚恩的亨利（Henri le Béarnais）及苏利（Sully），也有专制独裁的路易十三和黎塞留。路易十四年幼时与他的教父马扎然一样，情绪反复无常但聪明绝顶。无论是独自执政期间的路易十四，还是改革家及组织者科尔贝尔，抑或是勒泰利耶父子，他们都追求专制。正因如此，法国成为欧洲大陆第一强国，法王也成为"世界上最伟大的君主"，这是奉承路易十四的客套话。而那些背负了骂名的人全是公开或暗地里阻挠抨击的政治家。在这些所谓缺乏传统英雄品格的"反英雄"中，有意大利的阴谋者孔奇尼（Concini），他为玛丽·德·美第奇（Marie de Médicis）这位控制欲过度的母亲、才智平庸的摄政者提供了庇荫；也有假仁假义的朋党团体，他们通常是外国的天主教徒，在其影响下，西班牙逐渐沦为不被法国喜爱的国家；同时还能窥见惹是生非者的身影，如孔代家族和旺多姆（Vendôme）家族这样意图不明的血亲王族，以及像蒙莫朗西（Montmorency）家族这样追寻荣耀的军功贵族等。除上述类别之外，还有野心勃勃之人借着拥有特殊才能尤其是财政方面才能的名义，认为自己是不可取代的。他们想要，并且能够掌权，就像那些无恶不作的财政大臣的典型富凯一样。在非黑即白的环境中，他的形象和行为差不多一下子就确立了。克莱芒对此已详尽写明。科尔贝尔作为一名管理者，运用计谋将利用王室财政谋求私利的贪污腐败者都驱逐出宫廷。这些人是权倾朝野的最高财政总督和他渗透至朝廷各个官职、把控各项经济命脉的党羽！是夺取了贵族之位逃税漏税的篡位之人，他们甚至扩大了法国的赤字！是挪用了专款的林业官员！最后，作为一个严肃且热忱的男人（指科尔贝尔），他显然也是大公无私的。他让那些通过不正当手段挪用专款或是设立新的税收、收取高额租金中饱私囊、以军事开销为借口将大批资金装入袋中的人吐出赃款，为那些通过工商业兴旺人口的国家的真正活力铺平道路。上述种种都没有考虑到能真正振兴国家、通过促进商贸工业繁荣兴旺人口的领域。

因而，从该观点可见，科尔贝尔改革者的形象是想要标准化、集中化的统治者所不可或缺的。科尔贝尔是一位规范了国家法规制度的卓越治理者，在海事力量、司法、财政、商贸、殖民地、水文、林业及捕猎方面都有重大建树。科尔贝尔认为严格地听从指令是良好推进及执行制造业、林业及海军项目的前提。实际上，正是科尔贝尔催生了绝对主义国家。此后，他又怎会不被认为是股肱之臣呢？怎会不因创建了"世界之王"的伟大王朝而名垂青史呢？并且人们也几乎不再批评对富凯的审判。毕竟，重要的是国家摆脱了这位"罪臣"。如果富凯被圈禁而死在牢中也不太好。此外，人们也很少再谈论红帽暴乱（les Bonnets rouges）。毕竟，这涉及有产者行为合法化的问题，如果布列塔尼人强烈抗议，结果会更糟糕。人们也不会对推行地方化和着力发展制造业的政策表示后悔。毕竟没有国家的推动，怎么会有这些政策呢？对此，法国第三共和国的史官欧内斯特·拉维斯（Ernest Lavisse）在其研究路易十四王朝统治的专著《从诞生之初到法国大革命》（*Histoire de France depuis les Origines jusqu'à la Révolution française*）中用"科尔贝尔的馈赠"（offre de Colbert）这一章来重新编纂和补充了历史文献。法国第三共和国肯定了科尔贝尔政策的有效性。假如这些政策没有结出应有的硕果，那是因为它所处的王朝挥霍无度、穷兵黩武。可以说，科尔贝尔主义的无效性都归咎于王朝。19 世纪末盛行一时的实证主义也从中汲取了养分。

至此，科尔贝尔的人格魅力又如何能不被称赞呢？清点其任职期间颁布的各种文件让人们更崇拜他了。如 1888 年迪迪埃·纳维尔（Didier Neuville）编辑的《法国大革命之前的海军档案摘要》（*L'État sommaire des archives de la Marine antérieures à la Révolution*）、夏尔·德·拉龙西埃（Charles de La Roncière）于 1908 年公布的科尔贝尔五百藏书（les Cinq Cents Colbert）的手稿、1921 年吕西安·奥夫雷（Lucien Auvray）和勒内·普帕尔丹（René Poupardin）的巴吕兹藏书（la collection Baluze）、1923 年菲利普·洛埃（Philippe Lauer）的克莱朗博藏书（la collection Clérambault）。1920 年和 1922 年，夏尔·德·拉龙西埃与保罗-玛丽·邦杜瓦（Paul-Marie Bondois）借助科尔贝尔文集的校订本增加了大量可查阅的资料。但该书侧重于收集体现科尔贝尔正面形象的通信集，也未收录科尔贝尔生命中最后五年的书信记录。这些记录了科尔贝尔生平的案卷浩瀚如烟，为科尔贝尔传记丛书提供了养料。这些传记都突出记载了科尔贝尔在海事殖民地政策和财政经济政策这两个主要方面的才干。

　　1914 年至 1918 年，法国海军受到重创，此后一直渴望重回巅峰。尽管英国在旁虎视眈眈，但法国的殖民地力量仍不容小觑。两国在殖民地领域的竞争很激烈。在科尔贝尔时代，法国的海事力量处于霸权地位，因而研究材料均认为之后的海军应效仿科尔贝尔时代的管理。该观点在夏尔·德·拉龙西埃于 1919 年出版的《海军重臣：科尔贝尔》（*Un grand ministre de la Marine : Colbert*）及 1920 年的《法国海军史》（*Histoire de la Marine française*）第五册中均有论述。同样主题的作品还有皮埃尔·布瓦索纳德（Pierre Boissonnade）及皮埃尔-雅克·沙利亚（Pierre-Jacques Charliat）在 1930 年出版的《科尔贝尔及北方贸易公司（1661~1689 年）》[*Colbert et la Compagnie du commerce du Nord（1661–1689）*]，这本书对亨利·梅斯曼（Henri Mesmain）的《路易十四王朝的海战之设备篇——科尔贝尔的典范军械库，罗什福尔码头》（La Marine de guerre sous Louis XIV-le matériel-Rochefort，arsenal modèle de Colbert）及《王室战舰的水手和军人：罗什福尔部门的人员增长，1661~1690年》（Matelots et Soldats des vaisseaux du roi：levée d'hommes au département de Rochefort，1661-1690）这两篇文章进行了补充。

1929 年的经济大萧条引发了关于国家在经济监管中扮演的角色的讨论，因此掀起了研究科尔贝尔统制经济的浪潮。在法国，有皮埃尔·布瓦索纳德在 1932 年出版的《科尔贝尔或国家干涉主义的胜利——法国工业集权的建立——劳工专政，1661~1683 年》（Colbert ou le Triomphe de l'étatisme - la fondation de la suprématie industrielle de la France-la dictature du travail，1661-1683）。美国社会对于罗斯福新政的思考促使查尔斯·伍尔西·科尔（Charles Woolsey Cole）于 1939 年撰写了《科尔贝尔及法国百年重商主义》（Colbert and a Century of French Mercantilism）这部成功总结了科尔贝尔经济理论的书籍。但无论再出版多少本著作，都无法撼动皮埃尔·克莱芒在一个世纪之前塑造的科尔贝尔的形象。19 世纪阿尔弗雷德·内马克（Alfred Neymarck）于 1877 年写的传记和路易·艾蒂安·迪西厄（Louis Étienne Dussieux）于 1886 年写的传记并没有在这个主题上有多少创新，显得有些冗余。20 世纪下半叶克洛德·法雷尔（Claude Farrère）和乔治·蒙格雷迪安（Georges Mongrédien）分别于 1954 年和 1964 年写的传记则包含了一些新内容。

直至 1973 年，让-路易·布尔容（Jean-Louis Bourgeon）的《科尔贝尔之前的科尔贝尔》（Colbert avant Colbert）认为科尔贝尔的成功源于其家族，这一观点打破了之前流行的观念。这位历史学家研究了科尔贝尔的先人以及他们是如何崛起的。科尔贝尔家族活跃在大宗交易领域，开枝散叶。固守香槟地区之外，也有成员前往巴黎投身银行业。科尔贝尔家族还通过明智的联姻策略巧妙地打入行政部门。与勒泰利耶家族联姻后，科尔贝尔家族进入了上流社会。显然，科尔贝尔家族竭尽所能支持科尔贝尔。该部著作展示了大量科尔贝尔家族的家谱和公证文件。考虑到材料的公正性，让-路易·布尔容有一次放弃了援引的大臣起草的文件。但是他的鲁莽行为也并未令科尔贝尔这位伟大人物的形象蒙尘，亦未对其方法和结果造成影响。

继让-路易·布尔容的探索之后，更多有关科尔贝尔的资料涌现出来，特别是公证文件。出身于吕讷家族的伊奈丝·缪拉（Inès Murat）从家族卷宗中发掘出了皮埃尔·克莱芒未全数收录的更多材料。皮埃尔·克莱芒所著的《科尔贝尔》详实记录了科尔贝尔辅佐马扎然的时期、投毒事件中科尔贝尔的作为，以及其风雨飘摇的晚年。尽管科尔贝尔家族团结一致，禁止他对他们的祖先进行大肆批判。但总的来说，克莱芒的著作还是中肯的。同样，弗朗索瓦·德·科尔贝尔（François de Colbert）于 2000 年出版的《15 世纪至 20 世纪的科尔贝尔家族史》（*Histoire des Colbert du xve au xxe siècle*）公布了大量公证文件。在其中，让-巴蒂斯特·科尔贝尔大臣的形象无所不在，令人讨喜。同期，海军史的专家也对科尔贝尔设立的海军机构和颁布的敕令赞赏有加。艾蒂安·塔耶米特（Étienne Taillemite）、让·梅耶尔（Jean Meyer）及贝尔纳·卢丹（Bernard Lutin）非常看重国务大臣科尔贝尔，这种态度延续至三百年纪念活动（科尔贝尔于 1683 年离世），巴黎造币厂为纪念他举办了纪念展览和学术研讨会，这些都是已逝者的荣光。罗兰·穆尼耶（Roland Mousnier）出版的《全新的科尔贝尔》（*Un Nouveau Colbert*）汇集了研究 17 世纪的专家的论文，但大部分作者并非研究科尔贝尔的专家，仅有几个例外！由此，科尔贝尔的形象越发高大起来。他本人才能卓越，皮埃尔·克莱芒塑造的伟人形象又给他染上了更为神圣的色彩。

然而，2000 年以来又发展出两个新的研究角度。2003 年问世的《科尔贝尔：理智的政治生涯》（Colbert : la politique du bon sens）由海事专家米歇尔·韦尔热-弗兰切斯基（Michel Vergé-Franceschi）撰写。该著作内容与事实有些出入。某种程度上可以将它看成完全是编撰的历史小说：作者故意抹黑富凯为投毒者和阴谋家，把科尔贝尔塑造成显神的正义的复仇天使，这些表述足以为他赢得任何想象力的证书。这本书本可以成为更加学术的人物传记，但它并没有。书中充斥着不确切、模糊甚至是错误的记载。如作者花费大量笔墨描写路易十四于 1669 年前往马赛的一场奢华之旅，但其实史书上并无记载。总而言之，对洗白和理想化的科尔贝尔形象的论述最终都会水落石出。

2010 年，关于科尔贝尔的最后一本传记顺利结尾，标题很直白，《科尔贝尔及被篡改的美德》（Colbert ou la Vertu usurpée）。该书由担任过部长的高级官员弗朗索瓦·德·奥贝尔（François d'Aubert）撰写，以全新的角度记录了科尔贝尔的生平。他深入发掘了充分展示太阳王时期的文章及书籍，并没有从科尔贝尔的言语着手，转而从他的所作所为及到底运用何种方式达成目标来探讨。作者拒绝谄媚地恭维科尔贝尔，他笔下的科尔贝尔是一个全新的形象。那么，科尔贝尔这个人物是否有假呢？实际上，对科尔贝尔的政策和经历的研究引发了对路易十四绝对主义的怀疑，这一尝试（指对路易十四绝对君主制的怀疑）也与我五十年来的研究内容有部分重合。说句公道话，谁还会否认科尔贝尔在法国历史上的重要地位呢？但无论如何，在他的实际作为和被塑造的形象之间必然存在一道鸿沟，而他试图通过书面或口头的材料弥补这一差距。

　　比如在财政方面就非常有启发意义，重建工作促进了君主制的运转。1663 年，科尔贝尔亲笔写就《为历史而作的关于法国财政事务的回忆录》（*Mémoires sur les affaires de finances de France pour servir à l'Histoire*），这本书也是现存的来自科尔贝尔的最重要的一本书。他在书中向君王及其继任者揭示了财政领域存在的严重问题。历史上确有记载，但在科尔贝尔视角下，最高财政总督贪污腐败，与其贪财的财政家①党羽吞食了巨额的公共财产，是"骚乱的严重表现"。而科尔贝尔也赞扬了"秩序准则"，巧妙地将其归功于统治者，尽管这些（管理工作）都是他做的。因为一旦肃清那些有罪的人及其帮凶，国王将是唯一可以用资金接济国家的人。因此，科尔贝尔坚持采取措施肃清罪行：一方面，正义法庭②对包税人提起诉讼，废除关税，对农场进行了改造并减少了地租；另一方面，减免军役税③也大大减轻了群众的负担。哎！但正义法庭的审讯和记录在案的卷宗却展示了另一面。因此，在我撰写的有关旧制度财政体制的文章、书籍或文献中，相较于彻底革新体制，科尔贝尔更像是从中获益颇丰，以至于收税官在税收中的地位远不及他的权威。

　　科尔贝尔的海事工作也遇到了同样的矛盾。在 1985 年出版的《全新的科尔贝尔》一书中，曾有人对我之前论述实干型大臣与理论

---

①　财政家（financier）是旧制度时期与财政金融事务相关的从业者，包括财政官员与包税人等。只有在 système fisco-financier 中会把 financier 翻译成金融。详见熊芳芳《新财政史视域下法兰西近代国家形成问题述评》，第 159 页。

②　正义法庭（la chambre de justice）的翻译参照黄艳红《法国旧制度末期的税收、特权和政治》，第 64 页，正义法庭的主要职能是清查包税所。

③　军役税（tailles）有达依税、人头税等多种译法，详情可见熊芳芳《近代早期法国的赋税收支》，第 77 页，以及黄艳红《法国旧制度末期的税收、特权和政治》，第 22 页，本书采取军役税这一译法。

型大臣间系统性对立的文章《自相矛盾的科尔贝尔》（Colbert contre Colbert）表示震惊。神话般的科尔贝尔与他本人之间存在的差距与绝对主义的传统观点不符。确实，该如何解释法国，这个从不缺乏苏利、黎塞留、马扎然、科尔贝尔、塞涅莱、卢瓦（Louvois）、蓬查特兰（Pontchartrain）父子及德马雷（Desmarets）等忠仆，也不缺伟大的君王，最强大、最富裕、最中央集权的、西欧国家里管理最好、度过包括最严重的情况在内的所有危机的国家，却在所有欧洲君主制国家中最先分崩离析呢？如此多的矛盾及科尔贝尔作品中矫饰的部分都回答了上述问题，进而引领我们思考绝对主义的本质，甚至是它的事实。

第一章
科尔贝尔所处的王朝

让-巴蒂斯特·科尔贝尔（1619 年 8 月 29 日至 1683 年 9 月 6 日）的职业生涯熠熠生辉且不同寻常。他在 1661 年 42 岁之际结束了不同寻常的经历后才步入商业领域。科尔贝尔人生中的第一个转变是担任了军需特派员。这位谦逊的军官迅速得到了马扎然的赏识，并成为他的幕僚。在此基础上，科尔贝尔迎来了第二次更为奇特的事业转机：仅仅在 24 小时之内，这位从未在王室财政体系中任职的军官就被委托了财政督办官①一职。该职位也逐渐将科尔贝尔推向权力中心。随后，命运的转轮还在继续转动。科尔贝尔升职，转变为铲除可能会阻碍国家良好运转的障碍的经济学家，和展示出一位在雄心勃勃的君主身边无所不能的顾问形象的改革者。为科尔贝尔的热忱及口才所倾倒，路易十四接受了他提出的各项措施。长此以往，科尔贝尔的天赋逐渐显示出来：一位效忠于伟大君王的重要大臣。

或许我们已然忘记，在通往绝对主义的道路上，科尔贝尔的执

---

① 也有学者将财政督办官（intendants des finances）译为财政总督，为与总督（gouverneur）区分开，故本书的翻译参照熊芳芳《近代早期法国的赋税与王权》，第 29 页。最高财政总督有权出席枢密会议，地位比财政督办官高。

政时期的确是关键时刻，但也仅仅是其中一环罢了。在这条道路上，还有其他人的辛勤付出，在未来也不断会有人前赴后继。归根结底，科尔贝尔之所以引人注目是因为他的成功。这位"天选之子"诞生在一个成员众多的有产者家庭。科尔贝尔的崛起之路无疑反映出该类家庭能获得的各种机会。无论是科尔贝尔受到的教育、他的青少年时代，还是其能够大展身手的职业生涯，都与黎塞留（1624～1642年）及马扎然（1643～1661年）前后两任红衣主教所管理的政府不无关系。出身于兰斯无疑在科尔贝尔个人及其家族的历史上打下了深深的烙印。因为法国国王正是在兰斯完成加冕，加冕仪式将国王、上帝与人民紧紧联系在一起。这些组成了一个尊重仪式与约束的社会的一部分。这种社会、政治、文化因素不仅影响着出身王室的人，也影响了乡村莽夫。科尔贝尔正是在这样的环境氛围下成长起来的。让-路易·布尔容曾说科尔贝尔的成就是时代与家庭结出的硕果，就算如此，实际上科尔贝尔不仅在那个时代留下了自己浓墨重彩的一笔，也帮助了其父母与姻亲。因此很有必要研究他的出身，以及决定了这位法国人在君主制下的生活的社会政治环境。

＊　＊

在旧制度时期，谈到人民就是指臣服者。在近乎神圣的权力下，对"掌权者"君主的服从是普遍而长久的。正因如此，君王与普罗大众之间有云泥之别。不可考的路易十四的名言"朕即国家"就完美定义了"绝对君主制"（monarque absolu）。历经几个世纪的风云变幻之后，权力机关才不再是独裁专政或专制主义的代名词。因此，君王身上涵盖了神性和职能两个维度。法国封建王朝的开端可追溯至10世纪，王位代代相传。在一个尊崇祖源、谱系永恒的社会中，卡佩王朝绵延多年的统治使得其余家族都黯然失色，仅有名声略逊一筹的洛林家族和萨瓦家族可与之媲美。因此，君王代表了国家以及建立、巩固国家必需的权力。路易十四因此深挖象征王权的各类标志。这并非前所未闻之事，早在中世纪及后续的文艺复兴时代，君王就已经很注意维护自身形象。加冕礼及仪式的场景塑造了一个集模范基督徒、古代英雄和新恺撒大帝为一身的国王形象。

太阳王路易十四深明此理，并将这些标榜王权的元素融入他最爱的肖像画中。该幅传世之作由画匠亚森特·里戈（Hyacinthe Rigaud）创作于 1701 年。而在路易十四统治期间，他曾不遗余力地推广这一艺术形象，以复制品或雕塑品的形式广泛流传。在画中，路易十四身披点缀金色鸢尾花的深蓝天鹅绒加冕朝服，抬起他自认优美的小腿依靠着权杖，举止威仪浩荡并无不雅。国王一旁的垫子上放着王冠和"正义之手"这些权力勋章，他身侧是查理大帝之剑。每一件物品都有含义：王冠寓意保有领土完整的权力；"正义之手"代表公平正义，维护社会和谐；佩剑则是武力的象征，为了实施司法处决权。"圣剑"既代表上天的正义，也代表世俗的裁判权：一个指导军事决定，另一个指导司法裁决。在法国这个常年征战的国度，"圣剑"提醒人们君主就像统治军队的首领一样（直接）统治军队。

权力传承遵循一定的原则，这些原则使得每个国王都是一系列君王中的一环。王位继承人必须出身于被王室承认的合法的宗亲家族，并遵循长幼顺序。因此，上述两个条件直接促成了卡佩王朝绵延 4 个世纪之久。只有在女性或女性后代可能成为国王时才会出现问题。萨利克法典通过确立长子继承规避了"女性继承者"的威胁。该措施于 1316 年确立，让美男子查理四世得以即位。但查理四世十二年后无嗣而终。长子这一支就此中断，王冠被传给了离查理四世血缘最近的旁系支脉，当然，避开了所有女性后代。法国皇位传承的两大准则——父系血脉和萨利克法——在 15 世纪成型，之后补充了另一"不可能"的原则，即君主无权指定继任者。这是为了确保王位不被独占，而这成为权力"被授予"的象征。基于此，国王可以被看作永恒的，因为每当一位国王去世，马上就有一个新的国王。实际上，当查理八世逝世时，"国王已死！国王万岁！"首次响彻云霄。随后，该口号在新王执政开端总会被提及，以此展示王位传承不可动摇。同时，王位传承制也禁止在位君王禅位，储君也无权放弃继承权。这个"不可能"准则在 17 世纪延伸至"权力的把控"领域。至此，君王的权力将不受限制，例如他们可为储君选定摄政王或辅佐的顾问大臣。

另一方面，公共连续性要求继任者履行先前的承诺。因此，该准则也引发了反对的声音：假如继任者无法履行义务，又该如何呢？毕竟，继位者可能是青少年或一个小男孩，甚至可能是尚在襁褓中的婴儿。如爱争吵的路易十世的遗腹子让一世在 1316 年受洗典礼前便魂归故里。因而我们不禁问：究竟要多少岁才能成为合格的君王呢？的确，每一个未成年的君主都或多或少地阻碍了君主政体的良好运作。当路易八世的父王去世时，他仅有 9 岁，路易十四失去父亲时也才 5 岁。他的曾孙路易十五的命运也是如此，失去了时为王太子的父亲。① 根据传统，国王 14 岁时便迈入成年的殿堂。在此之前，由国王的母后垂帘听政，因此，情况一度很复杂。如何让非神化身的她们行使不可分割的君权呢？又该如何让血亲亲王及

---

① 此处原文如此，但路易八世出生于 1187 年，死于 1226 年，他父亲腓力二世去世于 1223 年，他的儿子路易九世出生于 1214 年。

作为继承者天然保护人的政治团体一同监护呢？

　　除了这些结构性困难之外，还存在实际操作的困难，即尚为孩童的君王在教育及经验都很缺失的前提下，该如何行使司法、军事特权？然而，君王从未在此方面受到过质疑，无论是展现的方式还是继承王权的方式。因此，在法国历史上，除了路易十四，查理六世是在位最久的君主（1380～1422 年）。查理六世在位时，英格兰国王占领了法国部分国土，其长兄勃艮第公爵和叔父奥尔良公爵又对另一片国土虎视眈眈，而查理六世的精神状态极其不稳定，时而癫狂时而理智。然而，无人提出废黜他！甚至勃艮第人和阿马尼亚克人也没有。一旦加冕，法国国王的确享有独特的地位，是近乎上帝的存在。

　　国王的加冕仪式遵循古老的传统，旨在将继位君王铭刻入宗教延续性体系（continuité religieuse）中。以色列国王经过了加冕，法国国王也应如此。在法国历代加冕的君王中，克洛维是第一个举行加冕仪式的君王。仪式结束后，君王便变得"超出凡人"，即表现出权威中超验性的部分。古时由兰斯大教堂主教主持的加冕礼的仪式便被保存下来。在祈祷中，白鸽衔来一个圣瓶，里面盛有圣油（le Franc du Saint-Chrême），主教给受冕国王涂圣油，使国王成为"耶稣的被保护者"（le protégé du Seigneur）。此后，这一仪式就在兰斯举行，重现宗教圣礼高光时刻。随后，进入主教主持的祝圣仪式的高潮部分——加冕大典。国王将悉数佩戴展现王权的装饰：马刺、佩剑、祭服长袍、外披礼服、权杖以及"正义之手"。国王随之许下两个重要的诺言：对教会，国王将承诺保卫由教会法制定的教会特权及自由；对人民，国王将捍卫和平和公平正义，保持慈悲之心，以及自路易九世时开始捍卫基督教徒。在加冕仪式中，主教将在国王身上特定的 9 个部位涂上圣油，正如大卫王和所罗门王经历的那样。同时，一些法国的教会学者和法律学家认为受冕的国王也不再只是在俗教徒，而是"教会之外的主教"。这一说法得到了天主教会的认同。国王佩戴的手套、戒指、权杖及"正义之手"同样经过了祝圣仪式。

当戒指穿过国王右手的无名指，便象征着国王与自己的王国"结婚"。正如夫妇一体，国王与王国也组成一个实体。1588 年，丹尼·科基耶（Denis Coquille）在《法国国情咨文》（*Discours des états de la France*）中称："以国王为首，三个等级的人民（贵族、僧侣、平民）作为成员，共同组成政治体系和宗教教会，各成员之间的联系既不可分割又相互独立。当部分成员遭受痛苦之时，其余成员无法不感同身受。"借由上帝的恩典，国王被视为神在世俗世界的代理者，同时也是上帝与臣民之间的连接者，肩负完成奇迹的重任。加冕仪式完成后，国王将首次宣读仪式用语："国王触碰你，上帝治愈你。"正如历代国王及其继任者，路易十四也经常重复这句话：1654 年 6 月 7 日，路易十四正式加冕，随后 3 天他触摸了 3000 名患者。而在其在位期间参与的大大小小宗教节日中，他都不断重复着该宗教仪式。

法国国王几乎等同于上帝，怎么强调这一点都不为过，这比君权神授的君主更进一步。在法国敬奉两位"主神"的朝代，"王即神"的观念得到了加强，这在当时的欧洲宫廷是独一无二的存在。作为瓦卢瓦王朝及波旁王朝的直系后代，路易九世被尊为圣路易、主持正义的君王、虔诚的基督教徒。而路易九世的侄孙——图卢兹的路易也于 1317 年被封为圣徒。法国君主一向是"极度虔诚的基督教徒"（Roi Très Chrétien），没有其他国家的君主可以这么称呼自己。因此，哪怕在帕维亚被俘又被扣押在马德里的弗朗索瓦一世，也遵从仪式用双手触碰患了结核性淋巴结炎的西班牙人。基于此情况，凡是威胁法国国王人身安全或违抗国王意愿者皆被视为神灵秩序的破坏者。同样，危害王权罪①也被列为罪中之罪，所受处罚严酷至极，也印证了对君主的大不敬是违背自然之罪。

尽管"近乎神灵"，君主也并不能为所欲为。基本的习惯法从王位传承起便约束着君王的决定，并且君王也必须确保该权力不可被剥夺。继位者将继承同样的疆土和财产，若是管理得当，就会得到更多的土地和财产。同时，继位君王也需扶持正统的宗教信仰，驱逐异端或使异教徒皈依。实际上，自16世纪起，由于过于频繁的摄政，加之胡格诺派的不断侵扰，国王理论上的形象已不可避免地被改变了。此外，法国国王由于其统治的国家在欧洲大陆上最为富庶、人口最多而在其一众君王中脱颖而出。这保证了法国的财政收入和军事资源，就算没有因此确立法国在欧洲的霸权地位，至少助长了这样做的野心。国王作为军队的统领，要带领军队为臣民的利益而战，必要时刻甚至要去国土边境最远之地。这个模糊的观念成形于17世纪。这一观念也未排除战败或是被俘等削弱了国王的权力但未使其名誉扫地的危机，这一时期法国人在为维持圣路易（即路易九世）、好人约翰（即约翰二世）和弗朗索瓦一世的颜面上可没少付出代价，创造了纪录。至关重要的一点是，法国国王是司法的最高决策者，即国家所有法律的源头。法官们的公正性保证了法律的普遍性，法官是君主不可分割的合作者，也就是说专制制度的载体。

无论如何，君权饱受"原罪"的折磨。卡佩王朝的第一任国王、法兰西岛的小国王于格·卡佩被选为国王，这使他在同辈中出了头（primus inter pares）。但在当时，一些贵族的权势甚至比国王

---

① 危害王权罪（lèse-majesté）的翻译参照庞冠群《司法与王权：法国绝对君主制下的高等法院》，第42页。

更甚，因此他们的态度比起臣服更接近合作。一个流传甚广但考究不详的逸闻揭示了当时于格·卡佩的地位。他曾诘责一名贵族："是谁给你封的伯爵？"贵族不服气地回嘴道："又是谁封您为国王呢？"诚然，卡佩王朝的历代君主都用"是谁给你封的爵位"来巩固自己的权威和中央集权。但他们往往在安抚、照顾大领主时用力过猛，尤其在朝代更替之际。因此，伴随着分权削弱政府权力，反政权势力往往于摄政期间冒头。法国的君主自 15 世纪末随着未成年的查理八世和一个世纪后的查理九世起开始意识到"权力对抗"的这一面。波旁贵族们甚至养成了这个习惯。路易十三、路易十四及路易十五都曾经历过这种紧张局面。总的来说，成年人，尤其是王室家庭的成年人，正在重拾作为儿童天然顾问的重要性。当君主成年后重掌政权，原本摄政之人这时往往很难放手。16 世纪，亨利三世因无后代将亨利·德·波旁立为储君，此时，宗教问题使得政局愈发复杂，因为这位未来的新王是彻头彻尾的胡格诺派！法国人如何容忍一位新教徒当自己的国王呢？新王的合法性遭受了猛烈抨击。实际上，绝对君主制受到了来自方方面面的阻碍。

* *

当疆域面积不断扩大，合作领域不断扩充，君王一人无法兼顾如此繁多的职能。在此情景下，新的要职应运而生。如在君王缺席的情况下可代其行使军事指挥权的陆军统帅、指挥海军作战的司令官及战船将领，还有陆军元帅等。此外，还有负责履行宫廷事务的名誉职位。如内廷总管、王室侍从长、司酒官总长、王室总厨、宫廷面包总管、宫廷马厩总管、训隼总管、宫廷猎狼总管、君王犬猎队队长以及负责水利和森林的管理者。法国宫廷最早设立的要职之一便是法兰西司法大臣（chancelier de France），作为印章和法院的负责人，手握立法、司法大权。由此可见该职位在社会政治中的重要性。随着中世纪接近尾声，许多官职也被废除。而宫廷要职也被君主分配给他希望能够与普罗大众有所区别的贵族家庭。一些基础要职也被保留了下来，尤其在近代还发挥着作用。如军队统帅，因为王国常常面临内外战争的局面，耗时长且规模大；还有司法大臣或掌玺大臣①，因行政部门的权力不断集中化；最后是宫廷大总管（grand maître de France），整个宫廷成为常驻机构且人员冗沉。

君王身边围绕着许多有亲属关系、威望或才华的顾问，尤其是他未成年时。瓦卢瓦王朝时，国务秘书一职掌管主要的行政事务，如外交、军事或内政事务等。此时，财政部门也正在蓬勃地发展，其绩效也为军事行动提供条件。所有的"国王顾问"形成了独特的"小内阁"（le microcosme ministerial），他们促进了国家统制经济的形成与发展。这些朝臣为了方便向摄政转变而管理，先是在君主之下或是同君主一起管理，不久就站在君主的位置以君主之名管理国家。关于军事活动，尽管那些出身贵族的高官的职责在于军队，但也止不住他们涉足财政界。另一方面，掌玺大臣和国务秘书有对法律训练和文化素养的要求，主要从最高法院②，如高等法院（parlements）、审计法院（chambres des comptes）、间接税法院和为了在行政、政治层面统一国家的行政机构中招募新成员。至于上层财政机构的管理人员，如最高财政总督及其合作者财政总监或财政

---

① 掌玺大臣（le garde des Sceaux）是国王从司法大臣（le chancelier）中挑选的一位掌管印玺的代理者，是可以被撤职的。详见庞冠群《司法与王权：法国绝对君主制下的高等法院》，第 196 页。

② 最高法院（cour souveraines）的翻译参照庞冠群《司法与王权：法国绝对君主制下的高等法院》，第 39 页。

督办官①，他们的选拔则效仿审计法院和间接税法院，通常从理财专家和掌管财政税收事务的专家长官中挑选。

君主身边的内阁成员团体逐渐成形，包括司法大臣或掌玺大臣，分管外交、内廷、军事事务和宗教事务的大臣，以及最高财政总督。这些朝臣也形成了国王身边的常规团体，国王依靠他们管理国事。渐渐地，国王从中挑选出一些人处理更为重要的文件，授予尊贵的"国务大臣"（ministres d'État）称号，这一头衔根据国王心意也可以随时收回。有时，某位出类拔萃的朝臣很可能平步青云，成为首席大臣（principal ministre）或者首相（Premier ministre）。这一切都由国王决定。国王可以单独任命官员为掌玺大臣、陆军统帅、元帅或国务秘书。但几年后出现一种新趋势：国务秘书、最高财政总督还有自路易十四时代起设立的财政总监等技术型大臣逐渐使终身任职、极有威望又不用被追究的司法大臣和陆军统帅边缘化。总体来看，君王与十几位专家共同治理国家。一个君主制的悖论是，这些效忠君王的朝臣在君王不再依靠他们那日起开始与朝廷抗衡。

确实，一统全国需要法官及王室管理人员巡视各地，并受到百姓广泛的认可，尤其是在征税之际。向人民征税的任务通常交给直属于国王的官吏（officiers），他们的薪酬也与税收工作直接挂钩。在旧制度时期，每一个拥有职位的人都属于一个家族：如自家祖先或父母曾担任该官职，或通过姻亲关系获得该职位，后代子孙将世代承袭。旧制度时期的法国盛行承袭制，族内通婚很常见。而官位承袭制自 15 世纪末起逐渐制度化，它竟为正式官员让位提供了可能性。真是一个意想不到的结局。总是需要钱财的法国政府在很早

---

① 财政总监（contrôleurs généraux des finances）的翻译参照熊芳芳《新财政史视域下法兰西近代国家形成问题述评》，第 158 页。

之前就意识到可以从中获利，便通过收取手续费合法化承袭制。1522 年，法国国王设立特别收入司库①以掌握买卖总额。手握官职，在任者可以按照一定的辞职手续将官职"卖给"亲戚或第三方，不久后当权者要求须上交官职要价的 30% 上下才允许买卖官位。1604 年，也是最后一步，《波莱特法令》（l'édit de la Paulette）确认，只要官员每年向王室缴付岁捐（税率六十分之一）和转让税（税率八分之一），则其官位可族内承袭，也可由他人继承。

在此社会氛围下，族内通婚与官位承袭制相辅相成，以至于绝大部分百姓都渴望求得一官半职以获得社会声望、地位的提升。长久以来，担任神甫几乎是平民阶层获得社会阶级跃升的唯一途径。而买官制使得普罗大众能够有机会享有威望及财富。这就是负责起草、颁布敕令的司法部官员和法官的利益所在。诚然，这些王室法庭的官员为平民百姓打开了通往"第二等级"的大门。这些官职非常受欢迎，尤其是那些拥有不少社会优势和税收优势的职位。族内通婚与官位承袭制二者的长期结合深刻地改变了法国的政治制度与社会。

从实际角度出发，遗赠或出售官爵促使家族势力在高等法院、行政及财政方面竞相发展。进入官僚体制的新晋官员会结交志同道合之士，有时几个仕官家族间还会互相通婚好几代。在这些阶层，两个人的结合不仅仅代表一个新家庭的诞生，比起家产、亲属关系、门路，爱情的激情也不值一提。每一桩"义结金兰"的背后都有无数个家庭势力苗壮发展、相互联结，势力从而像"触手"般向多方延伸，并逐年增强。由此，为君主制服务的公职阶级衍生

---

① 特别收入司库（trésorier des parties casuelles）的翻译参照熊芳芳《近代早期法国的赋税与王权》，第 28 页。

出"根基扎实"又"分枝众多"的小世界，本质上是反政权的团体。但他们把控了本应属于君主的军事、司法、立法、财政大权，逐渐阻碍了君主的专断行为（volontarisme monarchique）。

当我们仔细打量围绕在君主身边的臣子时，上述现象确凿无疑。诚然，依靠个人能力获得的高官爵位的确不可转卖。如掌玺大臣和各种国家大臣等国王的辅佐大臣，陆军统帅、海军元帅、陆军元帅等军中要职也不可转与他人。但从 16 世纪起，分管重要部门的国务秘书眼见各自的职能逐渐同类化，因而无论归属哪个部门，他们都可以像其他不重要的职位一样转卖官职。此外，职位继承人的指定权这种情况允许在任者将官职转让给自己选定的继任者。1662 年，卢瓦便凭借"职位继承人的指定权"从其父亲米歇尔·勒泰利耶手中接过要职，此时他年仅 21 岁！这就是为何一些常年位居大臣级别的家庭能够屹立数十年而不倒。勒泰利耶家族在 1643 年至 1701 年牢牢把控着国务秘书处（le secrétariat d'État），而费利波（Phélypeaux）家族甚至时间更长：该家族第一位政客于 1610 年接掌国务秘书（secrétaire d'État）一职，最后一名政客是担任路易十五国务大臣的莫勒帕（Maurepas）。他于 1781 年逝世，没有留下任何子嗣，为费利波家族在政坛上的征途画下了句号。其他家族也是如此，"高等法院法官"，尤其是"政界要人"，产生了许多在位数十年直至子孙后代灯火燃尽的大臣家族。从 16 世纪到法国大革命前夕，一小部分人就这样垄断了权力：177 个家族共为法国宫廷输送了 242 位大臣，其中 33 个家族（18.6%）出了 94 位大臣（38.8%）。其中 13 个家族（占比 7.3%）就诞生了 54 名大臣（占22.3%），足见其封闭。这些大臣主要出身于高等法院及财政界，均为个中翘楚。家族联姻更是促进了权力的集中，68 个家族（占38.4%）之间相互结合从而诞生了 123 名大臣。出于该不可逆转的决定论，法国宫廷从中挑选领导人。在这样僵化的社会中，新人是罕见的，想获取权力的有志之士首先要加入这一小群体。

* *

法国君主热衷于战争，因而战争塑造了法国社会，并影响了王国的统治。法国君主制也深深地打上了黩武主义的烙印。1494 年，法国发动了对意大利的战争，从此陷入战争泥潭，直至 1815 年才从中脱身。三百多年来，法国王室内外均面临着接连不断的冲突，有时也结盟。尤其在 16 世纪至 17 世纪，战争到了白热化阶段。与哈布斯堡家族的斗争持续了近两个世纪，西班牙、法国两位国王的斗争耗尽了所有的兵力和物资。尽管法国发动的意大利战争结束于 1559 年，但三年后宗教纷争重燃战火，直至 1630 年才平息。此外，1629 年至 1631 年间，法国军队与西班牙军队在意大利北部还交过几次手。1635 年，法国加入三十年战争，对抗奥地利和西班牙的哈布斯堡家族。元气大伤的哈布斯堡家族于 1659 年与交战方达成和解协议，双方缔结了和约。总体来看，在这三百年中，法国每十年就有六年在交战，高峰时期甚至十年内八年都是战火连天。因此，当 1619 年让-巴蒂斯特·科尔贝尔诞生时，伴随着他青少年及成长时期的都是"交战"。他又诞生于边境军区香槟省，当和平终于降临、国家太平无事时，他已 14 岁了。

法国连年的战争滋养了贵族，后者由此进入了前所未有的鼎盛时代。佩剑贵族（aristocratie d'épée）作为该等级的传统组成部分，通过担任法国陆军统帅、海军司令或元帅等军中要职保持其政治影响力。军事家族的影响力可持续几个朝代，比大臣、法院或财政家族更稳固。以庞大的军事家族蒙莫朗西家族为例，该家族一共诞生了 6 位陆军统帅、3 名海军司令、13 名法国元帅、40 余名将领。尤其引人注意的是，哪怕不是非此不可，这些军事家族也会让自己的后代加入政治小群体，他们因此巩固了事实上可以对抗王权的地位。因为征战在相当程度上干扰了国家在政治经济方面的正常运作。

渐渐地，国王的禁卫军变成了常驻部队，中世纪时最多不过数千人。到了 16 世纪时，国王的禁卫军人数扩展到上万人，到了 17 世纪末已突破 10 万。热兵器的普及和炮弹的迅速发展都促进了技术革新，两者都意味着建设工业基础设施。为了争夺海洋霸权，法国先是赢了同西班牙舰队的交战，随后与海军力量的后起之秀尼德兰联省共和国及英国展开了对抗。为此法国不得不建立一支海上舰队，这离不开港口、军械库和促使军工产业复合体形成的设备。最终，烽火连年的战争掏空了国家的资源。在 16 世纪，尤其是 17 世纪，80% 的税收都用于战争开销。对此蒙泰库科利（Montecuccoli）有一句名言："为了养军作战，三件事物是必不可少的。那就是钱、钱、钱。"这不是一种比喻。启动一台"战争机器"需要投入大量金钱，无论是银币还是金子，统统都是必需品。此外，政府也必须处理如何获得贵金属这个至关重要的问题。因而，建立财政金融体系势在必行。

* *

理论上，财政税收所得将覆盖包括战争花销在内的所有国家支出。很快国家便入不敷出，因此政府寄希望于向臣民征税以补足国库。然而直接税及其补充收入都无法满足国家的开销，加上国家连年征战，国王开始向日常消费品的流通及消费征税。作为牲畜进料、臣民储存品的食盐也被国家强制征税，而向盐征收间接税一事至今仍留存在法国人的记忆中。无论是所征盐税的款项，还是为此设立的收税官职，都揭示了旧制度时期的一条宝贵准则：特殊准则为总的准则服务。对钢铁征的间接税、入市税都获得了很多税收。然而，间接税仍然不够。政府想出了一个不同的制度，叫"特别事务"。喔，多么有说服力的说法呀！这包括：临时转让国有资产；设立年金公债体制，其中一些款项与未来的收入挂钩；买卖不寻常但有利可图的官职，因为可谋得丰厚的合法税收利益，也能带来社会威望。

某些时候，设立官职或提高工资就像一种独裁的攫取，如果没有减少官职的要价，在任者就不会允许这种事。如两名财政官员负责征收直接税，其中一名负责"旧"职位，另一名则负责替代的职位。这迫使他们两年执行一次公务。这些官职以油水丰厚闻名，因此朝廷在其基础上创建了第三个职位，"每三年执行一次公务"，之后又是第四个，"每四年执行一次公务"。此项举措促使原有的官员不断买新官职以维持原有的收益。从根本上看，创建这些官职无异于强制贷款。在这些特别事务中，我们还能寻到给国王贷款的款项，这些钱财是由寻找安全投资的财主支付的；或是贪污官员的罚款，就是"吐出嘴里的肉"的另一种方式，退还赃款。用钱财消灾可以避免启动司法程序。因此，财政家们自然有兴趣支付这种保险费以规避风险。在艰苦时期，国家甚至会增加特殊事务。

笼统来看，在税区地区（pays d'élections）中，每个财政区（généralité）① 的直接税（包括军役税、军役税附加税②、什一税、

---

①　近代早期的法国财税体制分 3 层，基层与最高层中间的组织叫财政区。
②　Taillon 有多种译法，本书翻译参考黄艳红《法国旧制度末期的税收、特权和政治》，第 53 页。

二十分之一税／廿一税等）由省级总征税官①负责。而在布列塔尼、朗格多克、普罗旺斯等三级会议地区（les pays d'états），则由总司库②负责收税。与之相对的，每种间接税的征收则托付给了单独的私人财团。因此，法国政府设立了一个针对盐税征收的"包税所"（ferme），一个针对波尔多商队的包税所。商品交易税和关税都有专门的包税所。这些包税所自 17 世纪起开始兼并，逐渐扩大了势力，由"联合包税所"（Fermes unies）逐渐变为"总包税所"（Ferme générale）。而国家与私人集团之间通过签订经营许可的合同对"特别事务"达成一致。签署了这些被叫作"契约"（traités）或者"决定"（partis）的开发合同的个人便成为"包税人"（traitant）或"买办包税人"（partisan）。总而言之，财政官员负责收直接税，"总包税人"（fermiers généraux）负责收间接税，而"特别事务"则是"买办包税人"的职责范围。法国百姓无一不唾弃这三类官员。前两者招人厌恶，而"包税人"尤甚。但其中我们忽略了一点："包税人"为财政官员"打了掩护"。省级总征税官、军役税特别收税官、三级会议地区司库、特别收入司库以及与军队管理有关的中央国库司库构成了财政家的世界。

　　尽管税收种类繁多、牵涉的人员数不胜数，但征税的方式、数目、给予包税人征收赋税的利息都按照合同牢牢地掌控在国家手中。因此，每个财政区的收税员按照 14 个月分期付款的方式缴清税款并预先支付第一个月的钱。"包税"是委托给一个团体：团体中的每一位成员都将出资，并按其出资比例获取利润。该资金将被

---

①　省级总征税官（receveurs généraux des finances）的翻译参考熊芳芳《近代早期法国的赋税与王权》，第 27 页。

②　总司库（trésorier général）的译法参照熊芳芳《近代早期法国的赋税与王权》，第 27 页，总司库负责新成立的储蓄国库。

分为 20 索尔（sols），1 索尔等于 12 德尼（deniers）。很容易通过向下分包使出资翻倍，被叫作"肥差"（croupes）。最终，虽然受到政治或者形势等各类偶发情况的影响，但预计税收年度总额会提前定好，国家根据以往注册在案的资本数额便肯定能收到这些钱。此外，团体的建立也有"特别事务"参与。公司的运作系统与总包税所类似：国王与征税官之间签的协议预先决定了资金数额和预付款，而包税人能收取的利益也根据本钱决定。

纵使税收来源多种多样，征收方式却是统一的。税收数额基于收税官员——总包税人及征税官与君主预先商定的资金数额而定。旧制度时期的财政家在任何情况下都持有大量现金。尽管君主制国家离不开财政家，但后者这种特性也使得他们成为既令人生羡又让人厌恶不已的一群人。然而，财政家的社会属性与其余法国人并无不同，他们有自己的小家庭，是某些人的父亲也是某些人的儿子，是某些人的叔叔也是某些人的侄子，是某些人的亲兄弟也是某些人的表兄弟，是某些人的血亲也是某些人的姻亲。尽管受到了专业友好的熟人的提拔，但他们也很了解钱权竞争有多激烈。17 世纪的财政家通常被认为"出身低微"。的确，在贵族的标准里很少包括管理钱财。因而，对于财政家的刻板观念便是他们均来自"社会的底层"，凭借应受谴责的手段积累财富。有钱使得他们能够购买荣誉职位，并违反常理地与第二等级联姻。实际上，那个时代的"走狗财政家"这一文学形象只是假象罢了。财政家往往出身于或即将跻身贵族或官宦阶层，同时仍属于商人。

鉴于国库常年空虚，国家只能指望包税人直接或间接地资助国家。但是按照包税人自己的说法，大部分钱都不属于他们自己。作为中间人，包税人以欠条、租赁合同、（签名处）留白契约向公众放贷，而这些私人协议往往是用的假身份。不管怎样，匿名的方式吸引了那些不怕风险手握大量流动资金的人，他们为了获取高额利润愿意投资这些放贷。常年征战及随之而来的对钱的需求滋生了欺诈却有利可图的各式行为。当战争处于胶着阶段，金钱变得更为稀缺，利率也随之飙升。不久之后，铸币紧缺导致加速发行债券（papiers financiers）。人们对铸币一直持有怀疑态度，这又造成了大量投机买卖。这一大堆问题影响了王室财政，债务使国家陷入结构性破产。这种情况下，财政家充当了这一切的替罪羔羊。难道不是他们设计了那些产品（债券）吗？难道不是他们创建了投机机制吗？难道民众不是因他们而破产吗？在这些指责的背后，三大问题浮出水面。什么才是公共财政困境的罪魁祸首？什么导致了长久的经济萧条？人民的痛苦又因何而起？假如财政家在困难时期获利颇丰，那其他人也能获利，就像狩猎中高飞的猛禽和配合它的帮手一样。民间谣言四起，指责国王的顾问以及贪污腐败的大臣是包税人的庇护者，是国家的敌人，痛批财政家创建了可以中饱私囊的财政金融体系。

事实上，财政家从大宗资金持有者中招募出资者。其中绝大多数都来自王国的第二等级，很多人是佩剑贵族或穿袍贵族。也有人来自第一等级，许多享有教皇授予产权权益的教士和神甫不排斥这种投资。因此，军队、政界以及宗教领域的精英纷纷聚集起来推动财政金融体系持续运作，这是一个彼此均为血亲或姻亲的小团体。作为国家运转的动力，即使国家试图控制他们，财政家们也积极地参与到各项活动中。国家又怎能让作为（真正）主宰者的财政家逃脱呢？而国家正是因为这个根本性的矛盾寸步难行。也正是这样的社会政治背景给科尔贝尔家族和其中最为出色的让-巴蒂斯特·科尔贝尔留下了深刻的时代烙印。抛开时代背景是无法理解科尔贝尔家族的崛起以及让-巴蒂斯特·科尔贝尔的个人形象的。

第二章
科尔贝尔家族前传

正如每一位在军事、政界或财富领域功成名就、名垂青史的人士那样，科尔贝尔凭借自己的才能白手起家、立身于世。历史学家欧内斯特·拉维斯通过描述一种典型的（个人发展）道路塑造了这一假象，出生在长袍买卖（échoppe du Long Vêtu）家庭的让-巴蒂斯特·科尔贝尔凭借才华横溢、工作勤勉、美德出众等特点，成为绝对君主制王朝的首席大臣。然而，在科尔贝尔攀上事业顶峰时，位于兰斯的科尔贝尔家族惊讶地发现自己的祖先是偶然在香槟地区定居的苏格兰骑士贵族。科尔贝尔并不相信这一点，与热衷这一出身的长子塞涅莱不同。让-巴蒂斯特①与任何商人或官员的后代一样，迷恋着想象中的家谱，后者是当下时代的标准。实际上，他是如此面对年轻公爵的侮辱的，圣西蒙在权力阶层里没闻到"低贱市民"的味道吗？无论祖上是平庸之辈还是出身高贵，皆是个人的幻想，或者说是第三共和国打造的幻影罢了。而在让-路易·布尔容笔下，实际情况全然不同。他描述的科尔贝尔家族发迹史横跨150年之久，这个家族抓住了每个机会。在这样一个商业社

---

① 让-巴蒂斯特·科尔贝尔的长子也叫让-巴蒂斯特，文中多用塞涅莱指代科尔贝尔的长子，因为他后来继承了塞涅莱侯爵的爵位。

会中成长起来的科尔贝尔家族成员并无任何特殊之处，与其他家族差不多，只有不可思议的（家族）活力与众不同。每一代都有好几位成员在支撑整个家族的同时提携出色的后代。

这一切从让·科尔贝尔（Jehan Colbert）（约 1450～1512 年）开始。这位"采石匠"（maçon）并不是一名普通的工人，而是一名承包商，运输建筑原料到正在建设防御工程的自己所在的城市。遵循当时的习俗，他于 1492 年与材料供应商的女儿玛丽·蒂利耶（Marie Thuillier）成婚。这桩联姻也奠定了科尔贝尔家族、他们的姻亲以及所处圈子的阶级。婚后，两人育有两子一女。其长子热内尔一世（Gérard I，约 1493～1571 年）是伟大的科尔贝尔大臣的直系祖先。幼子让（1501～1575 年）是一名备受尊崇的药剂师，最终成为查理九世（1564 年）在兰斯新建的法院的商事仲裁官，为个人的政治生涯画上句号。尽管幼子让有过两次婚姻，但没有留下男性后代，这一脉便就此消失。我们将视线重新聚焦于热内尔一世。这位克雷沃克尔爵士心系家族的发展，也有过两任妻子，子嗣多达 7 人。

自此，科尔贝尔家族展现了强盛的生命力。家族成员不仅分布在香槟地区，随后也前往皮卡第、法兰西岛定居下来。此外，科尔贝尔家族还缔结多桩良缘，不仅为家族开枝散叶，也由此发家致富。虽然科尔贝尔家族成员也与大多数同时代的人一样选择联姻，但家族之间更团结和谐。同样，联姻也帮助他们跻身香槟、皮卡第、巴黎地区的精英阶层。同时，他们巧妙地利用手中的商业关系网将商业版图扩展至全国，甚至走出国门。接过父亲衣钵的热内尔一世将自己的公司经营得有声有色，成为多种原材料的重要供应商，并利用家族在军队的关系成为军火供应商。此外他多次担任兰斯市的代表，这也充分展示了他颇得民心的一面。此份尊荣助力热

内尔一世在 1548 年至 1554 年担任副市长①，随后担任韦尔芒杜瓦
（Vermandois）的三级会议代表，负责修订兰斯市的习惯法。

让·科尔贝尔（Jean Colbert）（约 1525~1538 年）是科尔贝尔
家族的第三代成员。他主要从事司法工作：先是于 1556 年担任国
王司法官（prévôt du roi），第二年就成为兰斯副市长，随后在勒泰
勒任韦尔芒杜瓦巴伊辖区的总监②。他与兰斯商人之女伊丽莎白·
乔瑟托（Elizabeth Josseteau）成婚，二人婚后无子嗣。相较之下，
热内尔二世（1532~1595 年）生活幸福。也是巴伊辖区官员的他
先后娶了让娜·康佛斯（Jeanne Converse）及兰斯贵族之女佩雷
特·莱斯帕尼奥尔（Perrette Lespagnol）为妻。依靠有权有势的亲
家，热内尔二世顺利与菲姆（Fismes）的商贾之家科克贝尔
（Cocquebert），市长奥卡尔（Hocquart）家族和兰斯自由民、商人
诺埃尔（Noel）家族联盟。相应地，科尔贝尔家族也将自己的女儿
嫁给了司法官员或者大领主的官吏，如马恩河畔沙蒂永城堡普雷沃
辖区负责司法与契约印章的居伊·珀蒂（Guy Petit）、兰斯初等法
院③检察官（procureur）让·安吉耶（Jean Angier）、在拉昂初等法
院担任国王律师的勒塞利耶（Le Sellier）以及曼托瓦公爵在欧蒙
（Aumont）普雷沃辖区的总理事尼古拉·吉尔莫（Nicolas Guilmert）

---

① 副市长（échevin）原指兄弟会的副会长，一些城市的市政府受兄弟会影响较
深，所以 échevin 也有副市长的意思。详见吕昭《阿维尼翁兄弟会与中世纪晚
期法国基层互助》，第 132 页。此外周立红在《一个"非理性"制度的"存在
理由——论法国旧制度时期实行谷物管制的原因》中将 échevin 翻译为助理法
官，总体来说是副手的意思，具体官职翻译需参考上下文。

② 总监（lieutenant général）的翻译参照庞冠群《司法与王权：法国绝对君主制下
的高等法院》，第 40、41 页，巴伊辖区（bailliage）是存在于当时法国北方的
次级司法机构，只高于普雷沃辖区（les prévôtés）。总监是司法长官。

③ 初等法院（présidial）另译为初审法庭，本书翻译参照庞冠群《司法与王权：
法国绝对君主制下的高等法院》，第 41 页。初等法院的级别在巴伊辖区之上，
在高等法院之下。

等。科尔贝尔家族对男性的安排也照搬该模式。热内尔二世的儿子尼古拉·科尔贝尔（约 1533～1627 年）在勒泰勒从商近三十年，于 1616 年开始担任战争特派员。富甲一方的尼古拉·科尔贝尔与芭尔贝·马丁（Barbe Martin）成婚，她是勒泰勒财政分区一个收税官①的女儿，她家被视为"世袭市长"，祖祖辈辈都担任该地区的市长。芭尔贝·马丁由此成为我们伟大的兰斯人的外祖父亨利·皮索尔（Henri Pussort）的亲家。因此，16 世纪科尔贝尔家族族内通婚的增加建立了庞大的家族网络，其中有从事大宗买卖的商人、司法官员和高官，尤其是拥有尼韦内（Nevers）的勒泰勒高官。至此科尔贝尔家族已经扬名外省。至于其盟友，我们将看到一些家族加入"科尔贝尔王国"（État Colbert），科尔贝尔知道如何从中挑选（哪些家族可以加入）。

热内尔二世的四子图桑·科尔贝尔（Toussaint Colbert）（？～1594 年）在兰斯从事呢绒贸易，并与另一位兰斯商人的女儿西蒙尼特·谢尔唐（Simonette Chertemps）成婚。女方家族将来在科尔贝尔游说集团中占有一席之地。由于二人没有孩子，这一支的香火也断在图桑这一代。

由此，热内尔二世的长子乌达尔·科尔贝尔（约 1520～1574 年）便担负起延续血脉的重任。与其父亲一样，乌达尔先在商界大展拳脚。兼任大宗商品批发商和零售商的乌达尔编织了一个庞大的商贸网络，遍布全国甚至涉及国外。他常与特鲁瓦、第戎、巴黎、鲁昂的商人往来，随后又将商品通过米兰销往意大利，通过安特卫普销往荷兰。大约在 1548 年，乌达尔与兰斯商人之女玛丽·

---

① 收税官（élu）是财政分区（élection）的收税官，详见黄艳红《法国旧制度末期的税收、特权和政治》，第 47、54 页。

科克贝尔联姻，女方家族是当地的名门望族。1561 年时，乌达尔便已登上故乡城市的副市长之位。科尔贝尔家族与科克贝尔家族一共缔结了四段姻亲，同时也与其余兰斯市的贵族联盟，如巴舍利耶（Bachelier）、比尼古（Bignicourt）、科雄（Cauchon）、埃斯帕尼奥尔（Espagnol）等家族。同样，这些贵族也让自己的继承人与科尔贝尔家族的后代联盟、强强联手。他们打下了坚实的基础后，渴望首屈一指。在乌达尔离世后，玛丽·科克贝尔接管了亡夫的贸易公司。两人的第三子，让·科尔贝尔自 1585 年起便担任公司业务发展的顾问并开始执掌家族生意。这对夫妇在兰斯购置了一处房产，并在香槟地区有多处领土。乌达尔在 1565 年购入长袍店，这家店与其逝世前九年建成的房产相比稍显简陋。玛丽·科克贝尔在 1587 年买下了位于阿西（Acy）的领地，这是科尔贝尔家族第一个重要的不动产。乌达尔与玛丽婚后共生育了 6 个孩子，五男一女。这对夫妇作为科尔贝尔家族的第四代传人，是家族中首次展现抱负的一代。

＊　＊

6 个孩子中最年长的热内尔三世（1550~1617 年）离开了香槟地区，先后前往皮卡第和法兰西岛。这既是个人职业变动，也被看作科尔贝尔家族事业转型的关键。这位金银珠宝商人在亚眠被包围后，于 1587 年动身前往巴黎。热内尔三世继续经营着大宗商品生意，他与兰斯一支的让二世、特鲁瓦一支的乌达尔二世合作。兄弟几人与米兰的丝绸厂厂主取得联系，产品出口至法国的洛伦齐（Lorenzi）家族（丝绸厂厂主）。在当时的丝绸贸易中，里昂买家和伦巴底卖家经常预付货款和预支货物。热内尔三世在外省很有

名：在 1588 年至 1596 年四次当选亚眠副市长，还是皮卡第地区的
盐税总监，这彻底改变了科尔贝尔家族的命运。正是他推动了对王
室财政的研究，也就是总包税所。自 1577 年热内尔三世娶了"纺
织业的商人银行家"（banquier-marchand de camelots）的女儿玛
丽·潘格雷（Marie Pingré）为妻后，便担任亚眠地区的法兰西司
库①。这对夫妇生养了 13 个孩子。通过个人的发展以及两个家族
的联姻，该家庭展示出的生机活力体现了家族体系的主要优势。

　　乌达尔与玛丽的次子西蒙（约 1553~1629 年）则同其长辈一
样留在兰斯接管家族事务。当其兄长为了皮卡第盐税总收税官
（recette générale des gabelles）放弃盐税总监职位时，虽缠身于家族
事务，但这并未阻止西蒙接任盐税总监一职。商人加上收税官的双
重身份让西蒙闻名于兰斯市。1588 年，西蒙担任副市长和济贫院
事务总督（gouverneur des hôpitaux）。1596 年西蒙又担任了兰斯市
的推事，三年之后，西蒙晋升为法兰西国王、内务及宫廷的推事和
秘书（conseiller et secrétaire du roi, maison et couronne de France）。
这个职位非常昂贵，因为可以授予"第一等"（cau premier degré）
的贵族身份，被认为是"平民的肥皂"②：这一职位对任职者本人
之后二十年的工作以及他百年之后的子孙都意义非凡，由此，科尔
贝尔家族终于晋升为第二等级。然而西蒙在妻子玛丽·勒克莱尔
（Marie Leclerc）尚未生育时便撒手人寰了。

　　乌达尔和玛丽的第五个儿子尼古拉（1563~1637 年）则走上
了完全不同的一条道路。他没有从商或从政，而是加入了天主教

---

①　法兰西司库（trésorier de France）的翻译参照熊芳芳《近代早期法国的赋税收
　　支》，第 79 页。每个财政区设一名法兰西司库和一名财政主管（général des
　　finances），前者负责经营管理王室的领地，后者负责王室税的分派和征收。
②　"平民的肥皂"（savonnette à vilain）指可以将平民身份变为贵族身份。

会。尼古拉在完成法律学业后便成了神甫，并在 1584 年担任大教堂的议事司铎。1598 年尼古拉成为亨利四世常任指导神甫。1609 年任韦尔蒂的圣索弗尔（Saint-Sauveur des Vertus）（位于香槟沙隆教区）修道院院长。1612 年经由兰斯大主教路易·德·洛兰（Louis de Lorraine）引介，成为大教堂的大牧师。除了宗教事务，尼古拉也涉足房地产行业。1575 年至 1584 年，尼古拉的妹妹卡特琳也成为兰斯圣克莱尔修道院的一名修女，并成为圣克莱尔修会修女的代表。至此，科尔贝尔家族已跻身兰斯的上流社会，家族成员遍布商界政界和天主教会。从事大宗商品买卖，担任官员、神甫的家族成员不计其数。尽管科尔贝尔家族的影响力局限于外省，但他们的实力十分雄厚。

乌达尔一世的另外两个儿子——泰龙（Terron）领主让和维拉塞夫（Villacerf）领主乌达尔后嗣众多，扩大了科尔贝尔家族的规模。科尔贝尔家族通过在香槟投资房地产在该省区站稳了脚跟。

手握泰龙、旺迪埃（Vandières）、圣玛尔（Saint-Mars）的让一世（Jean Ier，1557～1596 年）先后在兰斯和图卢兹攻读法律。父亲逝世后，他便开始替母亲玛丽分担工作，并（由法律）转向贸易。让一世在意大利开有连锁商铺，从米兰和威尼斯大量买入纺织品，并将其中一部分销往佛兰德斯地区。1585 年，让一世开始掌管所有事务，前文中可以看到他在某些事务上与亚眠的热内尔三世和特鲁瓦的乌达尔二世有着紧密合作。公司交易量不断增加，主要是与米歇尔·帕尔蒂切利（Michel Particelli）的交易。由于与这位生长于里昂的意大利裔银行家商人联系紧密，公司活动跨越了阿尔卑斯山脉。在事业有所成就之际，让一世作为精打细算之人，号召里昂全城的人前往贝亚恩。作为回报，他被任命为勃艮第和皮卡第的盐税总监。七年前，即 1582 年，让一世与有产商人、兰斯市长的女儿玛丽-玛德莱娜·巴舍利耶（Marie-Madeleine Bachelier）结婚。这场讨好的联姻标志着科尔贝尔家族进入贵族阶层。16世纪末，巴舍利耶家族具有一定的影响力，17世纪初就已家财万贯。这对夫妇生育了6个孩子，泰龙领主让二世、旺迪埃领主尼古拉二世以及继承了圣玛尔的夏尔。其余的孩子是少年早逝的亨利以及追随尼古拉叔父（宗教事业）道路的乌达尔（约1595~1656年）。乌达尔修读教会法，随后担任神甫一职，并于1623年成为大教堂的议事司铎，1637年接管唱诗班。同样作为国王推事及常任指导神甫，乌达尔接管了韦尔蒂的圣索弗尔修道院。另一桩能体现乌达尔身份的事莫过于1654年庆祝加冕时，路易十四的教父——红衣主教马扎然正在乌达尔家。

乌达尔一世与玛丽·科克贝尔的第四子乌达尔二世（1560~1640年）则在其兄长逝世后接管了长袍商铺。1584年，乌达尔二世积极投身于家族事务中。1590年，即六年后，乌达尔二世在特鲁瓦开了一个分店，扩大了经营范围。不仅做红酒、谷物的买卖，也涉及平纹织布、呢绒、丝绸品等织物的业务。乌达尔二世与首都或大城市里的意大利裔里昂人银行的优秀人才维持着业务往来，比如马斯克拉尼家族（les Mascranny）和卢玛格家族（les Lumague），尤其是与他们签订了关于汇率的契约。他也与普拉利翁（Pollalion）家族有商业合作，这是位于马赛的意大利裔里昂人银行的另外一个成员。此外，乌达尔二世的联络人遍布安特卫普、法兰克福、佛罗伦萨、热那亚、都灵、威尼斯。因此，乌达尔二世是佛兰德斯与东部地区在半岛交易的中心人物。况且，不久后乌达尔二世频繁在一些财政家活动中与投资贸易、工业公司的商界人士接触。不再满足于与法国社会精英来往的乌达尔二世购买了法国宫廷及国王秘书一职，成功进入第二等级。1585年，乌达尔二世与玛丽·勒富雷

(Marie Le Fouret) 成婚，婚后共生育了 11 个孩子。乌达尔二世过世后，他的遗孀及孩子们共获赠 150 万里弗尔遗产。总计看来，科尔贝尔家族第四代共生育了 30 名后代，何愁从中选不出出众的孩子呢？他们未来也将通过强有力的联姻和接手产业延续家族的兴盛。

* *

　　决定科尔贝尔家族发展的关键一步还得归功于第五代子孙，即热内尔三世的两个儿子——热内尔四世和尼古拉。

　　热内尔四世（约 1578~1616 年）与其父亲合作，决心在银行业高层和王室财政的封闭圈子里打拼，并与卡特琳·普拉利翁（Catherine Pollalion）在 1612 年喜结良缘。他的老丈人不就是那位从 1598 年起担任里昂什一税总收税官和国王秘书的银行家吗？除此之外，热内尔四世的岳父还跟意大利裔里昂实业家卢玛格家族和马斯克拉尼家族有血缘关系，也是克洛德·夏特兰（Claude Chatelain）的亲戚，克洛德·夏特兰是未来红衣主教领导下的法国财政界大人物，也是法国盐税总包税所的中流砥柱之一。此桩婚姻不仅帮助热内尔四世打通职场关系，助其在银行业及跨国贸易中大展拳脚，还为他打开了王室财政、盐税征收等事务的大门。不幸的是，热内尔四世连同他的 3 个儿子都英年早逝了，科尔贝尔家族长子一脉就此中断。因此，延续家族香火的重任便落在尼古拉肩上。

　　热内尔四世的弟弟尼古拉（约 1595~1649 年）是科尔贝尔家族职业发展变化的缩影。出生于亚眠的尼古拉一开始是金银珠宝商人。很快他便前往巴黎娶妻。尼古拉的妻子玛丽·勒梅西耶（Marie Le Mercier）的父亲也是金银珠宝商，还为王室服务，她母亲家也是珠宝商。在巴黎定居下来后，尼古拉·科尔贝尔便调转航向，踏上了已故叔父的道路。他于 1621 年购入弗雷①军役税收税官一职，1629 年又买下国王秘书的官职。通过多年经营，尼古拉完成了社会阶层的跃升，现如今的他做的是巴黎当下最炙手可热的职业——"包税人"。盐税包税人是个封闭的小团体，尼古拉是法国国家盐税包税所的合伙人，也是波尔多商队的盐税总包税人。尽管尼古拉是一个深思熟虑的财政家，但在 1635 年他也历经波折，不得不转让部分官职。虽然尼古拉的发展遇到了些许阻碍，但他没有停下前进的步伐，其中科尔贝尔家族的支持起了很大作用，这也使得尼古拉成为家族的两三个核心成员之一。尼古拉每次都尽其所能为兰斯、特鲁瓦的兄弟提供经济资助。作为让·巴斯蒂特·科尔贝尔父亲的资助人，尼古拉也为这个年轻人树立了榜样。他与玛丽·勒梅西耶共有 9 个孩子，不比别人少。这足以光耀门楣、延续香火。

约 1661 年起，让-巴蒂斯特·科尔贝尔开始建立科尔贝尔王国，其中尼古拉的两位女儿是关键人物。玛丽（162? ~ 1686 年）嫁给了路易·贝沙梅伊（Louis Béchameil）。玛德莲娜（1629 ~ 1696 年）先嫁给了尼古拉的亲侄儿艾蒂安·勒加缪（Étienne Le Camus），后改嫁给克洛德·佩洛（Claude Pellot）。热内尔三世有 11 个女儿，一人早夭，这使得科尔贝尔家族（通过联姻）扩大了交际网络。这个庞大的家族中有 3 名女儿成为修女：阿德里安娜（Adrienne）在 1609 年进入蒙马特修道院，玛德莱娜成为嘉布遣会修女，而安娜则在 1619 年前往巴黎的加尔默罗会修道院。剩下的 7 名女儿都与选定的贵族男子联姻，增强家族势力。伊萨博（Isabeau）在 1600 年嫁给了巴黎呢绒商让·鲁瓦耶（Jean Royer）。

---

① 弗雷（Forez）曾是法国的一个省份，1527 年并入旧里昂省。

让娜则与巴黎的小麦商人尼古拉·菲利普在 1608 年成婚。芭尔贝与兰斯名门望族之子让·科克贝尔喜结良缘。玛格丽特-玛丽与财政官员让·库尔坦（Jean Courtin）结婚，他是博韦财政区商品交易税和军役税的收税官，随后于 1644 年在巴黎高等法院任职。卡特琳-伊丽莎白（约 1593~1633 年）在 1612 年与国王警卫的财务官皮埃尔·奥林（Pierre Ollins）成婚。最后两个女儿玛丽和热讷维耶芙（Geneviève）的婚配对象更是前程似锦。

1598 年，玛丽与尼古拉·勒加缪成婚。尼古拉·勒加缪出生于特鲁瓦，但不久之后便去巴黎投奔了玛丽的叔父乌达尔二世。尼古拉·勒加缪与乌达尔二世两人正好与一位卢玛格家族的人签订了《制作米兰样式的金线、银线和丝绸》的契约。同样，尼古拉·勒加缪心思缜密，参与了多项财政活动。受安克尔（Ancre）元帅夫人所托，尼古拉·勒加缪将自己及元帅的资产投入意大利裔里昂人银行及盐税总包税所。1603 年，尼古拉·勒加缪获得了官职，1619 年又成为国王秘书，直至 1648 年离世。在国王的授意下，尼古拉·勒加缪甚至在 1620 年短暂地做过宫廷推事。他身后的资产也随着他在政商两界的发展如雪球般累积起来。尼古拉·勒加缪在世时，他的孩子们便已获赠 128 万里弗尔。尼古拉·勒加缪去世后还给子孙留下了 140 万里弗尔的巨额遗产。其中一些后代将在科尔贝尔王国中担任重要职位，并助让-巴蒂斯特·科尔贝尔一臂之力。

热内尔三世最年幼的女儿热讷维耶芙先是嫁与安茹公爵诚命秘书皮埃尔·德·卢旺古（Pierre de Louvencourt）。在前夫不幸离世后，她改嫁图赖讷什一税总监察丹尼尔·罗班（Daniel Robin）。这位新郎是卢瓦尔河谷财政界的要人。他的嫡亲堂兄弟托马·博诺（Thomas Bonneau）、雅克·博诺（Jacques Bonneau）二人在红衣主教授权下垄断了法国盐税总包税所。通过这层关系，他们与法国盐税包税所和波尔多商队的标志性人物博纳旺蒂尔·康坦（Bonaventure Quentin）以及其他总包税人艾蒂安·帕维永（Étienne Pavillon）、让·杜·韦迪耶（Jean Du Verdier）和米歇尔·安托万·斯卡龙（Michel Antoine Scarron）成功结盟。起步于盐税的科尔贝尔家族重回财政家小团体。实际上，我们能在1630年之后在为黎塞留和稍后的马扎然服务的王室财政圈子里看见科尔贝尔家族，这都开始于这些征收盐税的包税人：他们的父母辈或者姻亲掌控着这个财政家小圈子。

* *

泰龙领主让二世（1583~1663年）是科尔贝尔家族留守兰斯的分支。他继承了家族住宅和产业，向他的叔叔学习。他曾去米兰熟人那见习过一段时间，随后于1602年在马斯克拉尼-卢玛格商行负责会计审计，当了四年学徒后，于1606年回到尼古拉身边工作。十二年后，两兄弟在1618年合伙新开了一家公司。由于让二世之前积累了经验，现在他获得了自由：他主营香槟，并因此于1633年在里昂开设了分公司。与此同时，让二世还负责兰斯总主教区和圣雷米修道院的短期收入。这个肥差使让二世搭上了大主教：他与亨利·德·洛兰-吉斯（Henri de Lorraine-Guise）维持了良好的关系。让二世在财富和政治方面都很成功：1613年出任兰斯副市长，1620年担任市政推事，1641年至1643年任兰斯市长。从里昂返回兰斯后，让二世即刻与玛丽·德·比尼古在1608年结婚，两人有6个孩子，两男四女。玛丽·德·比尼古的父亲是该城市及主教区的什一税包税官，还是王室秘书。当让二世的侄子让-巴蒂斯特·

科尔贝尔开始为马扎然工作后，让二世的 6 个孩子均被安排进了科尔贝尔集团。

科尔贝尔家族有许多为国捐躯的烈士，从让和雷米开始，他们作为步兵部队的官员先后于 1653 年和 1654 年在皮德蒙（Piémont）牺牲。就像他的叔叔乌达尔一样，西蒙接替叔叔尼古拉成为兰斯教堂的议事司铎，并接管了韦尔蒂的圣索弗尔修道院。西蒙的长兄夏尔继承了泰龙（1628~1684 年），并与堂兄弟让-巴蒂斯特·科尔贝尔一起先后为马扎然及路易十四工作，成就自己的事业。他们的妹妹玛丽（1616~1649 年）和玛格丽特-夏洛特（？~1658 年）通过结婚生子为家族开枝散叶。这一切都为伟大的兰斯人提供了很大的帮助：玛丽与皮埃尔·谢尔唐成婚，他是瑟伊领主和法院律师，还是兰斯市选举出的国王咨议员之子。但玛丽与皮埃尔·谢尔唐很早便去世了，留下年幼的孩子由其祖母玛丽·德·比尼古抚养，让-巴蒂斯特·科尔贝尔很关心他们。两个男孩成年后均效力于海军，一个负责管理，一个负责作战。作为国家秘书的合作者，皮埃尔先任布雷斯特的海军总督，后担任布列塔尼高等法院的院长。尼古拉则受命领导国王舰队。

玛格丽特-夏洛特通过几段婚姻巩固了（科尔贝尔家族）与财政界的关系。1644 年，玛格丽特-夏洛特嫁给了苏瓦松的法兰西总司库雅克·梅罗（Jacques Mérault），他父亲是宫廷委托转运货物的征税官，他随后又任审计法院的校正官。他的兄弟皮埃尔·梅罗（约 1585~1668 年）是穆兰（Moulins）的盐税总征收官和玛丽·德·美第奇名下府邸的管理者，随后任特鲁瓦财政区的军役税总征税官，最终晋升为国王的秘书。加入了吉洛（Gillot）、勒罗伊（Le Roy）和蒙索（Monceau）的集团后，皮埃尔·梅罗参与了 15 份特别事务的条约。更重要的是，1632 年至 1655 年，皮埃尔·梅罗担仟法国盐税总包税人。梅罗家族是财政家克洛德·夏特兰、托马·博诺和雅克·博诺团体的中流砥柱，这两兄弟与科尔贝尔家族有商业往来，还是姻亲。雅克·梅罗于1655年去世。两年后，玛格丽特-夏洛特改嫁拉沙泰涅赖（La Chastaigneraie）的领主德尼·马兰（Denis Marin，1600~1678年）。出生在欧索讷（Auxonne）的这位勃艮第人开始在巴黎打拼，在特别收入司库阿努尔·德·努沃（Arnoul de Nouveau）手下工作。不到而立之年，德尼·马兰就已升为庞洛（Ponant）的海军特派员，他不久后离开了该岗位，被任命为王后的常任秘书。这是他通往成功的路：四年之后，他购入了国王秘书一职，这个官职使他成为贵族，同时兼任包税所高级官吏的职位。此时的德尼·马兰已非常接近总包税人，特别是托马·博诺，是他带领德尼·马兰从事特别事务，1638年至1648年每年都签订了超过15份合约。这让德尼·马兰成为重要的包税人。其中，在普瓦图、贝里（Berry）、勃艮第地区直接税征收事务中都可以发现他们。德尼·马兰以其兄弟弗朗索瓦的名义获得管理巴黎财政区的财政收入之权（1646~1655年）。德尼·马兰还用他兄弟的身份充当波尔多商队的包税所合伙人（1644~1650年）。这一利益于1650年转交给皮埃尔·德·拉克鲁瓦（Pierre de La Croix），他是德尼·马兰的亲戚和办事员，也是为"科尔贝尔王国"效力的一员。

德尼·马兰的第一任妻子是里昂军役税附加税总征税官之女雅克利娜·多拉（Jacqueline Daurat）。二人有几个孩子，长女嫁给了夏尔·博诺，他是巴黎高等法院的推事，其父是托马·博诺。1648年高等法院投石党叛乱爆发之际，德尼·马兰调头加入法国财政高层，于1649年成为财政督办官，直至逝世。从那以后，德尼·马兰的事业一直伴随着会永远保护他的姻亲。

让二世的兄弟们则维持着科尔贝尔家族在兰斯精英阶层中的地位。

圣玛尔领主夏尔（约 1592~1661 年）投身于司法业。获得法律学位后，他便成为高等法院的律师，随后于 1617 年被任命为兰斯初等法院的国王推事。一年之后，夏尔的母亲又为其买入韦尔芒杜瓦巴伊辖区的总监兼特派主考人（commissaire examinateur）一职。夏尔在 1630 年成为兰斯初等法院的院长兼总监，并将该职位传给了自己的长子。1623 年，夏尔娶了玛格丽特·德·梅斯维利耶（Marguerite de Mesvilliers），她的父亲是王室侍从，后任国王秘书。两人共育有 7 个孩子，四男三女，3 个女儿都成了修女。夏尔的长子（1635~1722 年）终身未娶，不仅承袭了父亲的名字，也在兰斯初等法院担任令人艳羡的职位直到 1685 年。与此同时，夏尔在阿尔萨斯政府任职前于 1661 年在梅茨（Metz）高等法院谋得一职，这要感谢让-巴蒂斯特·科尔贝尔。在阿尔萨斯职场失意后，他的侄子又送他回梅茨任戴白型圆帽的庭长①。多么幸运啊！

安德烈（1646~1704 年）与皮埃尔-安托万（1651~1718 年）继承了祖上在教堂中的职位。安德烈学业优秀，于 1669 年取得索邦大学博士学位，随后成为韦尔蒂和香槟沙隆的修道院院长，还是兰斯大教堂的议事司铎兼院长。任欧塞尔主教的堂兄弟尼古拉任命安德烈为阿普瓦尼的主教团（la collégiale d'Appoigny）的议事司铎，后为欧塞尔的主教代理。1676 年尼古拉逝世后，让-巴蒂斯特·科尔贝尔多次向国王进言，使安德烈获得主教之位。安德烈任此职至逝世，留下博学者、有天赋的演讲者、军事改革者与卓越的管理者的形象。而皮埃尔-安托万则在几所教会学校教语法及哲学。他同时还是一位布道者与传教士。由于皮埃尔-安托万才能出

---

① 戴白型圆帽的庭长（président à mortier）翻译参照庞冠群《司法与王权：法国绝对君主制下的高等法院》，第 44 页。只有大法庭和刑庭设此职务，地位近似副庭长。

众且加入了外方传教会，他曾前往安的列斯群岛传教。1704 年至
1717 年他都留在此地，但他回法国的时候虚弱而疲惫。排行第三
的乌达尔（1595～1656 年）终身为大教堂工作。他获得了教会法
学位，又被任命为神甫，成为兰斯圣母大教堂的议事司铎、国王的
指导牧师推事（conseiller aumônier du roi）和韦尔蒂的圣索弗尔修
道院院长。正如我们已经看到的，正是乌达尔在 1654 年的危机中
为红衣主教马扎然提供了住处。显然，泰龙领主让二世的兄弟中还
是年纪最小的最重要。为什么？因为这位旺迪埃领主尼古拉正是我
们伟大的兰斯人的父亲。从此，纵使尼古拉平凡的职业生涯或受阻
的财富乏善可陈，但整个家族的飞升取决于他的后代，且不仅仅是
让-巴蒂斯特·科尔贝尔一人。

＊ ＊

特鲁瓦分支对科尔贝尔家族的前途多有助益。因为乌达尔与玛
丽·勒富雷的 11 个孩子中几桩成功的联姻大幅提升了家族的社会
等级。

如玛丽·科尔贝尔（1560～1640 年），她在 1614 年嫁给了韦尔西
尼（Versigny）领主克里斯托夫·埃克托尔·德·马尔勒（Christophe
Hector de Marle），他先后担任巴黎市长[1]、大法院推事[2]、间接税法

---

[1] 巴黎市长（le prévôt des marchands）的名称来自水运商人兄弟会会长，因为巴
黎市政府起源于水运商人兄弟会（la confrérie des marchands de le de）。参见吕
昭《阿维尼翁兄弟会与中世纪晚期法国基层互助》，第 132 页。

[2] 大法院（Le Grand Conseil）也有大审判委员会和特别法院的译法，本书翻译参
照庞冠群《司法与王权：法国绝对君主制下的高等法院》，第 73 页及第 165 页
脚注。大法院与巴黎高等法院、审计法庭同源于御前会议（conseil du roi），
1497～1798 年被确立为最高法院之一。

院①总检察官，最后于 1631 年至 1649 年担任审计法院院长。其父
埃克托尔·德·马尔勒（Hector de Marle）是亨利·德·马尔勒的
后人，亨利·德·马尔勒在 1393 年担任巴黎高等法院第三任院长，
1413 年任法国的司法大臣。克里斯托夫的母亲安托瓦内特·布里
松内（Antoinette Briçonnet）属于一个在 16 世纪由财政家升为政治
势力的大家族。安托瓦内特是罗贝尔·布里松内（Robert
Briçonnet）的曾孙女，他是兰斯的大主教和法国的司法大臣。安托
瓦内特还与时任最高财政总督的桑布朗塞家族（les Semblançay）、
担任掌玺大臣的蓬谢家族（les Poncher）、曾任国务秘书的吕泽家
族（les Ruzé）及纳维尔-维勒鲁瓦家族（les-Neufville-Villeroy）关
系亲密。

　　玛丽·科尔贝尔的姐姐玛德莱娜（1604～1690 年）是通过联
姻振兴家族的另一个例子。1620 年，她再嫁给布鲁森（Broussin）
领主（？～1639 年）路易·布吕拉（Louis Brûlart），他是国务参
事及香槟的河泊森林局管事。他的父亲皮埃尔·布吕拉（Pierre
Brûlart）在 1557 年担任国王秘书，随后在 1564 年任玛丽·德·美
第奇的诚命秘书（secrétaire des commandements）。1569 年，皮埃
尔·布吕拉受命担任国务秘书一职，在其去世后传给两人的长子
吉勒·布吕拉（Gilles Brûlart）。这次联姻好极了！科尔贝尔家族
由此与 16 世纪末、17 世纪初权势最盛的官宦世家之一联系起
来。路易·布吕拉是法国司法大臣兼最高财政总督尼古拉·布吕
拉（？～1624 年）的堂兄弟，后者的儿子皮埃尔四世也是国务
秘书。布吕拉家族是那些独揽大权的政治集团的中心：与拥有著

---

① 也有学者将间接税法院（la cour des aides）译为税务法院，但 aides 本身通译为
　 间接税，故本书翻译为间接税法院。间接税法院简介可参见杜苏《司法独立的
　 黎明 法国古典司法体制诸问题研究》，第 107 页。

名法国司法大臣的贝利埃弗尔（Bellièvre）家族的联姻；与纳维尔－维勒鲁瓦（Neufville-Villeroy）家族联姻，皮埃尔四世第一次结婚娶了国务秘书的孙女；与隆格伊家族联姻也是这样，勒内·德·隆格伊（René de Longueil）是未来的国务大臣及最高财政总督；等等。简而言之，科尔贝尔家族从此加入了主导政府的小团体。

另一位姐妹安妮（1615~1640年）在1636年嫁给了大法院推事让·勒迈拉（Jehan Le Mairat），他父亲是富有的有产者，曾于1578年、1594年担任特鲁瓦市市长。让·勒迈拉的姑姑玛丽·勒·迈拉嫁给了尼古拉·拉尔让捷（Nicolas Largentier），他也是特鲁瓦的有产者，是当地有名的大包税人。这再一次表明科尔贝尔家族成功进入了财政界。此时财政税务体系逐渐成形，为君主政体运转提供了条件。乌达尔五世（1590~1633年）的长子是巴黎高等法院推事，于1618年娶了安娜－安托瓦内特·塞万（Anne-Antoinette Sevin）。她也来自这个圈子，她父亲也是巴黎高等法院推事，她外祖父弗朗索瓦·德·福尔希亚（François de Fortia）是财政要员特别收入司库。他们婚书上签名的人几乎都是财政界的显赫人物，特别是科尔贝尔家族一边的人：国王秘书皮埃尔·普拉利翁、里昂军役税征税官弗朗索瓦·普拉利翁、让·卢玛格和巴泰勒米·卢玛格（Barthélemy Lumague）、尼古拉·勒加缪以及他的女婿——未来法国的最高财政总督米歇尔·帕尔蒂切利。

但科尔贝尔家族在17世纪上半叶崛起的主要功臣是圣普昂格（Saint-Pouange）及维拉塞尔的领主让－巴蒂斯特·米歇尔·科尔贝尔（Jean-Baptiste Michel Colbert，1602~1663年）。刚开始他在高等法院工作，1624年被任命为审计法院的校正官，1631年升为常任审查官（maître ordinaire）。1634年，又担任十年前在南锡创办

的最高法庭的书记官①。1642 年担任御膳房总管（maître d'hôtel du
roi）。而当法国陷入三十年战争的泥潭时，他的工作重心转移至战
争事务。担任高级官吏的他主要为黎塞留的亲信、努瓦耶
（Noyers）领主弗朗索瓦·叙布莱（François Sublet）工作。弗朗索
瓦·叙布莱从 1636 年起管理战争事务，1638 年起担任法兰西建筑
与制造业最高总督。1628 年，圣普昂格与克洛德·勒泰利耶
（1604~1644 年）成婚，她父亲是一名巴黎间接税法院的推事，她
兄弟是米歇尔·勒泰利耶。这次联姻令人满意。尤其叙布莱的羞辱
并没有伤害到这个家族，因为米歇尔·勒泰利泰 1643 年取代了他。
他也很有家族责任感，他把自己的姻亲兄弟安排到身边，任命他们
为战时国家秘书等高级官吏。自此，科尔贝尔家族加入了独揽朝政
的政治小团体。在由红衣主教塑造的"三级会议"的框架下积极
活动，为让-巴蒂斯特·科尔贝尔这样野心勃勃的政客登上权力顶
峰提供了很多机会。现在，这一家族已经能充分利用半个世纪来获
得的地位：昨日，科尔贝尔家族里还只有转投财政界的商人；现
在，财政家已经深度参与了国家机构。让-路易·布尔容的著作深
刻地论证了正是让-巴蒂斯特·科尔贝尔之前的科尔贝尔家族成员
才塑造了这位大臣！

---

① 书记官（greffier）负责书写记录法庭决议，保管诉讼案卷和文书。最高法庭
（le Conseil souverain）有多种翻译，本书翻译参照庞冠群《司法与王权：法国
绝对君主制下的高等法院》，第 39 页。

第三章
为黎塞留效命

科尔贝尔家族在巴黎的两个分支让家族在 17 世纪继续发展下去：年长的一支来自亚眠，年轻的一支来自特鲁瓦。在兰斯的分支生活优渥，还成了地区贵族，在家族发源地继续做生意。这些外省的亲戚尽管富裕且低调，但比不上在巴黎的分支，他们在国际银行、君主财政和政府小团体中发光发热。无疑，这些圈子内部的联姻帮了他们很多。因此怎么想得到兰斯的分支能够进入政坛，并带领整个家族向上攀登至政治与经济的巅峰呢？但假如我们仔细观察的话，就会发现科尔贝尔家族早已开始了第一次转型，迈出了基于旧制度社会特点的关键一步。

* *

我们伟大的兰斯人的父亲，尼古拉·科尔贝尔出生在长袍店里，于 1590 年 3 月 25 日在圣皮埃尔拉维埃耶（Saint-Pierre-le-Vieil）接受了洗礼。他是让一世与玛丽·巴舍利耶（Marie Bachelier）的第四个孩子，他的舅舅是他的教父，是兰斯的一个重要贵族。不幸的是，尼古拉很小便失去了父亲，母亲成了自己及兄弟姐妹的监护人。玛丽·巴舍利耶对孩子的教育很实际，安排他们以后去做生意，同他们的父母、祖父母一样。长子让二世 14 岁便加入了米兰商人，尼古拉跟随他从商。当让二世于 1606 年返回兰斯时，尼古拉代替他投奔了里昂银行家马斯克拉尼家族。成年前夕，尼古拉终于返回故乡，于 1614 年 9 月 25 日与玛丽·皮索尔（Marie Pussort）在婚书上签了名。他的岳父亨利·皮索尔定居在勒泰勒，买卖红酒、小麦、呢绒、木材等，还是一名军需供应官。而他的岳母，妮科尔·马丁（Nicole Martin）是勒泰勒世袭市长的女儿，她的姊妹芭尔贝·马丁嫁给了尼古拉·科尔贝尔①。家族联姻充分展现了旧制度社会特点的内婚制。这在此处已成习俗，年轻人的嫁妆和财力都很丰厚。尼古拉收到了 15000 里弗尔现金用于购置"新郎礼服"，1500 里弗尔准备未来妻子的珠宝匣。玛丽也收到了 18000 里弗尔现金，其中 12000 里弗尔是给她自己的。1637 年，这对夫妇又继承了 32000 里弗尔。这些钱能让他们的生活无忧无虑。他们在 6 个月后，即 1615 年 5 月 19 日，正式举办婚礼。和大多数科尔贝尔家族成员一样，这对夫妇子嗣众多，几乎一年生一个，我们知道的就有 8 个男孩和 7 个女孩。7 个女孩中，两个早夭，4 个成为修女。仅有玛丽（1626~1703 年）成了婚，她的丈夫是苏瓦松司库让·德马雷（Jean Desmarets），他是尼古拉②的父亲，尼古拉是让-巴蒂斯特·科尔贝尔亲爱的侄子，也是未来的法国财政总监兼国务大臣。而 8 个儿子中，四人早夭，三人在其长兄让-巴蒂斯特·科尔贝尔的帮助下在事业上大展拳脚。三人中年

---

① 此处的尼古拉·科尔贝尔不是指让-巴斯莱特·科尔贝尔的父亲，是前文中提到的热内尔二世的儿子。

② 此处的尼古拉是指让·德马雷的儿子尼古拉·德马雷（1648~1721 年），后任国务大臣，1708~1715 年任法国财政总监。

纪最大的尼古拉（1628～1676 年）先后担任吕松（Luçon）及欧塞尔教区的主教；夏尔（1629～1696 年）被封为克鲁瓦西地区侯爵，任国务大臣及外交部国务秘书；爱德华－弗朗索瓦（1633～1693 年）是莫莱夫里耶（Maulévrier）伯爵，是一名国王军队的少将（lieutenant général des camps et armées du roi）。

在办完婚礼后，准备前往首都前的这段时间内，尼古拉仍然在商界。他担任他母亲公司的唯一合伙人至 1618 年，也是他兄弟十年前创办的店的股东。为了创建自己的公司，让和尼古拉投奔了特鲁瓦的叔叔，维拉塞夫的乌达尔·科尔贝尔，后者很富有，能借钱给寻求资金的兄弟俩。两个分支持续的互帮互助无疑促进了科尔贝尔家族在 17 世纪上半叶的迅猛发展。兄弟俩还找表兄弟巴舍利耶借了钱，他于 1615 年至 1637 年在里昂的银行工作。他们的公司营业至 1630 年，有香槟首府及罗讷首府这两个营业点。正如所有商人都同里昂有关联，俩兄弟也当过马斯克拉尼及卢玛格家族的银行职员或通讯员。俩兄弟的商贸活动覆盖范围极广。俩人在鲁昂进货，在里昂卖出，还与巴塞尔、安特卫普及米兰的商人交易，意大利是俩兄弟商业网络的中心。就像他们的父母，俩兄弟的生意包涵万物，尤其是纺织品，如兰斯的精梳薄织物、佛兰德斯的呢绒、佛罗伦萨的真丝制品和米兰的绸缎。

因为关心名声，兄弟俩签署了《兰斯有产者》（bourgeois de Reims），1621 年又签了《有产者任议事司铎》（bourgeois à chanoine），表明他们从属于教务会司法管辖，这无疑归功于他们的叔叔尼古拉，他是大教堂的议事司铎和领唱者（grand chantre）。渴求功名的尼古拉后被任命为自己教区的"兰斯圣桑福里安征税官兼保管员"。尼古拉还是"火枪花园骑士团"（compagnie des chevaliers du Jardin des Arquebusiers）的一员，这是一个 16 世纪初组建的准军事团体，在城镇精英里招募年轻志愿者，是有产者自卫队的劲敌。1624年，尼古拉开始担任该骑士团的第三把手，地位仅次于队长和副队长。次年，尼古拉又成功竞选为兰斯市的副市长。虽然在这个位置上仅待了一年，但足够让尼古拉变得更重要——尤其是他继承了与自己同名的尼古拉·科尔贝尔的巨额遗产，那是他父亲的堂兄弟，也是他妻子的伯父。已逝的马尼厄（Magneux）领主尼古拉·科尔贝尔于 1616 年至 1624 年担任常任军事特派员，1623年获得了名为"菲姆塔与菲姆堡的国王上尉"（capitaine pour le roi des tour et château de Fismes）的官职，三年后把这个官职传给了其表弟。其表弟在这个职位上锻炼了几年后又把这个官职交给了自己妻子的兄弟尼古拉·皮索尔！尼古拉·科尔贝尔继承了旺迪埃"封地"，他把这个地方加到了名字中。这个词听起来很响亮，因为旺迪埃毗邻奥蒙（Ormont），在兰斯的维勒（Vesle）河［经过勒布勒伊（Le Breuil）］下游沿岸。加了这个名字后，尼古拉·科尔贝尔看起来属于第二等级了。由此引发了下述思考：如何才能将"表面功夫"变为现实呢？

* *

科尔贝尔兄弟的公司并没有在经济衰退的影响下坚持多久。安特卫普的地位不断下滑，阿姆斯特丹的地位则逐渐上升，以莱茵河为枢纽的交通干线逐渐把控了欧洲商贸往来的命脉。兰斯和香槟现在远离交通要道，城市也受到里昂贸易减少和意大利市场萎缩的影响。三十年战争让前景更加黯淡。而自 1626 年起，科尔贝尔兄弟看到身边破产的人比比皆是。这一切都促使两兄弟，尤其是尼古拉下定决心放弃贸易和银行业。现在靠商业公司挣钱非常困难了：业务量大幅减少、里昂和伊比利亚半岛反复暴发瘟疫、从 1635 年的局部隐蔽交战发展到公开开战。黎塞留承诺对抗哈布斯堡家族，筹集资金也成了首要任务。尼古拉从中嗅到了机遇的味道。在法国，巴黎作为权力中心，也是金融活动的中心，可用资金的规模也吸引了包税人。尼古拉为了生意经常去首都，1623 年和 1624 年都住在那里，1628 年也住了两段时间。尼古拉遇到了许多人，首先便是科尔贝尔家族中功成名就的成员：他的堂兄弟，即热内尔叔父的孩子们；玛丽表姐，富人尼古拉·加缪之妻；任巴黎高等法院推事的维拉塞夫表兄弟；与克洛德·勒泰利耶结亲的堂兄让-巴蒂斯特；以及尼古拉的姐夫，任间接税法院推事的安托万-马丁·皮索尔（Antoine-Martin Pussort）。他们的成就促使尼古拉前往巴黎，与此同时，兰斯陷入了危机。最终的决定更可能是出于经济分析而不是个人恩怨。勒菲弗·德奥梅松（Lefèvre d'Ormesson）的日记中记载了一件事。据他所说，尼古拉曾与一名兰斯的律师有过争执，所以他才在 1629 年离开了兰斯。事实上，就算这一记载是真实的，两人的争执也应该在庭外和解了。无论如何，尼古拉搬去了巴黎，不同于让和夏尔。尼古拉希望能在财政界成功，追随家族在皮卡第、特鲁瓦的分支的脚步。

* *

1620 年至 1645 年，随着黎塞留体系的建立，科尔贝尔家族在社会上和财政界开始出名。这个国家中的 "王国"① 引导着一切：政府以及内政和外交，因为它控制了经济、海上贸易与殖民地业

---

① 指黎塞留王国，即黎塞留的势力集团。

务，还有财政。控制着核心部门，红衣主教的信徒在王国范围内扩大了版图。实际上，黎塞留是借用了蒙莫朗西家族在很有威信的陆军统帅安内（Anne）及其儿子掌权时期创建的政治结构。他们的军事和海事理念启发了黎塞留。然而，黎塞留深知蒙莫朗西家族自卡佩王朝起便与王室有联系，因此该家族的声望在瓦卢瓦家族之上。黎塞留决心要比蒙莫朗西家族走得更快、做得更好。黎塞留在政坛起步早，追随孔奇尼夫妇平步青云，在战争期间（1616年12月至1617年4月）担任国务秘书。黎塞留对玛丽·德·美第奇忠心耿耿，随她一同流放。他对自己的弱点也很清楚：祖先出身低微，他们的资历有可疑之处，并无领土。相较之下，蒙莫朗西家族早在17世纪初便已出了6位陆军统帅、8位骑兵军官及3位法国元帅。因为与许多王室家族联姻，蒙莫朗西家族的印记遍布整个王国和大陆。家族势力深入全国各地，在某几个堡垒的权势尤其强盛。因此，蒙莫朗西家族是朗格多克事实上的总督。在这些显赫人物身边，尚为新人且出身低微的黎塞留显得暗淡无光，尽管他的家族地位已经通过迪谢纳（Duchêne）显著提升了。

实际上，阿尔芒·迪·普莱西（Armand Du Plessis）祖上也有从军之人加入，与迪·普莱西同音的这些军事贵族来自几乎要消失的贵族家族。即使黎塞留克服了出身这一障碍，但他缺少有影响力的亲戚。诚然，亨利三世很欣赏黎塞留的父亲，任命他为法兰西法官（prévôt de France）。不幸的是，黎塞留的父亲不久就去世了，并留下繁重的债务。尽管黎塞留出身平庸、兄长早逝、弟弟皈依宗教，但他克服了这些障碍。黎塞留有一张王牌：他是主教。尽管吕松主教辖区比较简朴……但在王后及信徒的庇护下，黎塞留离开了吕松主教辖区这片"荒漠"。仅仅四年（1617~1621年），黎塞留便重归政坛。1622 年 9 月，黎塞留得到了红帽子①。1624 年 4 月，黎塞留终于如愿进入御前会议。获得了奇迹般的成功。

摄政王，也就是财政最高总督拉·维厄维尔（La Vieuville），和当时最有权势的人——司法大臣布吕拉尔·德·西耶里（Brûlart de Sillery）及其任外交事务国务秘书的儿子皮瑟（Puiseux）（虽然之后失宠了）的支持促成了黎塞留的晋升。但黎塞留的目标更高，他渴望成为大权独揽、名垂青史的帝国首席大臣。于是，黎塞留几个月后扭转了这一形势，暗中策划了一场狡诈却有效的宣传活动。1624 年 5 月至 8 月，新闻宣传将拉·维厄维尔描述成无能的人，甚至是渎职者。结果，拉·维厄维尔于 8 月 13 日被逮捕，并被囚禁在蓬图瓦兹。黎塞留组建了正义法庭，并一直延续至 1625 年。正义法庭减少了黎塞留的政敌，并重整了财政家团体。拉·维厄维尔设法逃到国外，因此缺席庭审，直至黎塞留逝世后才返回法国。而在御前会议中，红衣主教拉·罗什富科（La Rochefoucauld）被杀鸡儆猴，久病难愈，无力竞争第一把交椅，最终放弃了抗争，只考虑灵魂救赎与主教使命。而身体虚弱的陆军统帅莱斯吉埃（Lesdiguières）更为小心谨慎。享尽荣华富贵的他返回多菲内安度晚年。1626 年万事俱备。黎塞留终于击垮所有劲敌，于 8 月 13 日成为"首席大臣"。

随后，这位红衣主教便迅速在权力核心安插亲戚和买官者（clients）。第一步便是财政部门，他决定将最高财政总督之位交给亲戚让·博沙尔·德·尚皮尼（Jean Bochart de Champigny）。当博沙尔拿下因另一位亲戚哈克维尔先生（M. de Hacqueville）逝世而空悬已久的巴黎高等法院第一院长这个官职后，便由米歇尔·德·

---

① 此处代指黎塞留被任命为红衣主教，红衣主教的衣服是红色的。

马里亚克（Michel de Marillac）接任了最高财政总督一职。与黎塞留一道，米歇尔·德·马里亚克也是摄政王的心腹。马里亚克被红衣主教留在财政部直到1626年，1630年才被封为掌玺大臣。随后，效忠摄政王及红衣主教的埃菲亚（Effiat）侯爵接任最高财政总督一职，但他1632年便离世了。因此，黎塞留在这一重要职位上安排了两名亲信：克洛德·布蒂利耶（Claude Bouthillier）在1632年至1643年担任此职；克洛德·德·比利翁（Claude de Bullion）则任职至1640年去世。

这些年来，黎塞留从前任掌权者身上学到很多。他不需要太多的大臣，但需要忠诚：那些买官者——受恩惠者的老说法——或者亲戚，那些因为地位、财富或联姻而依靠他的人。最高财政总督埃菲亚侯爵在遗嘱中准确描述了自己与黎塞留的关系：只要服从他，他便很和蔼。埃菲亚侯爵甚至明确指出："红衣主教黎塞留阁下的尊严以及他在王国中的职位使他不敢设想去完成自己的遗愿，因为他在世时是绝对的主宰者。他知道在这件事和很多其他出于感激的事情上对我有所欠缺，然而种种原因迫使……乞求黎塞留成为家庭的主人及庇护者。并让他同意他的妻子或者顾问没有他的命令就不能操办重要事宜，如果他愿意解决问题或者愿意听取的话。我以最大的诚意乞求他继续当家族的保护者，给我推荐他的孩子。"然而这样做实际上糟糕透顶，黎塞留的孩子桑-马尔斯（Cinq-Mars）作为一个满脑子只有他自己的年轻人，因违反规则掉了脑袋——被保护人在任何地方的任何情况下都要一直服从保护者。

因此，政治部门与家族联结成一个整体，主人通过安排联姻的方式加强自己的控制。拉瓦莱-福塞（La Vallée-Fossez）、圣热莱-列齐涅姆（Saint-Gelais-Lezignem）、沙泰尼耶（Chasteignier）家族便是这种情况。在这些小圈子里，跟主教有关系的人彼此也有联系，这确保了能支持他的社会精英阶层的服从。假如有哪个倒霉蛋因为利益或观念不合而质疑甚至背叛主人，黎塞留都将毫不留情地驱逐他们，例如不同意某些外交政策的掌玺大臣马里亚克，还有接替马里亚克的夏尔·德·奥贝潘-沙托纳夫（Charles de L'Aubespine-Châteauneuf）。两个人卸任后均被逮捕并囚禁：马里亚克在囚房中去世，而沙托纳夫直至黎塞留入土为安后才与家人重聚。

黎塞留通过上述方式组建了一支团结且协调的队伍，有克洛德·布蒂利耶及其子沙维尼（Chavigny）、皮埃尔·塞吉耶（Pierre Séguier）、克洛德·德·比利翁、亨利-路易·德·洛梅尼·德·布里耶纳（Henri-Louis de Loménie de Brienne）、路易·费利波·德·拉维里利埃（Louis Phélypeaux de La Vrillère）、叙布莱·德·努瓦耶（Sublet de Noyers）、阿贝尔·塞尔维安（Abel Servien）。由于黎塞留跟哈布斯堡家族的抗争涉及战争，他便开始干涉军事指挥，"蒙莫朗西王国"仍对指挥部施加影响力。因而黎塞留一上任就希望双管齐下，接管这一"王国"以及铲除蒙莫朗西家族。此时蒙莫朗西公爵这一脉仅留下一位男性，"勇士的荣耀"，伟大陆军统帅的唯一后人。这位安内·德·蒙莫朗西的孙子有许多有钱有势的亲戚，他自己是法国海军上将，他的姐妹嫁给了最高血亲亲王亨利二世·德·孔代。因此，他阻碍了黎塞留的野心。然而对黎塞留而言很幸运的是，时任法国陆军统帅莱斯吉埃于 1626 年离世，这一职位就可以被取缔了。希望得到这一职位的蒙莫朗西对此很不高兴，他的祖父和父亲都曾成功担任过王室统帅。

黎塞留还通过攻击"蒙莫朗西王国"的另一个支柱——海军势力来继续秘密夺权的工作。1626 年至 1627 年，黎塞留以重新夺回法国王室对海军的控制为幌子，把许多海军高阶官职合并为一个职位。实际上，这个职位也落入了黎塞留及其亲信手中。这得到了国王的首肯和大法院的支持，黎塞留遣散了海军任职者，又于1626 开除了法国海军元帅亨利二世·德·蒙莫朗西，于 1629 年开除了普罗旺斯海军上将吉斯公爵，而这只不过是撤销他们官职后索取大量赔偿的前奏。至于布列塔尼的抵抗，为了解决这个问题，黎塞留成了布列塔尼总督，因为海军部与省政府传统上是共存的。他为自己设立了"法国海军、航运和贸易的大主管、首席及最高总督"这一职位，从而完成了这一任务。1635 年，黎塞留为增强己方海军势力，从雷斯公爵那里购入战列舰舰长的军阶，还有大西洋沿岸和地中海沿岸地区的战略政府岗位，尤其是布列塔尼和奥尼地区，还有加莱、勒阿弗尔、布雷斯特、南特、拉罗歇尔和布鲁阿日地区。黎塞留的亲戚阿马多尔·德·拉波特（Amador de La Porte）、拉梅耶雷（La Meilleraye）、蓬沙托（Pontchâteau）、蓬-库尔莱（Pont-Courlay）和布雷泽（Brézé）都获得了任命。此时的黎塞留已是实际的海军大臣，控制着战舰、商业船队、海军器械、殖民地生意、海港防御以及军事工业复合体等事务，军事工业复合体不仅是其强有力的靠山，还带来了足以保证海军部权力的财政资源。

黎塞留同样通过提拔亲戚来掌控陆军。亨利·德·朔姆贝格（Henri de Schomberg）及其子夏尔、表兄弟夏尔·德·拉波特·德·拉梅耶雷、姐夫于尔班·德·马耶（Urbain de Maillé），还有买官者安托万·夸菲耶·德·吕泽·德埃菲亚（Antoine Coiffier de Ruzé d' Effiat）、安托万·德·格拉蒙（Antoine de Gramont）、让-巴蒂斯特·德·比德·德·盖布里昂（Jean-Baptiste de Budes de Guébriant）和菲利普·德·拉莫特-霍登古尔（Philippe de La Mothe-Houdencourt）这些人均被封为法国元帅。另一方面，黎塞留对政敌很无情。如巴松皮埃尔（Bassompierre）于 1631 年被投入巴士底狱，直至 1643 年黎塞留逝世。而多尔纳诺（D'Ornano）则没有如此幸运，1626 年刚被黎塞留任命为元帅时，他就被逮捕，很早就去世了。自 1630 年任法国元帅的图瓦拉斯（Toiras）因害怕重蹈蒙莫朗西、马里亚克的覆辙，跑去投靠了萨伏伊公爵。这个决定无疑是谨慎的，因为黎塞留睚眦必报。掌玺大臣的兄长路易·德·马里亚克付出很大的代价才认识到这一点：他被逮捕了，并在一次有问题的庭审中被判死刑，跟许多人一样，于 1632 年被斩首。

　　黎塞留希望采用 16 世纪西班牙菲利普二世的政策除掉蒙莫朗西家族。奥尔内（Hornes）伯爵及其兄弟弗洛里斯（Floris）是佛兰德斯分支的继承人，却不幸分别于 1568 年和 1570 年在尼德兰南部被处决。于是，黎塞留拿布特维尔（Bouteville）开刀。这位亨利二世·德·蒙莫朗西的堂兄弟经常打架斗殴，不改好斗本性，最终被判死刑并立即执行。取得初步胜利的黎塞留更进一步：国王的兄弟奥尔良公爵接触了家族的一把手，于是黎塞留将后者推向歧途。此时的蒙莫朗西不再担任法国海军上将，然而，他在 1630 年担任法国元帅。这一职位补偿了他在皮埃蒙特地区的勤勉工作。然后，蒙莫朗西希望接替父亲成为法国陆军统帅，不料被黎塞留粗鲁地拒绝了，蒙莫朗西便与奥尔良公爵密谋在朗格多克造反。国王军队在卡斯泰勒诺达里（Castelnaudary）大败叛军，蒙莫朗西此时才意识到自己落入了陷阱，昔日的"勇者的荣耀"想掐死自己。然而，伤痕累累的蒙莫朗西元帅在审判中认错，他被判亵渎君主罪，最后被斩首，奥尔良公爵也是如此。蒙莫朗西家族终于彻底湮灭，如黎塞留所愿。

　　四处迫害别人的黎塞留偶尔也会给予一些奖赏：他通常会安排那些归顺他、保持中立，对他有用或者能拿回一个重要位置的人成为元帅。比如贝亚恩地区前大臣、法国炮兵部队总管苏利。自 1629 年起，黎塞留让自己的心腹埃菲亚元帅接管苏利的职位。为此，黎塞留补偿给苏利元帅之位。双方达成共识后，黎塞留却将这个职位安排给了自己时任法国元帅的表兄弟拉梅耶雷。这充分体现了裙带关系是巩固权力最有效的方式之一。

为了在政府、军队、社会三个层面巩固自己的"王国",黎塞留仍在找寻更有力的方式。其外交政策导致开支增多,所以黎塞留审查了整个财政金融体系。令虔诚党①边缘化的"愚人日事件"(1630 年 11 月 11 日)发生以来,黎塞留拉拢财政家——特别是盐税包税人——来巩固自己的统治,这多亏了托马·博诺和雅克·博诺两兄弟及其盟友。1632 年到 1663 年,博诺兄弟连签 8 份契约(bail),不许他人染指税收业务,独揽大权至 1655 年!紧随博诺兄弟步伐的还有不少实业家,如让·阿尼梅(Jean Animé)、皮埃尔·奥贝尔(Pierre Aubert)、克洛德·夏特兰、热尔曼·吉洛(Germain Gillot)、皮埃尔·梅罗、路易·蒙梭(Louis Monceau)、里什堡(Richebourg)的博纳旺蒂尔·康坦、热尔曼·罗兰(Germain Roland)及米歇尔-安托万·斯卡龙。这些人又吸引了更多的财政家,其中一些人在让-巴蒂斯特·科尔贝尔投身公职时选择支持这个兰斯人,如让·巴赞(Jean Bazin)、雅克·比戈(Jacques Bigot)、让·达利耶斯(Jean Daliès)、阿波林·加涅罗(Apolline Gagnereau)、皮埃尔·勒克莱尔(Pierre Leclerc)、卢维尼(Louvigny)的亨利、伊萨克·蒙梭(Isaac Monceau)、尼古拉·朗布耶(Nicolas Rambouillet)和让·萨罗(Jean Sarraut),他们因此走上了阳关大道。博诺公司运营着波尔多的运货税包税所和一些附加税的包税所,都与盐有关。该包税所除了有博诺兄弟和里什堡的博纳旺蒂尔·康坦外,还聚集了艾蒂安·莱博(Étienne

---

① 虔诚党(le parti dévot)是从对宗教虔诚的角度反对黎塞留的政策,认为政治应该以宗教为基础。参见崇明《论十七世纪法国冉森派的神学与政治》,第 104~105 页。

Lybault）、艾蒂安·马卡德（Étienne Macquard）、艾蒂安·帕维永、保罗·德·塞夫（Paul de Sève）、让·杜·维迪尔等实业家，同时也包括丹尼尔·弗耶特（Daniel Feuillette）及德尼·马兰等入股者。他们都只效忠一个人——黎塞留。

科尔贝尔家族早已通过联姻加入了这个包税人的"小团体"。早在1622年，热讷维耶芙·科尔贝尔再嫁给了博诺兄弟的表兄弟丹尼尔·罗宾。科尔贝尔家族因此常常出现在盐税财政家团体中，并经尼古拉·加缪、阿波林·加涅罗和尼古拉·科尔贝尔介绍进入了"黎塞留王国"。尼古拉·加缪是总包税人热尔曼·罗兰的合伙人，尼古拉·科尔贝尔是波尔多车马税的包税人，阿波林·加涅罗则与热尔曼·罗兰以及尼古拉·科尔贝尔合伙。通过与博诺、梅罗、帕维永、罗兰等大家族联姻，科尔贝尔家族正式加入支持黎塞留以获得保护的财政家圈子。尼古拉·加缪是这个小圈子的领头人。作为黎塞留的亲信，尼古拉·加缪为黎塞留预付了款项，他还跟一些亲信那样在大规模城市规划项目中设计了一座府邸。府邸在与黎塞留同名的城市，就是未来的行政中心，它象征着王国的经济和政治力量以红衣主教为中心。这是查理五世和菲利普二世修建的埃斯科里亚尔修道院的加强复刻版，也是黎塞留在其家乡省份成就的显著象征。

"黎塞留王国"的建立伴随着战士带来的财富（l'enrichissement d'Armand）。正如约瑟夫·伯金①所言，战争促进了这种源于良好运转的财政金融体系的敛财行为。因为冲突为有大量流动资金的人提供了机会。1632年至1661年的三十年中，盐税的包税人恳请"最

① 此处原文为 Joe Bergin，是作者名字的昵称，完整名字是约瑟夫·伯金（Joseph Bergin）。

富裕国王的臣民"出资履行租约义务。由于有钱人仅借钱给可靠的业务，因而很多人找盐税包税人贷款。而黎塞留，其部下、心腹，还有他们的亲友和其他人则通过他们加入了这个盈利颇丰的投资。这一体系不管收入好坏一直运行着，直至 1650 年危机爆发。科尔贝尔家族自然也加入其中，比如时任国王秘书的尼古拉·科尔贝尔和尼古拉·加缪父子。这一情况也促使旺迪埃领主尼古拉·科尔贝尔暂停商贸活动，北上巴黎，在亲友和盟友的帮助下享受财政界的乐趣。

* *

1630 年起，尼古拉始终围绕着财政界打转，精心打理金融生意。为此，他清算并卖出了与兄长及巴舍利耶家族在兰斯合办的公司。迁至巴黎后，尼古拉开始在银行业打拼，为有钱有势的老客户叔父乌达尔担任联络员。他代替别人出面签署契约。这样可以掩盖一些给借款人的高利贷的利率，其中一些人是贵族，如雷诺堡的地区长官让·德·博蒙（Jean de Beaumont）；佩尔桑（Persant）男爵亨利·德·沃德塔尔（Henri de Vaudetart）骑士的遗孀露易丝·德·洛皮塔尔（Louise de L'Hospital）；骑士侍从、国王佩剑侍从、打猎布网中尉（lieutenant de ses toiles de chasse）安托万·迪费（Antoine du Fays）；骑士、圣朗贝尔侯爵、罗伊香槟地区中尉罗贝尔·德·茹瓦约斯（Robert de Joyeuse）等。1632 年春，旺迪埃领主下定决心以 36 万弗利尔的高价购入了"间接税总包税所下面分管巴黎市年金公债的发款员"这个职位，成为一名财政官。不久之后，尼古拉把这个体面的职位和其他稍逊的工作，也就是包税人结合起来。他与巴黎包税人群体中的名人皮埃尔·帕扬（Pierre

Payen）、克洛德·勒拉古瓦（Claude Le Ragois）以及亚历山大·马索利耶（Alexandre Marsollier）来往甚密。但这个职业也有风险，因为收益的结算实际上取决于间接税收税官支付的款项。然而，后者常常不在规定的付款期限支付，或者更糟糕的是并不按照商定的金额付款，而优先为国库服务。在这些情况下，年金公债的发款员往往要承受款项延误带来的一系列后果，甚至可能面临起诉。

　　1634 年前后，情况恶化，存在破产的危险。有人怀疑旺迪埃领主尼古拉·科尔贝尔侵吞了 30 万里弗尔公款用于投机活动。尼古拉·科尔贝尔从两年前参与签订诺曼底官员选举强制借款条约这样的高处摔了下来。哪怕是 1634 年坠入低谷的那一年，他仍然参与了分配给间接税的 8 万里弗尔新年金公债的条约，使得包税人凑集了 96 万里弗尔资金。由于没有足够的现金，尼古拉·科尔贝尔只得卖掉间接税年金公债付款人的官职，次年科尔贝尔重新将其购入。这掩盖了科尔贝尔家族救助他的事实。1634 年购入尼古拉·科尔贝尔官职的确实是卡昂财政区的税收总管让·勒尼奥（Jehan Regnault）和安托万·勒格兰（Antoine Legrain），但此时的他们也有债务危机。鉴于他们的债权人能以可靠的金额购入该职位，让·勒尼奥便将该职位转让给自己的姐夫——担任国王秘书的尼古拉·科尔贝尔。然而，尼古拉·科尔贝尔本人并未出现，该职位也挂在旺迪埃名下——尼古拉任此地长官——但给另一个科尔贝尔家族成员尼古拉·加缪的 205000 里弗尔债务做担保。1643 年，加缪的继承人与旺迪埃领主（他仍任此职）之间的诉讼才最终落下帷幕：加缪的继承人终于承认欠尼古拉·科尔贝尔 14 万里弗尔，并会于 1650 年 2 月还清。

　　科尔贝尔家族的团结开始发挥作用，破产者才得以迅速恢复过

来。证据何在？1636 年，尼古拉·科尔贝尔买入新设立的间接税
年金公债付款人和对酒征收 35 索尔①的年金公债付款人职位。尼
古拉·科尔贝尔为此同时支付了 30 万里弗尔！在继续担任包税人
的同时，尼古拉·科尔贝尔于 1637 年成为对基层收税官收税的一
员，1643 年又向公众抛售"布告书记官、神职人员、巴黎货币铸
造监理、香槟财政区巴伊辖区主管"等职位。尼古拉·科尔贝尔
的堂兄弟——圣普昂格的让-巴蒂斯特·科尔贝尔对某项棘手的业
务产生了浓厚的兴趣，从而引发了长达二十年的诉讼。幸运的是，
时任最高财政总督的尼古拉·富凯在 1660 年的介入使情况变得对
他们有利。尽管此时面临着重重风险，旺迪埃领主这位第二等级的
财政家还是设法保住了自己的社会地位。然而时局动荡：1642 年
12 月黎塞留离世，野心家因此跃跃欲试，不止一个人想要得到部
分甚至全部的"黎塞留王国"。

* *

诚然，黎塞留的政绩毋庸置疑，他在二十多年里击败了所有敌
人。在法国常年征战之际，他一手创建了支撑军事活动的财政金融
体制。黎塞留不仅牢牢把控着法国航海和商贸的最高统治权，同时
还握有军权。此外，黎塞留还支持博诺兄弟、朗布耶家族等财政家
团体，他们预付税款，且投资与战略性领域发展相关的公司。只要
亲信毫无保留地无条件服从自己，黎塞留就会对他们很慷慨。高级
教士的头衔让黎塞留变成了首席贵族②，他的祖先虽有贵族称号，

① 索尔（sol）是旧制度时期的一种记账货币单位，20 sols 等于 1 图尔锂。
② 首席贵族（duc et pair）是地位仅次于亲王的高级贵族，详见庞冠群《司法与
王权：法国绝对君主制下的高等法院》，第 281 页。

但家族在债务压力下挣扎，只能靠微薄的圣俸维持生活。这位红衣主教常言，他最后只能靠他"全是泥巴的主教辖区"（évêché crotté）的收入过着紧巴巴的生活。他的成功则非常闪耀：封地（弗龙萨克首席贵族领地①、科纳克伯爵领地、巴伯齐厄男爵领地）、奢华的住所（巴黎的主教府和在吕埃的住所），还有王国内最为富裕的修道院（克吕尼修道院、博韦的圣吕西安修道院和西托修道院）和油水最足的几项国王的权力（军事权、布鲁阿日地区盐税、诺曼底地区的民事和刑事记录）。以上种种为黎塞留带来了超过 2000 万里弗尔的资产。正如乔·卓尔根所论证的，这是迄今为止个人能积攒到的最重要的财富。

"愚人日事件"后，黎塞留制定了将会长期影响法国君主制运行的政策。自 1630 年的"未公开"战争和 1635 年的"公开"战争起，他开启了直至 1714 年才完全结束的一系列战争。这对法国财政造成很大压力，导致长期的持续破产及巨额债务。与黎塞留的宣传相悖的是，他粉碎虔诚党以及与西班牙哈布斯堡家族对抗并非为王室谋取利益，也不是为人民而战，他的政策方针甚至会危害法国经济和制度运行。如果说路易十三曾眼红特权，这只是表面，其实是因为黎塞留才是实际上的掌权者，他的个性和能力都胜过国王。在这一体系里，相互联结的几个家族组成的政治小团体获得了决定性的重要地位，这一地位又由时势巩固。黎塞留于 1642 年 12 月 4 日离世，6 个月后，路易十三也不幸于 1643 年 5 月 14 日驾崩，两人接连去世削弱了王权，新王登基时不过 5 岁。

———————————

① 首席贵族领地（duché-pairie）指首席贵族（ducs and pairs）的称号或者土地，首席贵族是地位仅次于血亲亲王的高级贵族。详见黄艳红《法国旧制度末期的税收、特权和政治》，第 281 页。

黎塞留弥留之际，意欲取代他的人早已在考虑可能的方案：是保留黎塞留王国，还是将其瓜分，甚至彻底摧毁它？是将权力机构自然过渡给黎塞留的后代，还是将其交给集体决策层或外界知名人士呢？实际上，黎塞留内心深知后代子孙均为平庸之辈。在他的侄孙黎塞留公爵阿尔芒-让·维涅罗·迪·普莱西（Armand-Jean Vignerot Du Plessis）身上找不出可以执掌黎塞留王国的素质。黎塞留疼爱的侄女，维涅罗的监护人公爵夫人艾吉永（Aiguillon）本来很有能力，但因为是女性，被认为无法担此重任。黎塞留的表亲拉梅耶雷元帅并非一无是处，然而仍欠缺管理手段，被孤立宣告了他的失败。在此之前，黎塞留建立的权力机构都是依靠那些既忠诚又能干的亲信。叙布莱·德·努瓦耶及布蒂利耶父子同样如此。然而，随着黎塞留的离世，权力集团中第一梯队和第二梯队之间的争斗渐渐走上台面。紧接着，叙布莱·德·努瓦耶很快落败，布蒂利耶家族随之退出舞台。最后，一位新人获胜了，他也是来自黎塞留王国，不过是最近加入的，他就是儒勒·马扎然。

这个意大利人可谓更聪颖、城府更深的新一代孔奇尼。马扎然有一些优势，他成为年幼国王的教父，实施与前任一样的外交政策，他想延续"黎塞留王国"并将其变为"马扎然王国"。本质上，红衣主教马扎然就是红衣主教阿尔芒的某种翻版。马扎然于法国而言是一张新鲜的面孔，他也有许多侄女和一个主教兄弟，就像红衣主教阿尔方斯是首相的兄弟那样。他也没有钱，但他希望通过行使权力获得金钱并建立有尊严的关系。在这一点上，马扎然有一张王牌：护子心切的王太后。路易十四的王位摇摇欲坠，他少年时期法国一直在进行特别困难的军事行动。因此，马扎然代替了黎塞留，继承了已故红衣主教政治、经济、金融地位带来的利益。马扎然在主教之位上展现了令人瞠目结舌的手腕。作为首相，马扎然于

1643 年 11 月任命帕尔蒂切利·埃默里（Particelli d'Hémery）为最高财政总督，并启用黎塞留的亲信勒泰利耶取代叙布莱·德·努瓦耶。勒泰利耶 1640 年在担任意大利军队军需官时取得了马扎然的信任。这个选择非常具有远见卓识：勒泰利耶家族与财政界息息相关。勒泰利耶是博诺兄弟承包盐税的一个出资者。

这个意大利人也没忘记黎塞留是如何边缘化并消灭"勇士中的勇士"，即蒙莫朗西家族首领的。同黎塞留一样，马扎然也渴望控制"海洋之事"，由此收回了航海的总领和督办大权。航海是黎塞留时期政治经济权力的基础之一，但黎塞留将该权力传给了他的侄子马耶-布雷泽（Maillé-Brezé）。聪明的马耶-布雷泽并未在该职位上待很长的时间：1646 年他在奥尔贝泰洛被炮弹夺去了性命。目前，摆在马扎然眼前需要扫清的"障碍"仅剩下孔代亲王路易二世·德·波旁，他是马耶-布雷泽的姐夫，是黎塞留的侄女婿。因此他可以要求继承"蒙莫朗西王国"和"黎塞留王国"两边的遗产。对于马扎然来说，边缘化亲王并不容易。路易二世是自孔代亲王亨利二世·德·波旁于 1646 年逝世后的第一个血亲亲王。尽管亨利二世年少时很叛逆，但后来与黎塞留交好。亨利二世的归顺为自己换来了"勇者中的勇者"，也是他姐夫的大部分遗产。然而，路易二世的母亲——夏洛特·德·蒙莫朗西并未忘记家族蒙受的屈辱。路易二世的父母都是陆军统帅安内的血脉，因此路易二世是安内的曾孙，某种意义上，他也是蒙莫朗西家族的首领。路易二世的天赋和军事成就也证明了这个古老家族的军事才能。

因此，路易二世因其家族渊源似乎注定就是蒙莫朗西家族的合理继承人，要接受陆军统帅的佩剑以及海上帝国。但亲王却很沮丧。直至 1638 年，结婚三十三年都没有孩子的路易二世才终于迎来了一个儿子，这个儿子可能是王位继承人，因为路易十三及其弟弟奥尔良公爵都没有男性后代。但屈辱的是，路易二世不得不迎娶黎塞留的侄女，这就是一场政治婚姻。黎塞留将孔代家族渴望继承遗产的野心都看在眼里，因而早做部署打消了孔代亲王独吞遗产的所有可能性。见过黎塞留行事的马扎然也采取了相同的手段：马扎然知道孔代亲王冲动易怒，因此故意制造矛盾。最后马扎然夺走了孔代亲王的航海总领督办大权，并将权力交给了摄政太后，而不是自己的亲信，这就避免了孔代亲王反抗。面对布列塔尼地区的统治问题（1647 年）和欧尼斯地区的统治问题（1646~1654 年），马扎然故技重施。以至于马扎然最后通过奥地利的安娜①控制了大西洋沿岸。至此，孔代亲王仅剩陆军统帅的职位作为对其军功的奖赏。效仿黎塞留，马扎然希望诱使孔代亲王犯错。

从全局来看，权力高层的重新洗牌并没有让科尔贝尔家族吃亏。我们看到，通过加缪与费利波家族、马尔勒家族、布吕拉尔家族等结盟，他们整合了大臣家族。这些家族独掌大权，以至于叙布莱·德·努瓦耶被免职后，作为其得力干将的圣普昂格的科尔贝尔并没有什么不便之处，因为接替叙布莱的正是勒泰利耶。作为马扎然无条件的亲信，勒泰利耶不正是圣普昂格的科尔贝尔的姐夫吗？因此，与叙布莱在任时一样，圣普昂格的科尔贝尔仍然被重用。新任最高财政总督帕尔蒂切利·埃默里更是正统的科尔贝尔家族成员：他迎娶了尼古拉·加缪和玛丽·科尔贝尔的女儿玛丽·加缪。从此，科尔贝尔家族打入权力中心。他们渗透进了所有阶层，政府、经济界和财政界，他们巩固了自己的地位。

----

① 即前文提到的摄政太后。

其堂弟艾蒂安·（勒）加缪［Étienne（Le）Camus］于 1648 年被提拔为法兰西建筑与艺术最高总督，一直任职到 1656 年。其中，旺迪埃领主也改变了社会身份：他于 1641 年购入国王常任总管一职，六年后出售了年金公债付款人的职位。至此，曾经的包税人、财政官员已摇身变为王室官员。最后的一步便是旺迪埃的科尔贝尔于 1652 年获得了国务参事的任命敕书。这个职位是荣誉性的，但足够抹去旺迪埃领主作为兰斯商人的过去。正是在延续了"黎塞留王国"辉煌的"马扎然王国"中，未来的伟大的科尔贝尔开启了他的辉煌事业。

第四章
有其父必有其子

1661 年 3 月，科尔贝尔回归舞台，站在了政治新闻的聚光灯下。大家并没有意识到科尔贝尔的存在，直至宫廷认为科尔贝尔最差也能做一个官员，最好则能成长为新贵。他 24 小时内就从红衣主教的"家仆"变成了政府中举足轻重的财政督办官。谁能想到呢？确实，科尔贝尔此时是一个尽职尽责的仆人。没有什么可以预示尼古拉·富凯耀眼的成功：16 时就已位列梅茨高等法院的推事；20 岁便已是行政法院审查官（maître des requêtes）；28 岁担任多菲内总督；35 岁任巴黎高等法院的检察长，就此成为王国最高级别的官员；38 岁时成为最高财政总督，任国务大臣期间与马扎然紧密合作。聪颖的富凯展示了耶稣会出众的教学体制。科尔贝尔则没有给人这样的印象，尽管他的少年及成长过程中有不少与富凯相似的部分。科尔贝尔于 1619 年 8 月 29 日生于兰斯圣伊莱尔（Saint-Hilaire）教区的塞雷斯（Cérès）街道，是旺迪埃的尼古拉·科尔贝尔与玛丽·皮索尔的第二个孩子，且是长子。兰斯初审法庭的推事夏洛特·科尔贝尔是科尔贝尔的教父，让·科尔贝尔的遗孀玛丽·巴舍利耶是科尔贝尔的教母。随后尼古拉·科尔贝尔与玛丽·皮索尔决定给长子取名为让-巴蒂斯特。

尼古拉·科尔贝尔离开香槟的首府后，科尔贝尔便被送往耶稣会学习。彼时的科尔贝尔年仅 10 岁，但与未来的劲敌富凯及他自己的儿子塞涅莱不同，科尔贝尔并不是一名让老师惊艳的学生。与同时代的大多数人一样，科尔贝尔"踏实但心思沉重"。阅读他留下的书信、回忆录及教导可以体会到这个特点。科尔贝尔行事有条理且务实，风格简单直接。哪怕他严厉指责甚至呵斥别人时，也毫不矫揉造作。尼古拉·科尔贝尔陷入经济困境后，科尔贝尔就退学了，1634 年被送到了在罗讷首府的与家族渊源深厚的银行家马斯克拉尼、卢玛格及塞南家族那里。这是由其叔父维拉塞夫的乌达尔·科尔贝尔安排的。从 15 岁起，科尔贝尔在那接受了银行家的常规教育。他学习了复式簿记、外汇兑换技巧以及填写汇票。鉴于里昂的公司与意大利半岛的业务来往，他可能还掌握了意大利语。这些实践训练对科尔贝尔而言无疑是大有裨益的，利于他管理战争事务和红衣主教的财产，最终掌管法国的经济贸易。

1638 年前后，科尔贝尔回到了巴黎。关于他在巴黎的工作，史学家们意见不一。桑德拉兹·德·库尔蒂兹（Sandraz de Courtilz）认为科尔贝尔很可能在一个叫比特恩的执达员（huissier）手下做事，遵循家庭期望进入法律界。而夏尔·佩罗（Charles Perrault）则认为科尔贝尔为实业家弗朗索瓦·萨巴捷（François Sabathier）工作，他是黎塞留的亲信。正是在那里，科尔贝尔结识了夏尔·佩罗的哥哥皮埃尔·佩罗，他也是萨巴捷的上级，是未来的巴黎省级总征税官。志同道合的年轻人们很快相熟，成为好友。这段经历对于科尔贝尔意义非凡，因为黎塞留出席并主持了萨巴捷和玛丽-露西·沙泰尼耶的婚礼，随后通过担任弹药军需员在军工企业建立之初就参与其中。尽管萨巴捷做了很多贡献，但他被起诉了。黎塞留并未施与援手，这种忘恩负义的行为刺痛了萨巴捷。科尔贝尔也从中学到了教训。在等待运用这一经验的过程中，科尔贝尔悉心观察了"黎塞留王国"对其中许多科尔贝尔家族成员的军事要求。

1638 年至 1640 年，这位年轻人为巴黎公证人时代的后裔让·沙普兰（Jean Chapelain）工作。1637 年至 1639 年的公证记录页的空白部分及底部的批注可以证明这一点，还有 1639 年 9 月由成年女子玛丽·德·热（Marie De Jays）口述、科尔贝尔写下的遗嘱，这是已知的他写的第一份文件。醉心于这项工作的科尔贝尔掌握了如何起草管理家庭生活（婚书、遗嘱、遗产清单、继承法规）和物质财产（买卖土地、职位、房屋）的法令，以及保护私人资产（借钱、认购债务、押金登记、追回欠款、抵押解除）和公共资产（投资王室财政或制造业、军工业的资金）等的法令。实际上，无论是私人选择还是公共决策，公证员都会为了记录和公证而参与其中。科尔贝尔甚至衡量过公证工作的可操作空间：公证员可帮助签约者隐瞒交易中的受益者及其可能获得的回报，纸面利率通常低于几乎是高利贷水平的实际利率；而且缔约者可在文件上盖上私人印章，并保留原件，从而不在公证处留下任何痕迹。这些在商业世界中十分常见，尤其是财政界。公证员的权力是一笔巨大的财富，尤其是对那些声称要重整公共财政、净化与他们相关的小团体的人而言。

的确，这些不同但必需的锻炼经历培育了科尔贝尔珍贵的才能，因为政府中有同样技能背景的竞争者很少。终其一生，科尔贝尔笔耕不辍，他常常避开社交活动和随之产生的对话。毫无疑问，科尔贝尔是在让·沙普兰手下担任公证处办公员时锻炼出了精细、紧凑的写作风格，且文如其人，下笔极快但很难辨认，因为有大量神秘复杂的缩写。这也大大增加了阅读其手稿的难度，尤其是他的批注，不少都写在引起他注意的信件或是报告的页面边缘或顶端。诚然，这位伟大的兰斯人并非文豪，而是一名掌握账单、法规、公函等各类文体写作的行政人员。各种情况都可以看出这一点，科尔贝尔一直如此，这也解释了其信件中弥漫着的尖酸刻薄。直至迈入官场，他延续了给合作者和信件纠错的习惯，并能精准挑出所有疏忽、不准确或不精确之处。在他眼中，准确的细节是写作的诀窍，他的儿子塞涅莱侯爵也接受了这种吹毛求疵的教育，其中学习书信写作占据了重要的地位。

17 世纪 40 年代初，科尔贝尔开始担任常任军需官，目前暂无关于该职位的售价及获得日期的记载。无论如何，获取此职位不禁让人想起科尔贝尔曾为弗朗索瓦·萨巴捷工作，后者也从原先的炮兵军需官（commissaire de l'artillerie）升任特别收入司库。此外，科尔贝尔这一职位调动更是提升了家族在军队和谨慎投资的军工产业中的地位。这是否象征着乌达尔叔叔（圣普昂格的科尔贝尔）开始影响战争国务秘书努瓦耶的弗朗索瓦·叙布莱呢？这个猜想不久后便可得到印证，科尔贝尔在海军中的同僚长辈阿努尔先后成为马赛和土伦的海洋事务总管。一个人有不可否认的才能就足以平步青云吗？据幸运的赢家来看，答案是未必如此。阿努尔常常说科尔贝尔年轻时欠自己很多人情，是他引荐科尔贝尔认识了努瓦耶领主叙布莱，科尔贝尔的第一份工作就是在叙布莱手下做事。面对这样的叙述，我们怎么会怀疑科尔贝尔的感激和阿努尔的处世能力呢？不似黎塞留在萨巴捷危难之际弃他于不顾，科尔贝尔维持了与年少时期就结识的朋友的友谊，甚至会庇护他们的亲眷。如阿努尔的儿子便继承了阿努尔在海军中的职务。至于前老板的侄子，诗人让·沙普兰也在文化部门担任重要职务。

实际上，就算尼古拉·阿努尔没有介绍科尔贝尔认识叙布莱，科尔贝尔家族中也有人能做到同样的事。战事机构里难道没有科尔贝尔家族的人吗？边境省份的商人或是商人银行家家族与军队有往来也很正常。如一名科尔贝尔家族成员于 1634 年 7 月受命视察路易十三的姐姐萨伏依公爵夫人上交给国王的地方驻军，还率领士兵修筑防御工程。1636 年 8 月，一名科尔贝尔家族成员受命管理瓦尔泰利纳的军事资金。1639 年 9 月，他又受命管理图尔及奥尔良财政区的军事资金，这使得他在清算财产之际不得不在阿姆斯特丹签署一份过继委托书。

作为常任军需官，科尔贝尔学到了管理军队和军事物资的知识。因为这个职位负责接待部队、视察驻军状态和管控人员调动名单，很容易在不减少每个人军饷的情况下在名单中加入几个虚构的名字。确实，军需官常常被质疑与其他军官狼狈为奸，人为增加军队人数，好从国库中冒领军饷，美其名曰"飞行兵"（passe-volant）。在担任军需官期间，科尔贝尔还负责订购军备、监察物资。这些事完善了年轻的科尔贝尔的管理和财政训练，他需要前往外省。走过战火中的国土，而非通过他的上级国务秘书授意下属撰写的报告，科尔贝尔目睹了王国的各种问题。

1640 年 4 月，科尔贝尔作为常任军需官开始带领驻扎在圣欧班的士兵；5 月，他奉令调查在德勒（Dreux）爆发的骚乱。1641 年 8 月，科尔贝尔又奉命带领士兵从塔瓦讷（Tavannes）前往勒泰勒，接着去沙蒂永恩-巴鲁瓦（Châtillon-en-Barrois）。由于科尔贝尔家族在勒泰勒发展多年，科尔贝尔对这里十分熟悉。此后，科尔贝尔还常代表马扎然回到此地，解决马扎然公爵的棘手要务。1644 年 8 月，科尔贝尔被调去视查驻扎在皮卡第的军队。1646 年 11 月，任财政总监办事员（commis au contrôle général des finances）的科尔贝尔严格执行行政、财政任务，负责收回前任财政总监菲利普·帕尔克

（Philippe Parque）遗留的收据。事实上，自 1645 年起，在圣普昂格的堂兄的帮助下，科尔贝尔成为政府核心官员之一，与国务秘书勒泰利耶一起工作，他是圣普昂格的科尔贝尔的姻亲。对于想提升社会阶层的男人来说，是时候将婚姻大事提上日程了。在他心目中，另一半最好有大量现金的嫁妆，以成为未来发家致富的基石。她的亲友不仅能帮助维持他们的地位，甚至能让他名扬四海。

* *

1648 年 12 月 13 日，科尔贝尔与玛丽·沙朗（Marie Charron）喜结良缘。新娘是法国堤坝测绘总督［intendant des Tucies（Digues）et Levées de France］雅克·沙朗（Jacques Charron）与其亡妻玛丽·贝贡（Marie Bégon）之女。次日，新人在圣犹士坦堂举办了婚礼。玛丽·沙朗出生于 1630 年 7 月 9 日，这位时年 18 岁的布卢瓦女孩有丰厚的嫁妆。她的父母是卢瓦尔的贵族之后，她父亲是洛齐埃（Lauzières）男爵轻骑兵连的战地特派员，是卢瓦尔地区堤坝总督、水域和森林的特别主管和布卢瓦领地的狩猎总管（capitaine des chasses），最终升任大巴伊①及市政总督；她的母亲是布卢瓦分区军役税收税官的女儿。按照当时的习俗，这种婚姻与其说是一对新人的结合，不如说是两个名门望族的联盟。虽说是包办婚姻，但两人的家庭其乐融融。他们将生下 10 个孩子，3 个女孩，7 个男孩，父亲的晋升将为孩子们的婚姻与事业带来许多便利。科尔贝尔戏称妻子为"他的副官"，可见玛丽是一个绝佳的搭档。她一向知道如何

———————

① 大巴伊（grand bailli）的翻译参照庞冠群《司法与王权：法国绝对君主制下的高等法院》，第 40、41 页，大巴伊是巴伊辖区的长官。

维持身份，她的性格、她的谦虚和虔诚让她受到王室及国王路易十四的赏识。路易十四甚至将自己与拉瓦利埃夫人（Mlle de La Vallière）的私生子托付给她。与科尔贝尔一样，玛丽属于官员中层以及财政界上层，财政界上层人士常为军事行动垫付所需资金。

在婚书上签名的人就能反映这一情况。在科尔贝尔家族那边，战争国务秘书排在首位。作为未来的朋友，尽管按当时的习俗是他的姻亲，米歇尔·勒泰利耶促成了此桩婚事。正是米歇尔·勒泰利耶任命科尔贝尔担任"国政参政团、私人参事会以及财政参事会的王家参事"（conseiller du roi en ses conseils d'État et privé, et de ses finances）[①]。考虑到科尔贝尔的辛勤工作，这一任命颁布于 12月 6 日，在起草婚书前几日。如此一来，这位年轻人就可以自称"参事会王家参事"（conseiller du roi en ses conseils）了。该荣誉称号听起来可比"常任战争特派员"或"财政总监办事员"响亮不少。随后，圣普昂格的科尔贝尔接替了勒泰利耶的职位，这让他和高等法院推事西蒙·科尔贝尔一起成为科尔贝尔家族的掌门人，还有科尔贝尔的父兄尼古拉、夏尔、爱德华-弗朗索瓦。背后，其姐夫让·德马雷担任苏瓦松地区的法兰西司库官，科尔贝尔的舅舅亨利·皮索尔则担任了大法院推事。其堂兄维拉塞夫的夏尔·科尔贝尔，即圣普昂格的科尔贝尔之子，以及与科尔贝尔十分亲近的另一位堂弟泰龙的夏尔·科尔贝尔都助力不少。由于科尔贝尔忠心耿耿、工作高效完美，他为马扎然工作，进而辅佐国王路易十四。沙

[①] 本书翻译参照杜苏《司法独立的黎明 法国古典司法体制诸问题研究》，第 110 页。也有学者将"conseils d'État"译为参政院，如周立红《近代法国政府职能转变与谷物自由市场的建构》，第 30 页。有学者将"conseils privé"译为枢密院，如王印《历史语境与话语语境下的司法秩序重建——以巴黎高等法院 1753年大谏诤为中心的考察》，第 71 页。

朗家族也是财政界上层。玛丽的叔祖让-夏尔·沙朗（Jean-Charles Charron）曾担任特别战争总督，叔父纪尧姆·沙朗（Guillaume Charron）则是法国炮兵部队的总司库，表兄纪尧姆·布罗西耶（Guillaume Brossier）是特别战争司库。

对于科尔贝尔而言，玛丽无疑是个好妻子。妻子家境殷实，甚至可以说很富裕。二人在巴黎依据当地法律习俗举行婚礼。签订的婚书中规定："巴黎司法管辖区条例规定，无论是流动资产还是不动产，均属夫妻双方共同财产，违反其他习俗时以此为准。新娘将通过继承遗产、接受捐赠等各种形式获得 10 万里弗尔，其中三分之一为夫妻共同持有，三分之二归新娘所有。"玛丽的父母给心爱的女儿准备了 5 万里弗尔的嫁妆，其中有价值 4 万里弗尔的金路易（louis d'or）和西班牙皮斯托尔（pistole）。此外，还有一栋价值9000 里弗尔的卢瓦尔地区的别墅。时任法国炮兵部队总司库的叔父纪尧姆·沙朗为表示"喜悦之情"，送了 5 万里弗尔现金。科尔贝尔的父母承诺了 6 万里弗尔现金的红包，他自己也拿出了 5 万里弗尔的积蓄。由此，新人的嫁妆和彩礼就不相上下了。但这都只是表象。因为沙朗家族说到做到，但科尔贝尔的父母并未实现承诺，没有支付说好的款项。纪尧姆·沙朗大怒之下也延期至 1659 年 1月中旬才交付钱款。而在此期间，科尔贝尔已成为暗处的力量，因此值得对他宽容一点。

确实，科尔贝尔与沙朗家族的联姻并不是平等互利的，而且在1648 年给旺迪埃的科尔贝尔惹了大麻烦。他的儿子是一个二流的科尔贝尔家族成员，想靠国务秘书的支持及玛丽的资产来晋升。最终，科尔贝尔斥资 5 万里弗尔解决了麻烦。这是一笔巨款，科尔贝尔从哪里筹的钱呢？考虑到军需特派员的工资，这笔钱显然不会来自科尔贝尔的积蓄。因此，以让-路易·布尔容为首的历史学家们对此猜测颇多。而这笔来源不明的巨款也预示了科尔贝尔在筹措钱财方面的才干。一些人甚至想从中看出科尔贝尔的天赋,这可是所有法国财政大臣都梦寐以求的能力!如果这一"表现"只是与科尔贝尔在财政界赚到的第一桶金相吻合呢?最后,战争特派员被污蔑的名声也许不是假的……

在多方助力下,而立之年的科尔贝尔渴望更上一层楼。曾几何时,没有人看好他能进入政界。现在的局势变化很快。新的情况是,1648 年的夏天,投石党活动频繁,与哈布斯堡家族的战争导致法国内部的战争也见红了。再加上君主制风雨飘摇,红衣主教面临质疑,大臣们对选边站队犹豫不决。科尔贝尔支持马扎然,因为他别无选择,如果放弃就会失去所有,反之则会赢得一切,拿到最有利可图的职位。因此,尽管科尔贝尔家族及科尔贝尔本人深知未来不可预测,他们也决定放手一搏。

* *

1648 年初,不间断的十三年战争拖垮了法国,税收压力与日俱增。人民无力再为国家的战争买单。1630 年到 1635 年,直接税总收入增加了两倍。与此同时,军役税也大幅下跌:从 1643 年的 5335 万里弗尔减少到第二年的 4235 万里弗尔,从 1645 年的 4112.2 万里弗尔缩水至 1647 年的 3635 万里弗尔。间接税总收入同样暴跌:1644 年仍有 2400 万里弗尔收入,1645 年跌至 2200 万里弗尔。1646 年又降到 1450 万里弗尔,1647 年仅剩 1270 万里弗尔。特别收入也大幅缩水:1644 年有 2744 万里弗尔,1645 年跌至 2100 万里弗尔,到了 1646 年仅有 1350 万里弗尔,1647 年跌到谷底,仅有 648 万里弗尔。与之相对的是,临时收入(recettes

extraordinaires）暴涨：1643 年为 4200 万里弗尔，1644 年上涨至
4700 万里弗尔，1645 年为 5200 万里弗尔，1646 年为 6881 万里弗
尔，1647 年甚至达到 1 亿零 168.8 万里弗尔。收入增长背后是不
断增加的合同：1644 年签订 89 个合同，1645 年上涨至 120 个。贷
款合同同样增加了：1643 年签订的 236 个合同共计 6377 万里弗
尔，1644 年的 324 个合同共计 5600 万里弗尔，1646 年签订的 238
个合同价值 1 亿零 300 万里弗尔。吸引贷款人及包税人的就是利率
提高了。为了稳妥，在 1643 年和 1645 年，他们被要求一次性支付
了巨款，这就终止了对他们滥用自己在财政金融体系中的地位提起
的所有法律诉讼。

　　实际上，财政界很欣赏这一行为创造的价值，尤其是此时承包
了直接税的包税人收税已经很吃力了。当时据说军役税已经"是
各方肩上的重负"，"包税人"预付税款后多收税，这种操作原则
上留有最大的利润空间。此外，政府以各种形式增加借款，既有日
常的，也有暂时应急的。其中最简单的借款无须高级法庭介入。从
1645 年 7 月到 1655 年 7 月，教士们每年捐出 130 万里弗尔，其中
自 1646 年开始的 30 个月就提供了 400 万里弗尔。朗格多克自 1647
年起在五年内支付了 300 万里弗尔。政府还调整了五大包税区①的
商品税。城镇还需向国库缴纳入市税。若它们想保留一些收入，则
需通过翻倍征税来填补这一缺口。登记税也上涨了，而较为复杂的
税收则要在高级法庭登记。帕尔蒂切利·埃默里精心打造了更多的
商业交易项目：转让土地、典押森林、增设职位；提高薪俸和入市

---

　　① 五大包税区（cinq grosses fermes）是法国三种关税区中的一种，也被称为
　　　　étendue，1664 年的法令后五个包税区的关税税率实现简化和统一，因此该区域
　　　　内商品可自由流通。详情参见黄艳红《法国旧制度末期的税收、特权和政治》，
　　　　第 61 页。

税，通过财政维持特权；提议发行新的年金公债，并向巴黎等曾经不收税的城市征税。上述种种举措激怒了高等法院的法官，他们利用登记这个特权反对政府的意愿，强行插手财政活动。

由于当局不接受这些谏书（remontrances），此外，税收政策的登记由御临法院仪式（lit de justice）① 安排，这是一个有国王在场的庄严程序，其间需要举行不止一次的仪式。战争时期，政府面临的困难常年存在：贫困加剧且统治群体在攒钱的情形下如何增加税收？后者因担心国家破产而不愿出借珍贵的现金。他们也没做错，因为官员已领不到工资了，食利者也没收到该按季度发放的钱。持续的危机加重了商界人士的怀疑和"谨小慎微"（frilosité）。无论是农民还是手工艺者，商人还是贵族，所有社会群体都谴责这种税收创新和随之而来的不义之财。在这种制度下，制度掌控者从中获利，他们暗中进行买卖，中饱私囊。在黎塞留任职期间和马扎然刚接手的最初几年都发生了平民起义：如 1636 年至 1637 年发生在圣通日-佩里戈尔（Saintonge Périgord）的阿热奈（Agenais）农民起义，1639 年至 1640 年的诺曼底流浪汉起义，1643 年至 1644 年南部、中部和西部的农民暴动，这些起义和暴动都被严厉镇压了。外省的风波一波未平一波又起，政局动荡。着黑袍的高等法院法官试图控制财政，声称是为了民众。为清除反动势力，黎塞留粉碎了反对派，加强了中央集权。然而，风平浪静只是昙花一现，随着黎塞留和国王相继离世，所有抗议卷土重来。

事实上，在摄政时期，君主制的内在弱点便凸显无疑，针对欺瞒君主的"失职大臣"掏空了王国的批判声不绝于耳。当首相和

---

① 御临法院仪式（lit de justice）也有御前会议的译法，此处根据句意译为御临法院仪式，参照庞冠群《司法与王权：法国绝对君主制下的高等法院》，第 74 页。

最高财政总督都是"意大利人"时这些声音更多了。由此，法国人民的排外情绪油然而生。这掩盖了真正的问题，即"黎塞留王国"此时落入了马扎然手中。红衣主教的压制使众人沉默至今，一些人的野心逐渐显现出来，甚至被激化。尤其是孔代家族，他们被边缘化，甚至服从于黎塞留。他们希望赶走这位接替法国红衣主教的罗马红衣主教。1648 年，原本暗地里的斗争演变成了内战，即著名的投石党运动。政局的不安加重了财政困难。包括科尔贝尔在内的科尔贝尔家族都被卷入了这场漩涡。然而，这场运动将他们带向从未期待过、甚至从未想过的职位。事实上，正常情况下他们永远无法企及这些职位。

跟许多法国人一样，科尔贝尔家族也直接受到了政局不稳的影响。法国经历了四年内战，同时对外也在打仗。政治、经济、财政和社会危机因此影响深远。本书不再主要分析投石党运动和投石党人，其他著作已描述了其中的矛盾、模糊与对立。但很少有人讨论引发这场运动的根源，也就是"黎塞留王国"及其变体"马扎然王国"遭到各种反对势力的反抗。1648 年，国王的外交政策导致国家破产。然而，所有人都将矛头对准了财政家，因为他们是主教-大臣们维护的中央集权和绝对主义的推动者。反对势力有高级法庭的法官，他们摆出人民之父和权力仲裁者的姿态；还有贵族阶级，他们试图捍卫其优势、特权和理所应当进入王国会议的要求。反对势力还有投石党人，虽然他们都想拉马扎然下台，却在如何重整账目和架构国家上出现了分歧。无论如何，反动派以关切民生为主要口号，显得有些好笑。只要研究一下盐税包税人的资产即可看出：第一，各种包税人都由佩剑贵族、长袍贵族及主教资助；第二，"黎塞留王国"和之后的"马扎然王国"的成员都对法国财政金融体有很大贡献，也从中获利颇丰。

在这个大背景下，争夺权力的斗争非常激烈。黎塞留一方的老党羽克洛德·布蒂利耶及其儿子沙维尼与后来者马扎然之间水火不容。后者在 1648 年夏天将布蒂利耶一家遣返回原籍。而作为国王教父的马扎然和路易十四的亲王表弟之间的对立情绪也日益加剧。的确，孔代亲王路易二世知道如何制止或大概率制止高等法院的投石党运动，但这并不能阻止首相在 1649 年到 1650 年想把他拉下台。马扎然并没有忘记黎塞留是如何打倒孔代亲王的叔父蒙莫朗西的。1650 年 1 月，路易二世被捕激起了与高等法院投石党运动规模完全不同的反应，因为投石党人动员了在外省的军队或封地的心腹。一年后，当国王的叔父加斯东·德·奥尔良（Gaston d'Orléans）加入投石党、佩剑贵族及长袍贵族的行列时，马扎然只能出逃。取得胜利之后，亲王与高等法院法官便一刀两断了。

权力似乎在被贩卖。王室军队和孔代军队在巴黎四周相互厮杀。然而，在 1651 年 9 月 7 日，年幼的国王举办了成年礼，将马扎然迎回了法国。然而高等法院法官于 12 月 29 日再一次流放了马扎然。绝对主义会瓦解吗？并不一定。凭借高明的过人手段，红衣主教离间了亲王家族，并极力劝说孔代亲王的表兄蒂雷纳（Turenne）归顺自己。1652 年 7 月，在圣安托万大门前，蒂雷纳将孔代亲王带回首都，孔代亲王的追随者们在巴黎制造暴力。随后，马扎然假意退出权力争斗以安抚民众的情绪，孔代亲王不得不逃往布鲁塞尔，转而为西班牙效力。孔代亲王就此叛君叛国！1652 年 10 月 21 日至 22 日，国王路易十四和王室返回巴黎。凯旋的王室进一步削弱了高等法院法官的权力。

这些剧变无疑影响了整个商业环境及财政家的生存。投石党运动开始后，高等法院法官难道没有设立正义法庭吗？正义法庭以核实检查包税人的账目并对已核实的滥权行为实施惩罚为首要

目标。其次要目标是重新审查并重新分配某些租约或合同。马扎
然随后抛弃了最高财政总督帕尔蒂切利·埃默里，后者因其税收
政策和与财政界的往来而受到攻击，他被送回勃艮第的封地。由
此，科尔贝尔家族就这样失去了他们最牢靠的盟友，那个本可以
带领他们避开风暴的人，尤其是使科尔贝尔的父亲反遭冲击。他
们都不同程度地参与了特别事务和总包税所的工作。他们聚在战
争国务秘书米歇尔·勒泰利耶身边，他是摄政太后和红衣主教最
后的支持者之一。为此，他们还遭受了最高总督的羞辱。但不到
一年的光景，帕尔蒂切利·埃默里在 1649 年 1 月不得不通过他的
女婿国务秘书拉弗里利埃（La Vrillière）找他们借了 5 万里弗尔。
勒泰利耶的姐夫圣普昂格的科尔贝尔和长兄旺迪埃领主分别借了
2 万和 12000 里弗尔，他们二人承担了借款的大头，展现了科尔
贝尔家族的团结。

　　正如人们想到的那样，政坛地位此时此刻的重要性不言而喻。
新婚的科尔贝尔负责在宫廷与勒泰利耶之间传信。为什么这份差事
落在科尔贝尔头上呢？因为他和马扎然关系密切，并且他通过他的
家族成员还是"黎塞留王国"的一分子。关于伟大的阿尔芒的记
忆依然很鲜活。甚至，科尔贝尔成为大臣之后在路易十四面前依然
不断提起黎塞留的名字。实际上，起初，科尔贝尔并不信任这位意
大利人，1639 年马扎然披上了主教红袍，但其他人更应该拿到这
个职位。总之，科尔贝尔并不很喜欢马扎然。从他给米歇尔·勒泰
利耶的报告中可以看出，这位罗马人经常诉苦的软弱让科尔贝尔恼
怒至极，这与科尔贝尔心中铁面无私、意志坚定的英雄形成了多么
大的反差啊！更糟糕的是，科尔贝尔认可投石党人对首相的抨击，
认为他贪婪又腐败。1650 年 2 月，科尔贝尔写信给勒泰利耶："主
教阁下还是您前几次提到的那个样子。只要往他口袋里塞钱，没有

摆不平的事情。"科尔贝尔在 4 月的信中继续抱怨道:"他的优柔寡断已经到了极其严重的地步。我不知道是不是'他脑海中'无法同时存在两件事情。当一件事稍显紧迫时,他便会忘记另一件事;无论记忆如何时不时地把这件事重新塞回他的脑子里,脑子也会被其他事情占满。记忆只能在门槛上勉强找到一席之地,但也会很快被赶出大脑。"

科尔贝尔仍未察觉马扎然犹豫不决的背后隐藏了什么。像大多数法国人一样,科尔贝尔对马扎然的所作所为十分不屑,认为马扎然为了达成目标能忍受一切羞辱。就像投石党运动爆发时认识马扎然的人一样,科尔贝尔震惊于马扎然对金钱的热爱。科尔贝尔也留意到军队的人对马扎然的厌恶之情,因为他们知道马扎然对军需物资感兴趣。尽管科尔贝尔也有众多缺点,但他有一大优点:直言不讳,这与红衣主教不同。科尔贝尔从未隐藏自己对马扎然的厌恶之情。马扎然对此很生气!要对部下负责的勒泰利耶听着马扎然的指责:"在种种事件之后,我必须告诉你,科尔贝尔先生说话的态度每次都让我很生气。我对他颇有耐心,甚至超过了本该有的耐心,希望你能让他明白我对此有多不高兴。但他三次回以与其身份及与我的身份极不相符的话,且反应激烈,终让我愤怒难耐,然后你绝对猜不到他对我说过的话的百分之一。我保证,当你看到他对我有失恭敬的一面时,你一定会第一个抛弃他。"

科尔贝尔的上司严厉训斥了他,两次让他"去请罪"。但科尔贝尔反应很冷淡。科尔贝尔向国务秘书汇报了当时的情景:"大人,昨夜我又前去拜见了主教。他对待我的方式与早上如出一辙,背对着我,不允许我接近他一步,这让我觉得他不想与我打交道了。"科尔贝尔继续说,他承认若"不是我对您唯命是从,(我)

肯定就隐退了，我无法忍受如此令人痛苦且反感的待遇，尤其是来自一个我不屑一顾的人"。尽管抱怨颇多，但法国君主、摄政太后和红衣主教在 1650 年夏天陷入投石党运动的泥潭时，科尔贝尔仍然负责向他们通报情况并传达他们的命令。

正是在这样的紧张时刻，被派往利布尔讷（Libourne）的科尔贝尔遇到了红衣主教的特使富凯。年轻的科尔贝尔对富凯赞不绝口。他俩有两个共同点：一是他们都与黎塞留周围的人关系颇深，富凯的父亲曾是黎塞留海军和殖民事务的推事；二是他们的家庭都对这位伟大的红衣主教及其事迹记忆深刻。在科尔贝尔眼里，富凯是总督的不二人选，如伊奈斯·缪拉所言，能够形成"一种以黎塞留为中心的权力的精英队伍"。作为巴黎财政区的督办，富凯对王室忠心耿耿。因此，朝廷正在考虑是否任命他担任巴黎高等法院的检察长，这是很大的责任，因为他会代表王室在那里发言。马扎然劝说当时在职的平庸的梅林安（Meliand）为了马扎然庇护之人的利益主动辞职。然而，这样做侵害了国王的叔叔加斯东·奥尔良公爵的利益。公爵十分厌恶马扎然，并怀疑富凯也在为马扎然效力。幸运的是，公爵十分欣赏勒泰利耶，这使得众人能听到勒泰利耶支持富凯的观点。因此，马扎然要求科尔贝尔朝这个方向继续努力。科尔贝尔服从了命令，并致信勒泰利耶：

> 富凯先生奉主教大人之命来到此处。他曾三次向我论述他十分敬重您的功绩，非常渴望成为您的仆人和亲密的朋友。他对其他人都没有这种忠诚，别人会阻止他获得这份荣誉。他还向我阐述了对谈论您与塞尔维安、德利奥纳（De Lionne）之间分歧的公众言论的许多思考。虽然富凯并不了解此事，我也是局外人，但我觉得他的看法像一个正人君子。我认为他很适

合与您建立友谊，富凯先生出身高贵、功勋卓著，或许有朝一
日能升为朝廷重臣。对您而言，您无须许下庄严的承诺，只要
欢迎他的到来并在会面时和善一点即可。如果您认同我的话，
请您首先写信告诉我。我情不自禁地想要以最大的敬意告诉
您，我想我只有为您结交 100 个这样的朋友最能偿还您对我的
恩情，如果我对此足够真诚的话。

勒泰利耶对此将信将疑。当科尔贝尔官复原职时，他成功
了，加斯东·德·奥尔良公爵悬着的心终于落地，富凯于 1650
年 11 月 26 日接手巴黎高等法院检察长一职。总的来说，在投石
党运动期间，帕尔蒂切利·埃默里庇护了科尔贝尔家族。1649
年 11 月，帕尔蒂切利·埃默里拖着病体重返商界，不久便于
1650 年 5 月去世。因此，米歇尔·勒泰利耶成了科尔贝尔家族唯
一的支柱。1651 年春天，科尔贝尔做出了一个改变了科尔贝尔
家族发展轨迹的决定。

尽管两人相处得并不愉快，马扎然还是很欣赏科尔贝尔的坦
率、忠诚、精通商业、工作能力强以及比较稀有的保密能力等品
质。科尔贝尔确保了宫廷与红衣主教之间的信息不会外泄。因此，
他似乎成了保障马扎然财产的最佳人选，反叛的高等法院法官们提
起了首要的针对马扎然的法律程序，这威胁了其财产安全。然而，
首相并非没感受到科尔贝尔的反感，他甚至给外交官胡格·德利奥
纳（其最亲密的盟友之一）写信道：

我偶然打开了一封以为写给我但其实是写给我亲友的信，
看完深感凄凉。无疑是科尔贝尔写的，尽管信里满是数字，但
开头和结尾都是他写的。认出他的笔迹之后，我发现他在用极

具侮辱性的词句谈论我。

尽管发生了很多事，马扎然仍安排科尔贝尔管理自己的财产，证明他了解科尔贝尔的为人，并信任他："如果你愿意接手这个麻烦，对我来说是一个巨大的安慰。因为我在应征这个职位的人里找不到比你更有能力、更灵活、更忠诚和更亲密的人了。"科尔贝尔与往常一样提出了条件：他要全权查阅马扎然的所有财务记录，并让马扎然授权自己全权管理他的商业事务。1651 年 6 月 2 日协议正式生效。奇怪的是，其中对科尔贝尔的工资只字未提。随后，仅为战争事务秘书处普通职员的科尔贝尔申请了安茹的菲利普亲王府中的一个职位，他明知马扎然通过摄政太后控制了他们。1651 年 9 月，他如愿获得"安茹公爵府督办"这个职位，安茹公爵是国王的弟弟。在为马扎然处理私事期间，科尔贝尔知悉了马扎然的所有财产、收入和贸易往来。马扎然的财产金额庞大，但多是暗地里的生意，在投石党运动期间有时管理混乱。因此，科尔贝尔必须厘清账目，并尽可能地让生意盈利。当然，督办拿他应得的那一份也可以理解。然而，拉方丹（La Fontaine）直截了当地将科尔贝尔描述为："一个家伙，就像他们说的，一种知道如何浑水摸鱼的动物。"

因此，这个情况给了科尔贝尔一个新机会：财产主管人（administrateur de biens）。这也塑造了他的个性。他会非常成功，但这些功劳也使他认识到对私营产业有效的原理也适合整个国家。无论如何，科尔贝尔正是在投石党运动期间大放光彩，并开始管理马扎然的财产。马扎然对科尔贝尔十分满意。当马扎然重返巴黎时，他的权势又登上新的台阶。此时的他对科尔贝尔的要求不似从前那样充耳不闻了。科尔贝尔打算依靠马扎然为兄弟姐妹们谋福利：成为骑士的爱德华·弗朗索瓦担任了纳瓦尔军团的中尉；皈依宗教的尼古拉获得圣康坦（Saint-Quentin）教区及收入总计1800里弗尔的两份圣俸；夏尔则获得了三分之一渔获的管理权，这为他从海洋事务迈向政坛高层、并最终进入内阁铺垫了第一块砖。首相回归为科尔贝尔家族的发迹揭开了全新的一页，科尔贝尔自此抛弃了长久守护他们家族的米歇尔·勒泰利耶，转而为马扎然效力。科尔贝尔就像印头鱼这种小鱼，吸附着最强大的鲨鱼生存。红衣主教及其督办的共生关系很完美。

第五章
鲨鱼及印头鱼

科尔贝尔与马扎然之间达成的经济和政治协议造就了旧制度时期最贪婪的一对掠夺者。投石党人被镇压，马扎然于 1653 年官复原职，权势甚至更大。马扎然的教子和庇护者路易十四让他负责商界事务。在国王年幼时垂帘听政，随后被尊为太后的奥地利的安娜对马扎然则无条件的信任。就这样，从马扎然复任的那天起，直至他 1661 年 3 月 9 日离世，所有的权力都牢牢攥在他手中。马扎然在世时，世人充分了解了他的性格：聪明绝顶、善于找出问题、洞察人心、自律，还有对外热内冷这种复杂手段的鉴别能力。当马扎然表现出卑躬屈膝、漫不经心的一面时，不过是为了掩饰自己的内心世界。简而言之，玛德莱娜·洛兰-波特梅（Madeleine Laurain-Portemer）巧妙地评价道："一个可以统治 4 个帝国的脑袋。"与黎塞留这个君主制的坚定维护者一样，马扎然时刻关注着国家利益，但也不忘为自己分一杯羹，因此他倾向于把两者混在一起。这无疑令人震惊：首先是道德卫士，尤其是他的对手，还有他们雇佣的小册子作家。四年来，抨击文章漫天飞舞，一些作品①痛斥马扎然贪

---

① 此处原文 mazarinades 是指抨击马扎然的文艺作品。

得无厌，污蔑他与太后关系暧昧，歪曲他的倾向，无论是好的还是坏的。他对美的追求、对艺术的热情、对资助文体事业的态度体现了他在罗马受到的影响。然而，与他对财富的胃口相比，这些优点就显得微不足道了！马扎然对又冷又硬的金币十分痴迷，因为这能用来购买绘画、雕像、书籍和铸币。这使他成为在藏家辈出的那一百年里都相当有名的"古玩"王子。马扎然对财富的渴望达到了近乎病态的程度，或许是为了抹去少年时穷困潦倒的回忆。成年后，马扎然在政治上奉行犬儒主义，忙着敛财。古往今来，有这种态度的人不在少数。但如果不是马扎然在不到八年的时间积累了如此多的财富，世人或许不会对他的这种态度如此震惊。

当时谁没听说过这位贪婪、吝啬、腐败到极点的意大利人呢？确实，马扎然不放过任何可以贪污、投机的机会，如军队的粮食供给、设备购入、军舰武器配备或港口的维护等。马扎然还给将贸易活动和军需供应官结合起来找了一个正当的借口——为国家的军事和外交事务花费提供资金。他定下了极高的利率，且要求优先偿还欠他的钱。至此，马扎然已深度侵入了王室财政。此外，因授予职位、职责、条约或合同的签订都需经马扎然之手，他便利用自身的影响力大肆敛财。相应的，商业人士为提前支取金钱纷纷向他请求作保。而已经从王室职位买卖中获利的马扎然此时开始将手伸向亲王府邸的职位。此外，他还染指了神职人员、教士团体和修道院的收入，这可是一大笔钱。职位、教士的俸禄、国王收的税、贵族的封地、房产投资、金融活动，等等，所有这些构成了一条把钱送到这位守财奴主教口袋里的渠道。但因政治活动繁重，马扎然并没有足够的时间打理这笔来源并不透明的巨额财产。这一重任由此落到了他的另一个"仆人"，让-巴蒂斯特·科尔贝尔的肩上。

科尔贝尔克服了自己的偏见，答应马扎然帮助他的处理资产。

1651 年夏天，科尔贝尔曾对自己的亲友兼上司勒泰利耶提及马扎然的缺点，现在，他并不会由于为马扎然工作就抹去它们。科尔贝尔不仅识人，处理财务也得心应手，他深谙如何按需把私人财务与国家财务混在一起，逃避任何不合时宜的调查。他以绝对的热忱投身工作，对马扎然的各份财务报告都了然于心。梳理好这些麻烦事使科尔贝尔能够通过辛勤工作和财务领域的专业知识向首相证明自己的价值。事实上，两人的合作天衣无缝，各自都想从中得到好处。马扎然直截了当地承认："应当说科尔贝尔是我的人，他会为了我的利益而选择牺牲他敬爱的人，勒泰利耶也不例外。他有一个体面的职业，我给他发薪水，他表面在做自己的生意，实际上在经营我的生意。"不久之后，科尔贝尔接受了马扎然成为他最敬重的黎塞留的接班人。而且"马扎然王国"取代了科尔贝尔家族效忠的"黎塞留王国"。科尔贝尔很信任这个长期把控朝政和王国的权力体系。

科尔贝尔为马扎然效力近十年。1651 年春至 1653 年春，科尔贝尔用了将近两年的时间厘清马扎然的账目。自 1654 年起，马扎然的资产与日俱增。因为作为首相"家仆"的科尔贝尔介入了王室阶层。他修正了马扎然投资的基础和结构，在接到寻找部门专家和地方知名人士的任务时安排亲友及姻亲进入相关领域。因科尔贝尔接近权力中心，所以很容易得到任命权或奖赏。因此，他编织了一张关系网络，也就是"科尔贝尔王国"的前身。这群人忠心且干练，当科尔贝尔主导国家机构时，他们也担任着政府要职。马扎然的财产既有土地及流动资产、海运和殖民地收入，还涉及教会收入和大量艺术收藏，这些都迫使科尔贝尔在法律、大宗贸易和会计之外了解其他领域。现在他还要管理农林、军工冶金、建筑及美学领域的事务，他日后会出任这些部门的大臣。由此可以看出，科尔贝尔的管理能力主要得益于他担任督办的经验，而非出于在政坛打拼的经验。换言之，若非担任过红衣主教的督办，就不会有未来的国务大臣科尔贝尔。

科尔贝尔经手的事务繁多，尤其是暗处的业务，这比让他能每日见到年轻的国王、太后、王室以及其他大人物的权力通道更好。日积月累，科尔贝尔这位勒泰利耶与王室之间的传信人从一个城堡迁到了另一个城堡，成为马扎然的总管，这一职位让科尔贝尔与各位高官保持着密切联系。科尔贝尔从来不谈这种隐秘的势力，也因此逃过了厄运，同时在局势变化时将自己推向政坛中心，成为众人瞩目的焦点。最终，作为马扎然认证的王牌，科尔贝尔利用马扎然的生意为自己积累了财富。在担任军需特派员期间，科尔贝尔就已有了一笔可观的财产。我们由此可以大胆猜测一下，究竟是何种工作为科尔贝尔带来了巨额财富。况且，主人的行为也对他产生了深刻影响：科尔贝尔四处为自己的父母、姻亲或朋友谋求名利和职位，增加了家族的凝聚力。条件允许时，这个小团体很快会演变成"科尔贝尔王国"。

* *

为他的气度所折服，小说家们抹黑马扎然的程度与投石党运动时期攻击马扎然的作品差不多。他们笔下的马扎然是一个精明狡猾而处事迂回、变化无常所以难以捉摸、外表谦逊但凶狠狡诈、吝啬又贪婪的主教。他挥之不去的含糊不清的意大利口音更是加重了人们对他的这种印象。贵族和小册子作家都喜欢称其为"西西里的流氓"，大家都忘了马扎然实际是罗马贵族，他的父亲是显赫的教皇家族科隆纳（Colonna）一族的"家臣"。1602 年，马扎然出生于意大利的佩希纳，7 岁时进入罗马耶稣会学院接受了扎实的教育。正如奥利维耶·蓬塞（Olivier Poncet）所言，这里的智力训练离不开社交。事实上，科隆纳家族与罗马社会的金字塔顶端都有来往。其府邸就是培养主教的地方，操控范围极广，与在那不勒斯、西西里以及马德里担任要职的人都有关系。生长在上流社会中，年轻的马扎然获取了不少军事、司法和外交方面的最新信息，尤其是在马德里逗留期间。也正是在 1619 年至 1622 年，他开始与另一个大家族——巴尔贝里尼（Barberini）家族来往。彼时，被推选为教皇的马费奥·巴尔贝里尼（Maffeo Barberini）选择了乌尔班八世作为自己的名号。巴尔贝里尼家族在永恒之城（罗马）势力深厚，随后渗透到整个教皇国。乌尔班八世将教皇之位传给了自己的弟弟和两个侄子，此外，他还促成了第三个侄子与任罗马行政长官（préfet de Rome）的科隆纳总管女儿的婚姻，并把第四个侄子（兄妹中的老大）提拔为教皇国的最高总督。由此，弗朗切斯科·巴尔贝里尼（Francesco Barberini）接管教皇的内政外交和分配庇护。简而言之，罗马整座城市及教会都牢牢地掌握在巴尔贝里尼家族手中。

诚然，马扎然也经历过一段糟心的时光：他的父亲被控谋杀，不得不仓皇逃亡，家族陷入困境。如何才能让整个家族走出泥潭呢？当时，教皇国与其他地区一样，家族长子都将去军队服役。教皇的军队大约有 5 万人，负责保卫领土，对抗意大利和奥斯曼帝国的统治者、抢劫骚乱和地方怪象。乌尔班八世是尤里乌斯二世之后罗马最好战的教皇，非常重视军事。马扎然因此学习了兵器工艺并体验了驻军生活的魅力和压力。当时军队常常快速掠夺、交战和撤退，所以他还承担了军备管理和指挥士兵的任务。1626 年，马扎然被派往瓦尔泰利纳，法国与西班牙正在此地交战。错失了在战场上大放异彩的机会，马扎然明白自己想要出人头地必须另辟蹊径。

回到罗马之后，马扎然开始重新修读法律，获得了民法和教会法博士学位，这为他此后迈向教廷铺平了道路。1628年，马扎然奉命前往米兰处理曼托瓦公国（duché de Mantoue）的继承问题，这引发了法国、萨伏伊和西班牙之间的冲突。而正在这时，马扎然发现了贡扎加（Gonzague）家族的财政困难，日后他会与科尔贝尔合作，从中获利。时间证明了他的外交才能：在卡萨尔斯之城（la cité de Casals）前线，他驰骋在蓄势待发的军队之间呼吁各方签署停战协议，哪怕不能永结和平。1630年10月，各方开始谈判，并于1631年4月至6月签订了《凯拉斯科条约》（le traité de Cherasco）。然后皮涅罗尔（Pignerol）军事要塞于1632年7月被秘密地转让给了法国。然而，波旁王朝与哈布斯堡之间的战火未有被扑灭的迹象。但这场继承战争开辟了值得注意的前景。

返回罗马后，马扎然意识到在教皇国想要出人头地必须要进入教会。这就要求那些有野心的人必须成为神职人员，剃去头顶的头发象征短暂的义务。马扎然在教会开始任职后，除享受教会法的庇护之外，还有一笔可观的收入，包括修道院的收入、议事司铎带来的收入和这个头衔本身的圣俸，以及获得一些属于教会福利的补助金。当然，他还会晋升，收入也会增加。但作为家族首领，自从弟弟米歇尔成为多明我会修士后，马扎然不得不考虑结婚以延续香火。受教皇的侄子，即红衣主教安东尼奥·巴尔贝里尼（Antonio Barberini）的庇护，马扎然接受了剃发礼和主教的尊荣。时任拉特朗议事司铎的他于1632年6月18日被任命为教廷首席公证人（protonotaire apostolique），随后于1633年3月8日开始担任联名签署宫廷大臣（référendaire des deux signatures）。有了这个头衔，马扎然已然成为教皇随从和教廷管理高层的成员。所有的希望都寄托在他身上，毕竟教皇会从这个人才库挑选外交官。同一日，马扎然还被任命为红衣主教安东尼奥·巴尔贝里尼的助理，安东尼奥·巴尔贝里尼是阿维尼翁和教皇领地孔塔地区①的教皇特使（légat）。马扎然随身侍奉他，并在 1634 年至 1636 年接替他成为代理教皇特使。马扎然会满足现状吗？乌尔班八世知道马扎然在瓦尔泰利纳时便与法国王室关系密切。1634 年至 1636 年，乌尔班八世任命马扎然为教廷特使（nonciature extraordinaire）。马扎然对黎塞留很感兴趣，黎塞留亦然。似乎这种亲法的倾向具有传染性，安东尼奥·巴尔贝里尼自 1633 年以来便一直是"教廷中的法国事务庇护者"。

好景不长，和平仅仅维持了两年，双方便烽烟再起。巴尔贝里尼家族与西班牙过从甚密，对法国的诉求置若罔闻。马扎然由此在 1639 年 12 月与罗马教廷决裂。此时的马扎然父母双亡、穷困潦倒，流亡的他却完成了一项壮举：不到四年便攀上首相之位。在此之前，马扎然曾任外交推事，竭尽全力在黎塞留的政治权力圈子中摸爬滚打。不久之后，马扎然便尝到了丰收的果实，他被赐予了苏瓦松的圣梅达（Saint-Médard）修道院，随后又将科尔比（Corbie）的圣皮埃尔修道院及欧斯坎普（Ourscamp）的圣皮埃尔修道院收入囊中。1641 年 12 月，他接过主教的红帽，一年后便成为御前会议的一员。马扎然飞速晋升，黎塞留于 1642 年 12 月长眠地下更加速了他的晋升：意大利人马扎然接替了黎塞留的位子，并于次年 4 月开始辅佐年幼的新王。路易十三于 1643 年 5 月去世，摄政太后便提拔马扎然作为心腹大臣。随着支持的势力不断加强，马扎然决意效仿黎塞留，将政坛成就与个人财富的积累绑在一起。

两人的晋升轨迹十分相似。两位红衣主教在位时间相当：黎塞

---

① 孔塔地区（le Comtat Venaissin）的翻译参照吕昭《中世纪晚期法国的城市移民与社会融合》，第 51 页，阿维尼翁是这一地区的首府和经济中心。

留于 1624 年 4 月至 1642 年 12 月期间任红衣主教，马扎然则是 1643 年 1 月至 1661 年 3 月。前者经历了 1630 年 11 月的动乱，后者则经历了 1648 年至 1652 年的高等法院投石党运动。两人都曾一贫如洗，都靠太后的接济与支持才得以继续营生。而在这个因征战而血流成河的国家中，两人都累积了无人能比的财富。约瑟夫·伯金完美地分析了黎塞留财富累积的各个阶段，以土地为基础，主要有 3 个中心：普瓦图-图赖纳（Poitou-Touraine）、欧尼斯-圣通日以及巴黎和法兰西岛。这些领土也为黎塞留带来海事控制权，掌握海上活动的经济和金融命脉。黎塞留还通过对国王及对政府（如布列塔尼和欧尼斯政府）的权力从税收中增加收入。黎塞留坐拥整个王国最为富裕的几大修道院，如克吕尼、西托、梅兹的圣阿尔诺、拉谢斯迪约（La Chaise-Dieu）、圣卢西安·德·博伟等。他已经不是一个泥泞不堪破旧主教区的主教了！黎塞留离世后留下了 2000 万里弗尔。而黎塞留的亲信——亨利二世虽继承了蒙莫朗西的遗产，总资产也不到 1500 万里弗尔。马扎然意图青出于蓝。

* *

与他的前任相比，马扎然积累的财富更是让人震惊。早年，他的财富增幅不大，但在科尔贝尔"掌舵"后急剧增加。作为首相和年幼国王的教父，马扎然的红衣主教俸禄有 18000 里弗尔，宫廷大臣年薪 2 万里弗尔，议政会成员也有 6000 里弗尔年薪。之后，作为国王教育最高总督的马扎然不仅享有 6 万里弗尔常规补助，还将 10 万里弗尔特别补助收入囊中。他还有圣俸：1644 年接管穆阿萨克修道院；1645 年接管索米尔的圣弗洛朗修道院，但 1649 年就辞职了；1646 年接管拉昂的圣马丁修道院；1646 年还收下了罗约蒙（Royaumont）修道院，同样于 1649 年退出了；1647 年接收了科尔比的圣皮埃尔修道院和沙鲁（Charroux）修道院，但也于 1649 年放弃了对后者的管辖；1648 年接手瓦朗热维尔（Varangeville）修道院，于 1655 年辞职；1648 年将梅兹的圣阿尔诺修道院纳入名下。投石党运动减缓了马扎然教会财富版图的扩张速度。马扎然因而将目光投向了塞尔康修道院，棘手事务被解决后，马扎然又选中了圣文森特修道院和梅兹的圣克莱芒修道院。马扎然的收入高到可以给国王借钱，这当然是一种高尚的行为，但是否有私心还有待观察。因反对之声不绝于耳，财政赤字又与日俱增，马扎然便显现出两副嘴脸。表面上，他冒着资金风险预支付军饷、军队维护和购买装备需要的资金，为政府贷款提供担保。但暗地里，马扎然表现得很复杂，有时甚至有点可疑。他搜刮了大量古董和巴洛克雕塑、绘画（特别是意大利学派的画）、各类奇珍异宝、珠宝首饰、古币和罕见稀有的作品。因为马扎然是一个古币学家，也是最博学的藏书家。基本上，他只要看到古玩珍物就会收集。

通过马扎然使用的方法，赫姆岛的圣米歇尔修道院事件显示了政治目的与个人致富之间造成的混乱。1642 年，马扎然从黎塞留手上接过了这座修道院，这是后面一系列事情的开端。黎塞留直接或间接地控制了大西洋的盐。很早之前，黎塞留就深知盐的重要性。吕松位于普瓦图和欧尼斯的交界处，赫姆岛的圣米歇尔修道院恰好在他的主教辖区内，囊括了马朗（Marans）及雷岛周围的盐沼。掌权后，区区几年的光景，黎塞留已成为欧尼斯、布鲁阿日、拉罗谢尔、雷岛和奥莱龙岛的总督和总监。此外，阿韦尔（Avert）、索容（Saujon）和科兹（Cozes）的土地都归在黎塞留名下，其中大部分也是盐沼。除了"采"盐，黎塞留从对盐的收成和贸易征的税中都抽了不少油水，因为他在尼古拉·科尔贝尔负责的布鲁阿日的 35 索尔包税所（la ferme des 35 sols de Brouage）中持有股份，黎塞留还投资了博诺家族经营的盐税包税所。黎塞留作为海事的最高总督和大总管，对船只征收的运输税也流入了他的钱包。

马扎然如果将这座位于赫姆岛的圣米歇尔修道院纳入麾下，便可垄断食盐。然而，马扎然既不能没收修道院充公，也无法购买它。因为盐沼属于苏瓦松伯爵路易·德·波旁（1604~1641 年）。这位伯爵是孔代家族的年轻分支，是王室成员。苏瓦松伯爵是一代伟人，曾任法国大总管，多菲内、香槟和布里的总督，王军少将。同时，苏瓦松伯爵曾领兵于 1636 年夺回科尔比地区。与其他重臣一样，苏瓦松伯爵也对黎塞留恨之入骨，在投奔布永家族前谴责他的暴政与叛国。布永家族坐拥色当公国，常年滋乱生事。恰逢苏瓦松伯爵在拉玛菲地区击溃了王军，黎塞留倍感威胁。然而，或许是上天眷顾，苏瓦松伯爵在胜利的当晚（1641 年 7 月 6 日）骤然离世。黎塞留趁机夺回修道院，并把它交给他最欣赏的推事。

马扎然关注着各个修道院的利益，对位于赫姆岛的圣歇尔修道院更是紧盯不放。尤其是黎塞留与世长辞后，他的继任者马耶-布雷泽将海上领导权交给摄政太后，她可以提名红衣主教，且将在投石党运动期间提名新的红衣主教。因此，太后在纸面上获得了黎塞留在欧尼斯的权力。尽管马扎然从这里开始进行第一次海事和财政业务，但他仍躲在暗处。实际上，他主动远离了光明。马扎然为了彰显自己在法国很成功，且与意大利保持联系，于 1641 年 3 月买下了罗马的本蒂沃利奥宫。该宫殿位于为保罗五世的侄子——红衣主教希皮奥内·博尔盖塞①建造的小山上，四周被奢华的园林环绕，俯瞰整座城市。在罗马人眼中，这座豪宅是科隆纳家族后代荣

---

① 此处原文为 Scipion Borghèse，是法语拼写，意大利语拼写为 Scipione Borghese。

耀的象征，马扎然为此支付了 75000 埃居。但马扎然从未住进去过，只是在此安家。在马扎然看来，如果情况不利，这座宫殿可用于避难；法国大使曾借住过几次，作为优秀的外交官，瑞典女王克里斯蒂娜 1648 年在罗马逗留期间也在这里住过一段时间。另一方面，马扎然在法国一直保持低调，无任何封地来巩固自己的社会地位，主教府外也没有其他住宅。1643 年春，作为国王教父和议政会首脑的马扎然，仅是审计法院院长蒂博夫（Tubeuf）的租客。六年后（1649 年），他决定收购这栋房子，即未来的马扎然府，这也是他在巴黎唯一的财产。

正如马扎然刻意强调的那样：他公务缠身，只好把"私人财产"交给银行家打理。这无疑给了银行家献殷勤的机会！马扎然试图在仆从面前表现得不为所动。这些银行家不仅为其打理事务，也在马扎然于罗马安家初期帮了不少忙。这也解释了马扎然对意大利的喜爱，巴黎与罗马之间的通信不断。意大利银行家如坎塔里尼（Cantarini）、切纳米（Cenami），还有因三十年战争逃离的奥格斯堡银行家，如赫尔瓦特（Hervart）家族等有一众盟友和亲友，都为马扎然效力。为了与罗马保持信息畅通，马扎然还启用了如保罗·马卡拉尼（Paolo Maccarani）、埃尔皮迪奥·贝内代蒂（Elpidio Benedetti）等专门的使者，包括他的老朋友宗戈·翁代德伊（Zongo Ondedei）。在法国本土，除银行家外，马扎然也将自己的资产委托给以蒙丹（Mondin）修道士为首的少数亲信管理。

在这种背景下，科尔贝尔于 1651 年 2 月发现了马扎然的私人领地。作为一个正直之士，马扎然拖欠教会款项、不履行已承诺之事、资金筹募异常且挪用公款之事对科尔贝尔无疑是晴天霹雳。显然，马扎然刻意保持低调就是为了隐瞒这些行为。科尔贝尔如何能在不暴露马扎然贪污的情况下打理他的资产呢？而投石党人则企图揭露马扎然的种种恶行，让其吐出所吞赃款。他们从得力干将坎塔里尼入手，调查为马扎然工作的银行家，要求出示账本。科尔贝尔建议马扎然不要轻举妄动，在富凯的帮助下拖延调查程序。这是为了伪造账本，以便为资金进出提供充分的理由。

例如，马扎然投资了公私合营的北方公司（la Compagnie du Nord）。该公司成立于 1645 年，业务是捕捞鲸鱼和"鲨鱼"（海象、海豹、海狮），抽取它们的脂肪，这些动物脂肪是重要的贸易商品。根据坎塔里尼的记录，这笔贸易在四年内带来了 126000 里弗尔的收入。然而，坎塔里尼和科尔贝尔都不提创始人曾花了 18 万里弗尔来注册协会，摄政太后又把这笔钱还给了马扎然。总的来说，30 多万里弗尔都落入了马扎然囊中。事实上，他一直不择手段地把政府公务和私人事务混在一起，一部分本属于国家的债券进了被隐藏的账户。这很容易做到，因为坎塔里尼有权限处理那些本属于国家的财产，即国王的财产！总而言之，原本应该用于外交、军事、情报，甚至是收买人心的秘密资金与酬金、物资预筹、海军战利品分红等被混在一起，对此，小册子的论战非常激烈。上述种种给国库带来了债务危机。因此，科尔贝尔不得不编织出"一千个谎言"掩盖之前的违法支出。他花了两年厘清文书、化解诉讼、追回被抵押或者存放在想留下它们的人手中的珍宝……1652 年，马扎然的胜利最终让科尔贝尔可以用不同的方式打理马扎然的资产：井然有序将是关键词。

* *

1652 年至 1653 年的这个冬天，"马扎然王国"转型完成。马扎然收了西班牙的好处，用计让亲王被流放，被判危害王权和叛国。不再有劲敌作对的马扎然由此控制了国家行政机构。效忠他的人自然担任了重要职务：勒泰利耶在军队任职；利奥纳担任外交使者，他是实际掌权者塞尔维安的侄子；塞尔维安和富凯在财政部工作，他们都对摄政太后和马扎然忠心耿耿。然而，马扎然敏锐地察觉到塞尔维安和富凯二人个性相差甚远，这必会导致他们在财务管理上出现冲突，自己肯定会进行仲裁调和。由此，他操纵众人的自由增加了。政坛前景终于明朗！社会阶层关系上也是如此。马扎然并非孤身一人，除了新太后奥地利的安娜坚定不移的扶持，他还得到了新王路易十四的认可。1654 年 6 月，路易十四受洗后获得了全部王权，他让马扎然主管公共事务。马扎然匆匆离开罗马后也并未将自己的亲戚抛诸脑后：他盘算着利用自己的首相身份为 7 个侄女和两个侄子谋算出路。

　　起初，马扎然腹背受敌，他担心落得和安克尔元帅一样的下场，于是加强了与巴尔贝里尼家族的联系。这也解释了马扎然为何在 1648 年 7 月将年幼的侄女劳雷·曼奇尼（Laure Mancini）许配给了夏尔·巴尔贝里尼。尚未成年的国王、太后及王叔奥尔良公爵这些王室成员都在婚书上签了名。实际上，这份婚书只有在这对夫妻达到适婚年龄后才会生效。然而，投石党运动彻底改变了这一局面。马扎然基于战略考虑，意图挑拨离间仇敌，因此将侄女转嫁给了旺多姆的塞萨尔的长子梅克尔（Mercœur）公爵。问题是，首先，《吕埃和约》（la paix de Rueil）中规定马扎然 7 个侄女的每一桩联姻都必须经亲王批准才能生效；其次，波旁·孔代家族与旺多姆家族积怨已久；最后，随着塞萨尔和其子博福尔（Beaufort）接替摄政太后成为航海事务的最高总督和大总管，而孔代亲王路易二世觊觎这个职位已久，这两大家族由此有了新的争端。双方于 1651 年第一次交手，第二次在 1654 年。马扎然将另一个侄女安娜-玛丽·马丁诺齐（Anne-Marie Martinozzi）许配给了孔蒂亲王阿尔芒·德·波旁，他是黎塞留的教子，是大孔代①的弟弟。反观路易二世，失去了一切的他陷入了孤立无援的境地。马扎然成功学习了黎塞留对待蒙莫朗西家族的策略，并将其用在了波旁-孔代家族身上。

1653 年，政府状态有所改善。国内的战争结束后，一批背景雄厚的财政家支持王室，如皮埃尔·莫内罗（Pierre Monnerot）、马丁·塔布雷（Martin Tabouret）、克洛德·布瓦莱夫（Claude Boylesve）、皮埃尔·吉拉尔丹（Pierre Girardin）及菲利普·格吕因（Philippe Gruyn），他们在自己的亲友中筹集资金。其中大部分人都会出资。为了巩固自己的地位，马扎然希望能积累到黎塞留那么多的财富，科尔贝尔也鼓励他这么做。因此，马扎然必须要获得封地、有名望的职位（显然这些职位都油水颇丰），当然还要获取来自教会的收入，这显然金额不小。马扎然自踏上法国土地后就一直避免购买土地。直至 1659 年，情况发生了改变。

马扎然始终与意大利半岛保持紧密的联系，他利用贡扎加家族的困境，在 1654 年从曼托瓦公爵手中买下了马延首席贵族领地。曼托瓦是位于意大利的一个公国，因地缘位置优越，法国和西班牙都对其虎视眈眈。马扎然很清楚，贡扎加家族可以继承内韦尔大家族的大片法国土地。但贡扎加家族负债累累，由此应允马扎然为他们做事，以达到一石二鸟的结果：马扎然通过取得马延首席贵族领地来减轻贡扎加家族的财政负担。马扎然从中获取的利润足以为心爱的侄女准备一份丰厚的嫁妆，他的侄女奥尔唐斯·曼奇尼（Hortense Mancini）于 1661 年 2 月嫁给了阿尔芒-夏尔·德拉波

---

① 大孔代（Le Grand Condé）是孔代亲王路易二世·德·波旁的外号。

特·德拉梅耶雷（Armand-Charles de La Porte de La Meilleraye），他
是法国元帅的后代，也是黎塞留的远亲。花 756000 里弗尔购买的
这块公爵领地此后价格又大幅增长，侄女结婚时已经价值 948700
里弗尔。1654 年，马扎然在一次地产拍卖中购入了位于马尔勒
（Marle）、拉费尔（La Fère）和哈姆（Ham）的三处领地及圣戈班
森林中的 5295 亩（arpent）地（折合 2240 公顷）。这一次，马扎
然利用了王室的漏洞，暂时缓解了自身的经济困难。

　　即使在马扎然奄奄一息的时刻，作为其教子的国王也展示了他
的仁慈，助其顺利完成第二阶段的收购。实际上，1658 年 12 月和
1659 年 12 月签署的两份国王诏书①将下阿尔萨斯给王室的土地赐
给了马扎然，并且他可以将这些领地作为遗产赠予法定继承人。这
些土地是位于下阿尔萨斯的费雷特（Ferrette）和贝尔福（Belfort）
两个伯爵领地，以及坦恩（Thann）、阿尔特基克（Altkirch）、代
勒（Delle）、伊森海姆（Issenheim）。1648 年签订的《威斯特伐利
亚和约》将这些地方分给了法国王室。自然，这份来自王室的馈
赠包括与之相关的附属物及权利。问题是，这些土地资产价值多少
呢？这个问题在马扎然撒手人寰、清算他的遗产之前就已经提
出了。

　　与此同时，马扎然继续趁火打劫贡扎加家族：1659 年 7 月，
马扎然从他们手中买下了尼韦内（Nivernais）和东齐瓦（Donziois）
公爵领地。3 个月后，这两个公爵领地合并为首席贵族领地。高等
法院在受益人去世后才予以批准。令人惊讶的是，同样作为一个新
人，马扎然竟从未过早地梦想加入法国首席贵族的小团体，这与黎

---

① 国王诏书（lettres patentes）的翻译参考庞冠群《司法与王权：法国绝对君主制
　　下的高等法院》，第 32 页。

塞留不同，毕竟融入他们意味着马扎然也将跻身贵族之列。马扎然也曾向科尔贝尔征求意见，后者在 1659 年 9 月 10 日的回信如下：

在我提笔写下这封信时，我不禁回忆起本周收到的来自主教大人①的信中最打动我的部分。这封信的主题是尼韦内公爵领地的相关事宜。据主教大人称，贝林扎尼（Bellinzani）爵士告诉他的理由足以让他明白，他只会在身处现在这个地方的时候拥有这个公爵领地，并命令我告诉他我的感受。

我相信主教大人对我很公正，他相信我和前文提到的贝林扎尼爵士一样了解这件事，而且他相信如果不是我知道不可能确保主教大人及其子孙的土地所有权，我是不会让自己被阻止给出这个建议的。诚然，这件事很棘手，必须要等八年到十年才能有比较完善的结果。不仅需要我全身心投入，还需要主教大人在多次会面中动用关系……毫无疑问，获利与辛苦程度成正比。该公爵领地可以说是一个亲王或领主，或者任意一个王国臣民能拥有的最好、最大的土地。如果主教大人打算在这个王国打造一个与其身份的荣光相匹配的，并能用以保留公爵领地的，且一直言行一致的家族。我非常清楚，通过各种言行让人知道主教大人有想过离开公爵领地以此来卖掉它，比留下它更好。更何况我从马延首席贵族领地的经历得知，主教大人在18 个月前想将公爵领地售予拉费尔泰（La Ferté）元帅的公开宣言影响了公爵领地的生意，之后的经济增长也因此减缓，破坏之大，四年内都无法恢复。但愿主教大人能够评估一下同样

---

① 此处原文为 V.E.，前文未出现相关内容，但根据原书第 113 页，S.E. 是 Son Éminence 的缩写，推测 V.E. 为 Votre Éminence 的缩写。

的宣言对尼韦内公爵领地的重要性。相较于马延首席贵族领地，尼韦内公爵领地困难 10 倍，需要解决更多麻烦、处理更多贪污和滥用职权、打击更多敌人。因此，主教大人必须要么迅速摆脱它，要么只能永远留着它。再过四年到六年就别想摆脱它了，因为每年都会涨价 30 多万里弗尔，法国几乎没人能有钱购入这块公爵领地。

此外，我还需补充一点：如果考虑到我自己，我是希望主教大人能将公爵领地转手的。因为这项工作确实令人生畏，且非主教大人能力所及之事。假如我同样认真地将同样的时间花在主教大人更常关注、更日常的事上，对他来说比家务事更重要，我也会更快乐。尽管如此，我并没有热切地希望主教大人能够留下公爵领地，因为这是在我的工作范围内能够为主教大人服务的千载难逢的机会，这种快乐肯定与痛苦相当。

鉴于君王随时可能改变对阿尔萨斯地区奖赏的态度，科尔贝尔建议马扎然采取一定的预防措施："我诚挚地请求主教大人准允德利奥纳先生向他转述我曾向他提及的有关国王向主教大人赠送阿尔萨斯土地的建议，这对为这次赠送建立一个更为坚实的基础至关重要，尽管这个建议不会使主教大人（不快）（原文如此）①。"

另一方面，马扎然似乎不太关心房地产投资。在巴黎，马扎然名下也仅有以 70 万里弗尔从图博夫院长手中购入的宅邸。它于 1649 年归入马扎然名下，是他最早的房产。这个宅子一直在装修扩建，马扎然还命人修建了 7 栋相邻的建筑。对他忠心耿耿的管家

---

① 此处原文有两个词表达不快，désagréara 和 ne déplaira pas，且 ne déplaira pas 用括号括注了，所以原文在此处标记"原文如此"。应该是科尔贝尔的手稿此处在斟酌用词。

便住在其中一栋里。1658 年，科尔贝尔这座宅子的价格估计达到了 120 万里弗尔。此外，马扎然除了拥有位于罗马的本蒂沃利奥宫外，还在圣日耳曼德佩区有一处住宅。事实上，马扎然从教会中获取的收入比黎塞留更多。早在投石党运动之前，马扎然便着手收购修道院。平息叛乱后，收购修道院的节奏快到足以让人头晕：1653 年收下卡昂的圣艾蒂安及马赛的拉谢斯迪约修道院和圣维克多修道院；1654 年纳入法国最有特权的圣德尼修道院（Saint-Denis en France），还有克吕尼修道院、图勒的圣曼苏修道院、塞讷的大圣塞尔夫修道院、欧塞尔的圣日耳曼修道院、莱兰群岛的圣奥诺拉修道院、博内-孔布（Bonne-Combe）修道院和瑟里（Cerisy）的圣维戈修道院。两年后，马扎然辞去博内-孔布及圣维戈修道院的事务。1656 年，马扎然又接手了位于普雷欧的圣皮埃尔修道院；1657 年，加尔的圣母院也归在他名下。随后，马扎然分别于 1658 年及 1660 年收下了第戎的圣贝尼涅（Saint-Bénigne）修道院和阿拉斯的圣瓦（Saint-Vaast）。

马扎然还通过接手外省政府增强其对领土的控制力及政治影响力。最开始是欧尼斯：1654 年，他取代摄政太后担任该省的总督和总监，同时身兼拉罗谢尔、布鲁阿日、奥莱龙岛和雷岛的总督和总监。马扎然在 1653 年担任普罗旺斯总督期间获得了 60 万里弗尔的保留敕书（brevet de retenue），并将其赠予他妻子的侄儿——梅克尔公爵路易·德·波旁。1649 年马扎然首次任奥弗涅总督，1658 年至 1661 年（即马扎然离世之年）再次担任奥弗涅总督，随后该职位由玛丽安娜·曼奇尼（Marianne Mancini）的丈夫——布永公爵拉图尔的戈德弗鲁瓦·莫里斯（Godefroy Maurice de La Tour）接任。马扎然坐拥这些封地时还拥有管理控制此地的政治权力：他不仅担任上阿尔萨斯和下阿尔萨斯的总督和总监，还是布里扎赫（Brisach）和菲利普堡（Philippesbourg）的总督及阿格诺（Hagueneau）的长官大巴伊，也是尼韦内省①的总督和中将。总的说来，马扎然拥有的这一切——官职、封地以及来自教会的收入体现了令人印象深刻的资源，也带来了同样令人印象深刻的收入。

马扎然的这些土地不动产，无论是在沿海地区还是内陆，都有耕地、林区、矿区和盐沼。可以分区出租，签订合约以保证实现利益最大化。这使得科尔贝尔拓展了他在经济方面的专业知识，也就是更了解农业和林业问题，甚至改进了高炉、炼铁或制造玻璃的技术以提升木材的利用率。由此，科尔贝尔成功完成了银行家、财政家及批发商的训练。但他并非无所不能，特别是要处理欧尼斯、曼恩、勒泰勒、苏瓦松、阿尔萨斯、奥弗涅、尼韦内等地区的事务时，他领导着一个忠诚又高效的人脉网，其中有他的兄弟夏尔、堂弟泰龙的科尔贝尔。由于马扎然资产庞大且零星分散，打理他的资产就如同执掌一个王国，因而，科尔贝尔为马扎然的私人事务服务的经验为他将来接手国家政府的公共事务做好了准备。更何况他明面上打理的就是国家事务中明确代表"国家"的部分，诸如封地、教会收入等。自然，科尔贝尔也处理一些地下事务，这些事浮出表面时必将掀起轩然大波。

---

① 尼韦内省（Nivernais）是法国旧制度时期的一个省份。主要区域在今天法国的涅夫勒省内。

第六章
那位意大利人的丰厚遗产

1660 年底，马扎然终于可以享受所拥有的一切。1659 年 11 月，西班牙哈布斯堡家族臣服于波旁家族的铁蹄之下，随后，马扎然签署了《比利牛斯和约》，为长达二十五年的战争画上句号，彰显了法国的优势。因为西班牙战败，波旁家族统治了欧洲。马扎然至此完成了黎塞留的大业，法国重归和平。时年 22 岁的年轻国王出访刚刚平息了暴乱的南方。1660 年 3 月的这场访问很成功，叛逆的马赛市民很欢迎这位年轻的国王。而不忠之臣——国王的堂兄孔代亲王则悄悄溜回了领地尚蒂伊。同年 6 月，路易十四与西班牙公主玛丽亚·特蕾莎举办婚礼，这是巴黎与马德里协议的一部分。8 月，这对法国王室新人欢天喜地返回巴黎。然而，路易十四并未忘却首都巴黎在投石党叛乱中始终处于风口浪尖。马扎然似乎已经老了，疲态尽显，尽管他仍在安插自己的人：1655 年，劳雷·马丁诺齐（Laure Martinozzi）再嫁给摩德纳公国的继承人阿尔方斯·德斯特（Alphonse d'Este）；1657 年，奥兰普·曼奇尼（Olympe Mancini）与索瓦松伯爵萨瓦-卡里尼昂的欧仁·莫里斯（Eugène Maurice de Savoie-Carignan）结婚；1661 年，奥尔唐斯·曼奇尼与拉梅耶雷元帅的儿子交往，而玛丽·曼奇尼则与洛朗·奥努尔普·科隆纳（Laurent Onulphe Colonna）结婚。4 月，玛丽·曼奇尼的婚礼将"联姻"推向高潮，因为此时马扎然已成功与父亲曾经侍奉过的世家结盟。马扎然此时已经病重，但他为了宝贝侄女的婚礼去了万塞讷（2 月 28 日），尽管最后并没有参加婚礼。这也意味着，马扎然与造物主会面的时刻即将来临。与世长辞等同于与社会、家庭永别，更痛苦的是必须割舍曾带来无数欢愉的资产。小布里耶纳（Brienne le Jeune）的回忆录中有一个著名段落描述了马扎然必将面对的这种分离。在真实的基础上，小布里耶纳写道：

> 一场大火将他驱逐出卢浮宫，也敲响了死亡的警钟。我漫步在他宫殿的新房间里，在有西庇阿图像的全羊毛毯子的小画廊里。毯子曾归圣安德烈元帅所有，如今是红衣主教手中最精美的挂毯，上面的图案由朱尔·罗曼设计。而这时，我听到他趿拉着拖鞋缓缓走来，听起来像一个大病初愈的壮汉。我躲在挂毯后，听到他说："我必须抛弃它们。"他太虚弱了，每走一步都要停下缓一缓，目光不断在房间内流转。他在心里对自己说："我必须抛弃它们。"我看到他转过身来，嘴里说着："还有这件！我当初花了九牛二虎之力才得到它们！我可能不留遗憾地离开吗？离开之后便再也看不见它们了。"这些话我听得一清二楚。

1661 年 3 月，马扎然已到了生命中的最后一刻。他必须将他一生的成果都托付给科尔贝尔。问题虽棘手，解决方法却十分奇妙。3 月 3 日，公证员勒福恩（Le Fouyn）记录如下：

> ……（马扎然）说过，并郑重声明他名下的所有流动资

产、不动产或其他财产，无论性质、质量如何，均受惠于慷慨的陛下。基于此，他认为除了像他现在这样将上述性质、质量各异的流动资产、不动产及其他财产交至陛下手中，没有更好的办法。无论这些资产位于何处、由什么组成，都将毫无例外、毫无保留地归于陛下名下。目前主教大人将这些资产以赠予、立遗嘱或其他方式献予陛下，以此声明放弃了财产。自主教大人离世那日起，陛下便拥有处置这些资产的全部权利。主教大人愿陛下能够地按照主教大人的想法和计划处置上述财产，具体安排他已经告诉了陛下。只要陛下觉得合适，他可以自由处置财产。因此，作为上述财产真正主人的他在此自愿将这些财产赠给陛下。

这份虚伪的声明发布 3 天后，马扎然于 3 月 6 日口述遗嘱，并在同日追加遗嘱作为补充。国王出席了在万塞讷举办的追加遗嘱宣读仪式，并宣布国王将自愿放弃马扎然的遗赠，且下令尊重临终者的意愿，由国务秘书米歇尔·勒泰利耶记录。次日，马扎然再次追加遗嘱。3 月 18 日，国王在巴黎出席了马扎然的完整遗嘱宣读会，并在马扎然的继承人和遗嘱执行人面前确认了他在 3 月 6 日（自愿放弃遗赠）的决定。这在旧制度时期相当特殊了！诚然，这跟遗嘱内容有关。马扎然担心对其资产的疑问将会使他不能保留财产。因此，他必须抢先一步阻止问题的发生。老奸巨猾的马扎然深知路易十四欠他人情。路易十三英年早逝，马扎然与年幼的国王既是君臣又如父子。投石党叛乱期间，马扎然竭尽全力护其周全；随后重建并加强了王权。这种情况下，作为教子的路易十四又怎会违背马扎然的遗愿呢？更不用说君王不能是臣子的受惠人，哪怕马扎然贵为君王的教父及首席大臣。此外，所有这些都已经解决，只不过同路易十四暗示的那样是在口头上解决的。

最终马扎然的继承人继承了所有遗产。然而，马扎然的遗嘱和追加遗嘱引发了对他拥有的财产的规模、起源及构成的疑问，此外，君主制的政治运作及其长期财政困难也引发了思考。答案势必要从马扎然那里去寻找，但也不能忽略了所有协助马扎然的人，首先就是让-巴蒂斯特·科尔贝尔。毕竟，朝堂之上无人不知他在打理马扎然资产过程中体现的重要性。

临终前，马扎然将个人资产赠予侄女奥尔唐斯及其丈夫阿尔芒-夏尔·德·拉波特·德·拉梅耶雷。二人均为马扎然全部财产的遗赠承受人，但阿尔芒-夏尔必须按照1661年2月28日签署的婚约接受马扎然家族的姓氏和家族徽章。根据马扎然的遗嘱，这对夫妇将依法继承马延首席贵族领地及相邻的土地，还有120万里弗尔现金，3月2日将支付一半，之后3个月内支付另一半。此外，布鲁阿日的盐税（13索尔3德尼税），上阿尔萨斯和下阿尔萨斯、布里扎赫和菲利普堡的总督府，阿格诺的大巴伊职位及阿尔萨斯由王室捐赠带来的收入均归这对夫妇所有。马扎然把收集的18颗欧洲最闪耀的钻石遗赠给了王室，它们被称为"十八马扎然"（Dix-huit Mazarin），包括"桑西"（Sancy）及"葡萄牙之镜"（Miroir de Portugal）。马扎然的教子继承了马扎然图书馆中的画作、两组挂毯及从著名木匠戈勒（Golle）处定做的两个橱柜。马扎然也没忘了其他王室成员。奥地利的安娜收到了镶嵌着"英格兰玫瑰"钻石的戒指，钻石原石重达14克拉；还有两个漂亮的橱柜以及随心所欲从马扎然住宅中挑选物品的权利。玛丽-泰蕾兹收到了一串有50颗切割过的钻石的项链。国王的弟弟收到了"美丽无双"的32颗祖母绿，还有马扎然之前为了换取几间房、一幅挂毯和一个柜子而抵押给金匠莱斯科（Lescot）的61个金马克。

　　按照惯例，马扎然的遗嘱还详细列出了用于慈善的款项：总医院①将收到 6 万里弗尔，巴黎主宫医院及慈善救济中心（l'Hôtel de la Charité）共收到 3 万里弗尔，12000 里弗尔捐助给了身患不治之症的人，尼韦内的穷苦民众收到 6000 里弗尔，万塞讷的圣礼拜堂收到 1 万里弗尔补助，圣厄斯塔什教堂区收到 6000 里弗尔。马扎然还将两盏价值 3000 里弗尔的灯的处置权托付给王太后，由她选择两座教堂安置。最后，马扎然遗赠 30 万里弗尔给德亚底安修会修士（théatin）用于建设教堂，又将 60 万里弗尔遗赠给教皇以对抗土耳其人。马扎然还拿出 200 万里弗尔创建了一个由来自 4 个不同国家的 40 名贵族组成的学院和学园，它有自己的图书馆，运营经费来自赫姆岛上圣米歇尔修道院产生的 3 万里弗尔收入。至于马扎然亲爱的妹妹——在罗马修行的安娜-玛丽亚·马扎然，马扎然则为她准备了 600 罗马埃居的终身养老金。他的侄女摩德纳公爵夫人劳雷·马丁诺齐则获赠了 45 万里弗尔现金、价值 4 万里弗尔的各式珠宝、一条精美的挂毯、布鲁阿日 3 索尔盐税的所有权和市政厅一半的年金。1661 年 2 月 23 日前，马扎然一直与拉梅耶雷之子平分市政厅的年金。马扎然为孔蒂公主安娜-玛丽·马蒂诺齐留下 35 万里弗尔现金、3 万里弗尔年金或因朗格多克的盐税或营业税提高的薪俸、布鲁阿日 3 索尔盐税的所有权以及市政厅年金的另一半。除此之外，孔蒂公主还成了太后的宫女长，还获赠一条有拉斐尔画作的挂毯。梅克尔公爵夫人劳雷·曼奇尼的长子获赠 30 万里弗尔现金、接管奥弗涅及朗格多克公国、莫尔塔涅三分之一的间接税收入和价值 4 万里弗尔的各式珠宝，因她本人于 1657 年故去。

---

　①　总医院（l'Hôpital général）是 1656 年下令设置的一个综合管理巴黎几家医院的机构。参考网址 https：//www.universalis.fr/encyclopedie/creation-de-l-hopital-general/。

而马扎然遗留给曼奇尼侯爵的财产更是惊人：马扎然在意大利的所有资产；法国境内的尼韦内首席贵族领地和马扎然府的一半，或者侯爵更倾向于 30 万里弗尔现金、莫尔塔涅财政区间接税的三分之二，又或者他可以选择尼韦内财政区间接税的三分之二、布列塔尼 7 索尔盐税、欧尼斯总督及总监职位、总价 12 万里弗尔的珠宝、60 万里弗尔现金以及 3 万里弗尔还债钱。在此情况下，科尔贝尔不得不介入遗产的管理，每年向曼奇尼侯爵支付 45000 里弗尔年金直至他成年。假若曼奇尼侯爵在没有得到王室允准的情况下结婚，则会失去所有遗产。索瓦松伯爵夫人奥兰普·曼奇尼获赠韦尔讷伊的间接税、摄政太后宫女长的职位、30 万里弗尔现金、3 万里弗尔年金以及价值 4 万里弗尔的各式珠宝。至于即将在 4 月 15 日与洛伦佐·科隆纳成婚的玛丽·曼奇尼，马扎然只为她备好了一份嫁妆，但这份嫁妆价值连城！整整 100 万里弗尔！且均将用金路易支付。她亲爱的叔叔马扎然还额外遗赠 15000 里弗尔支付她前往意大利的船员费用。同所有姐妹一样，玛丽也收获了价值 4 万里弗尔的各式珠宝，她的丈夫陆军统帅科隆纳也收到一把"钻石宝剑"，象征着他与曼奇尼家族的关系。早已许配给布永公爵的玛丽安娜·曼奇尼同样收到了 60 万里弗尔现金和价值 4 万里弗尔的珠宝。

　　马扎然留下的遗产很可观。除此之外，我们还必须算上马扎然在罗马的关系网络：通讯员保罗·马卡拉尼（Paul Maccarani）及埃尔皮迪奥·贝内代蒂；红衣主教吉罗拉莫·科隆纳收到了一个大金钟（玛丽·德·美第奇的纪念物），红衣主教朱利奥·切萨雷·萨凯蒂（Giulio Cesare Sacchetti）① 则收到同系列的 5 条挂毯。作为出色的外交官，马扎然自然不会忘记"西班牙版的自己"——唐

---

① 　原书此处为 Giulio César Sacchetti，但此人原名拼写应为 Giulio Cesare Sacchetti。

路易斯·德·阿罗（Don Luis de Haro），为表达对他的敬意及纪念与他的情谊，马扎然为其保留了一幅提香的画作，两人曾坐在一张谈判桌旁商讨《比利牛斯和约》。最后，马扎然留了一些财产奖励追随他的亲信：侄女们的女伴韦内尔夫人（Mme de Venel）获赠 3 万里弗尔；红衣主教的第一任侍从丰特内勒（Fontenelle）先生获得了 15000 里弗尔；他的第一任贴身仆从巴努安（Barnouin）分到 2 万里弗尔；他的膳食总管获赠 15000 里弗尔；3 位秘书每人都收到了价值 4000 里弗尔的钻石；马扎然甚至为"地位低微的仆人"准备了总计 7 万里弗尔的资产，由科尔贝尔负责分配。对资产分配不满意的人就惨了：假如他们抗议，就一个子儿都分不到！曾参与起草遗嘱的马扎然的律师戈蒙（Gaumont）将获得 12000 里弗尔。为马扎然庞大的资产劳心费力的主设计师让-巴蒂斯特·科尔贝尔分到了多少呢？最显眼的莫过于科尔贝尔那座紧挨着马扎然府的房子，他一家人都住在那里。或许比起科尔贝尔付出的热忱、精力、想象甚至为马扎然赚钱而做的欺骗勾当，只赠予这座宅邸显得有点小气。但实际上，马扎然在遗嘱中为科尔贝尔准备了最为珍贵的礼物：可以不被追责。

马扎然也深知为自己亲眷准备的这些财产势必会引起质疑，尤其法国在连年动荡后负债累累、国库空虚。马扎然的葬礼结束后，王室及整个巴黎一直流传着对他的过度猜测。被指定继承了国务秘书职位的小洛梅尼·德·布里耶纳（Loménie de Brienne le Jeune）接近权力中心，声称知道马扎然财产的确切数额："我知道马扎然去世之后，在万塞讷森林有 900 万里弗尔的资产，在卢浮宫有 500 万，在巴士底有 700 万，在拉费尔有 800 万，在色当和布里萨克则有 1500 万到 2000 万里弗尔的资产，我们尚未算上通过蒙家族（les Monts）经手的意大利境内的财产。以上林林总总早已超过

5000 万里弗尔，据说仅埃尔皮迪奥·贝内代托修道院院长一人就收到两笔遗赠。这一大笔金银财富不知是以多少孤儿、寡妇的身家性命换来的，也足以让这位勤恳为马扎然搜罗财富的主教余生在监狱中度过。"

由此，我们不难理解马扎然为何看似要把资产全数交给国王，他是以此规避清查自己的资产和文件，并威胁那些要求清点的人将被剥夺其财产继承权。由此可见马扎然本人也很忧心财产问题可能被揭发。此外，马扎然还一再强调，希望除科尔贝尔之外无人有权接触其财务事宜。马扎然相当认可科尔贝尔的功绩，也认同他做的决定：

> 主教大人拥有的关于国家事务和家庭事务的急件（dépêches）、文书（lettres）、公文（missives）、谈判、条约及其他文件现在及将来无论是在他的巴黎府邸、卢浮宫寓所还是在其他地方，我敢说，在主教大人心中，没有什么比这些更珍贵的了，他的秘密对国家与陛下的利益更为重要。因此，主教大人怀着谦卑恭敬之心恳请陛下准允并下令将这些都交给府邸管家科尔贝尔。让-巴蒂斯特·科尔贝尔处事谨慎、为人正直、对红衣主教忠心不二且头脑聪慧，这些优良品质在二人无数次接触中已展现得淋漓尽致。更何况科尔贝尔先生在对上述文件进行盘点、列清单时，总是遵循主教大人向他阐述、命令的意图去执行。此外，科尔贝尔先生还将所有文件分门别类，分别向弗雷瑞斯地区主教（宗戈·翁代德伊）汇报主教大人与意大利方面来往的事务及书信、向德利奥纳先生解释剩余书信的内容。若陛下及其余人等渴望一览主教大人的书信内容，可与科尔贝尔先生交流。

　　此外，主教大人的立遗嘱人表示科尔贝尔先生服侍了快十二年，其间他一如既往地保持着对工作的热忱。主教大人无法给对其工作的满意程度打一个足够高的分。可以说主教大人对科尔贝尔做决定的工作和委托给他的所有事都很满意。这就是为什么主教大人完全认可科尔贝尔先生做的事，无论是根据一般的代理委托书，还是主教大人下达的口头指令，甚至是所有管理主教大人资产的人做的所有事，也包括主教大人的司库皮康（Picon），因为经常要花钱，甚至花钱的时候有必要不留下记录。我希望人们相信科尔贝尔先生对在处理任何事务时按照他的命令收到的、花出去的和管理的所有东西的简单发言。

　　……此外，主教大人还恳求陛下，所有涉及他家族及私人事务的账目，无论最终落入何人手中，都暂时交给科尔贝尔先生留存管理。若陛下指定某人，则除他之外，任何人都不能过目。且主教大人遗嘱内指定的继承人、受赠人等均无权要求修改或透露风声。主教大人此番用心良苦不仅仅是他个人意愿，更是因为上述账目涉及多方利益。除为国家利益鞠躬尽瘁外，此账目中牵涉的国内外家族人员众多，着实不宜公开。

　　出于同样的原因，主教大人不希望在他去世后清点或盘算他的财产——无论是流动资产或不动产，还是头衔官职或任何文件。

　　……

　　主教大人的立遗嘱人恳请陛下，假如有人，哪怕是指定继承人违反了上述有关文件、账目和资产的条款，请陛下出面调停，以防止上述资产及文件被公之于世。此外，主教大人恳请所有法官阻止这种情况的发生，不要轻信有心之人以国家利益或个人私心为由查看账目。

马扎然共任命了 5 位遗嘱执行人：自 1659 年 2 月阿贝尔·塞尔维安去世后法国唯一的最高财政总督尼古拉·富凯、战争国务秘书米歇尔·勒泰利耶、巴黎高等法院首席庭长纪尧姆·拉穆瓦尼翁（Guillaume Lamoignon）、弗雷瑞斯的主教宗戈·翁代德伊以及让-巴蒂斯特·科尔贝尔。这无疑是个精妙的安排，体现了马扎然难以捉摸、深不可测的城府。一方面，这是为了避开政府活动成功需要的"手段"，向马扎然伸出援手的大臣会选择忍气吞声。另一方面，马扎然拉拢了巴黎高等法院的第一任大法官拉穆瓦尼翁及检察长富凯。至于翁代德伊及科尔贝尔，他们表现得很平常，他们对马扎然了如指掌。宗戈作为陪伴马扎然最长久、最为亲密的伙伴，是马扎然与意大利宫廷、教皇以及亲信互通消息的桥梁，可以说马扎然接收的所有从意大利半岛传来的讯息都要经过他。科尔贝尔的地位更是不可撼动。这位一手打造了马扎然财富帝国的功臣还同时掌管着马扎然的许多文件，所有的秘密都逃不过他的双眼。

这一决定也考虑到他们互相看对方不顺眼，积怨已久，每个人都会阻止任何想要仔细研究马扎然财产的人。以富凯为例，以他的职位，他自然知道很多事，但假若他要揭开这层布，科尔贝尔便会出手相拦，后者在这两年来没少在马扎然面前诋毁富凯。实际上，暂时没有人乐于全盘托出背后之事。同样，马扎然也需要巴黎高等法院批准各项条款。由于富凯及拉穆瓦尼翁从中斡旋，马扎然的政敌们不得不接受自己反对过的条例。而拉穆瓦尼翁的正直远近闻名，即使是那些不甚喜爱他的人也承认这一点。此外，拉穆瓦尼翁还是虔诚党的领袖之一，是圣体会①的成员，富凯也与这个协会关

---

① 圣体会（la Compagnie du Saint-Sacrement，1627~1665 年）是一个法国宗教慈善团体，希望通过慈善活动影响民众的宗教倾向。

系匪浅。然而，该协会于 1660 年秋被马扎然解散。另一个案例则是科尔贝尔。马扎然见证了他破茧而出的全过程：这位勒泰利耶介绍的年轻官员从自己部门的人员摇身一变成为雄心勃勃之人。因此，科尔贝尔自然不愿在家族中屈居人后。而勒泰利耶则是谨慎的化身，他意识到若是继续留在政坛权力中心，则必须比预想的更早地投入战斗。另外，掌握着意大利商业秘密的翁代德伊是科尔贝尔的眼中钉。就这样，他们五人组成了红衣主教遗嘱的审议会，负责执行遗嘱，就像国王那样。然而，这份遗嘱无论在措辞或内容上都存在不小的问题。

常年听马扎然忏悔的神父比萨罗（Bissaro）是一位德亚底安修会的修士，在他寄给罗马教会上级的编年史《1661 年 3 月 9 日，红衣主教马扎然最后病重至离世期间的详实记录》（*Relation précise des incidents qui se produisirent pendant la dernière maladie et la mort du cardinal Mazarin survenue le*（9）*du mois de mars 1661*）中详细描述了马扎然生命的最后时刻。马扎然留存实力至最后，得到了一个与国王相当的结局。在他弥留之际，国王、王后、太后甚至整个宫廷都来到他床边，前厅挤满了想来看他最后一眼的人。科尔贝尔就在前厅选定哪些访客可以进去。他一次又一次地干涉遗嘱制定。这不仅仅是管理马扎然资产的交割证明书，更是政治-财政纯洁性的证明：这是科尔贝尔从沙普兰先生那里学到的。马扎然也在律师戈蒙的帮助下参与起草遗嘱。比萨罗神父报告了这方面的一件事，当然他因此受了影响，但这件事尤其能够说明马扎然的"仆人"科尔贝尔此后性格和行为的很多问题：

> 主教大人吩咐将遗嘱拿给他过目，并想在当晚签字。然而这事说来话长。遗嘱有很多地方需要修改，且主教大人对条款

极为挑剔，几乎批评了所有拟好的条款。所以，主教大人直至深夜仍未看完所有内容。疲倦不堪的他打发走了所有人，我怀着希望入睡。而在宣读遗嘱的过程中，发生了一件了不得的事情。科尔贝尔先生受命负责将修道院并入马扎然留下的四国学院（Collège des Quatre Nations）。实际上，他（科尔贝尔）想让学院的教堂归我们所有，而不是在此处建立一座新教堂。之后，只要获得在学院里管理教务、传授学识的神父的许可，便可以前去做弥撒。这些神父来自厌恶修士的大学。我与唐·卡米洛（Dom Camillo）均反对此计划，并同主教大人讨论过这极有可能带来诉讼。他当下便同意我们的看法，反对科尔贝尔的项目。尽管如此，当科尔贝尔先生与主教大人谈及遗嘱中有关学院的事时，科尔贝尔提议："假如神父们一致通过，学院的教堂仍归他们所有。"主教大人随即说："不、不。把那个条款删掉。我想让神父们拥有单独的教堂。""主教大人，"科尔贝尔说道，"只要能得到神父们的首肯此事肯定能成"。"不，"主教大人反驳道，"删掉。"科尔贝尔解释道："这对他们没有坏处，因为决定权都在他们手中。"随后主教大人勃然大怒："不！神父们并不想要，他们不想。删掉这个条款！他们要他们的教堂，我也要我的！"所以，该条款必须被删除。唐·卡米洛彻夜未眠。天刚亮时，他满面愁容地来到我家，代表科尔贝尔拜托我，他对我说："神父，我现在束手无策了，然而遗嘱和您的捐赠仍未签署。以主教大人的身体状况，我不知道如何让其签字，他的状态很糟。"于是我走进主教大人的卧室询问他的状况，他回答说："神父，我怕是时日不多了。"我回复道："主教大人说我什么都可以跟他说，他并不需要任何人告诉他现在的情况。我只求他重视警惕性，福音书中很推崇警惕，也求他争取在为数不多的时里静静聆听他心中上帝想对他说的话；也许上帝还会向他透露一些能启发他的事。但只要主教大人仍被世俗事务缠身，他便无法聆听只有孤独时才能听到的上帝的话。让他小心别被责备说，玛莎呀玛莎，你担忧的事情太多了①。但让他好好考虑一下，还有一件事要做②。主教大人总是苛求完美。假如他仍身体健壮，那当然好。然而以他现在的状态，必须优先做力所能及之事。这也是为何我恳求他不要再投身政务，跟国王说完该说的话，便关门谢客。"他很认真地听取了我的建议，并说："是这样的，神父，你是对的，还有一件事要做③，我想，请帮我叫科尔贝尔过来。"于是，主教大人先后面见了科尔贝尔、弗雷瑞斯地区主教、勒泰利耶及遗嘱公证人，之后国王又前往看望，逗留了一个多小时后，主教大人完成了所有事情。

此段叙述显示了两点：措辞会随着各方势力的影响及介入而产生变化；而内容，尤其是普遍性的伪遗嘱，因其是一个长期发展的策略的结果而被保留了下来，国王对此知情且认可。无论如何，遗嘱中的这些条款日后都可能引发多种纠纷。为了缩短走法律程序的时间、提高效率，路易十四于 1661 年 3 月 29 日下令：

国王为保障上述马扎然公爵及公爵夫人的权利，根据其遗嘱和追加遗嘱指定遗产继承人及受遗赠人。为预防在遗产分配

---

① 此处原文为拉丁语，Marta, marta, solicita ès et turbaris erga plurima，出自 Luke 10：41。

② 此处原文为拉丁语，porro unum est necessarium。

③ 此处原文为拉丁语，porro unum est necessarium。

过程中可能出现的问题，国王陛下已下令，由巴黎夏特莱①的两名公证人按照惯例清点已故红衣主教马扎然的财物，包括动产和不动产，以及他在万塞讷城堡、卢浮宫及其他地方私人宅邸中的所有物品。遗产清点过程仅在马扎然（拉梅耶雷）公爵阁下及其遗嘱和追加遗嘱的执行人在场时才能进行。且对物品的评估不得以任何方式损害上述遗嘱和追加遗嘱中关于遗嘱的条款和规定。陛下希望按照遗嘱的形式和内容，并根据他在本月6日和18日的法令中准予的批复执行该遗嘱。在此声明。

由此，富凯事件正式拉开帷幕。

---

① 巴黎夏特莱（Châtelet de Paris）是巴黎王家法庭和巴黎子爵领法庭的所在地，直接隶属巴黎高等法院，大致相当于巴黎地区的初等法院。参见黄艳红《法国旧制度末期的税收、特权和政治》，第39页。

第七章
1661：愚者之年

红衣主教与世长辞后的 6 个月里发生了 3 件在旧制度历史中密切相关的事：路易十四开始亲政、最高财政总督富凯下台以及科尔贝尔在国家机关中崭露头角。这些事无人不知，众说纷纭，包括国王、科尔贝尔和如小布里耶纳这样的见证者或参与者都有自己的说法。有关上述事件的记载都是片面和有局限的，比如国王和他的新顾问想不惜一切代价证明对已下台的最高财政总督提起的诉讼是合法的。但细心研究可以发现，这些事件或有截然不同的解读。让我们看看事实如何吧。

* *

1661 年 3 月 9 日，时任外交国务秘书小布里耶纳作为唯一一位在万塞讷的大臣，奉路易十四之命通知司法大臣塞吉耶及其他国务秘书，特设委员会将于 10 日 7 时举行会议，另外在途经巴黎时告知富凯国王召见他。小布里耶纳完成了他的任务：富凯不在首都时便会去圣芒代，此地离万塞讷不远，因此他与马扎然相邻。关于那天的会面，国王写到他本应要求富凯："将财政部的每一笔收支都记录在案，并悉心保存，还需附上简洁的摘要，方便此后随时查看每一笔收支的去向。"次日，特设委员会开始就国王亲政一事进行讨论。布里耶纳父子、塞吉耶、富凯、利奥纳、拉维里耶尔、迪普莱西-盖内戈及勒泰利耶均在场。据小布里耶纳所言，国王在会议上宣读了一个意味深长的决定："剧情正在转变。我的执政理念、财政管理及外交谈判的原则都与已故的红衣主教有所不同。众卿已经知悉了我的想法。现在就靠各位实际推动、执行这些政策了。"

离开房间后，国王前往太后的房间，委员会会议之前一直在那里召开。国王随后召见了王公贵族及其他大臣，透露了自己的意图：此后必要时会征询他们关于政务的意见，但凡事均由国王做主。此前，路易十四长期视勒泰利耶、利奥纳、富凯及各位国务大臣为心腹之臣，"将自己的信任中最机密的一份托付给他们"。此外，国王还认可了一直支持马扎然的团队。因而，国王采用了马扎然的建议。路易十四在《王储教育回忆录》（*Mémoires pour l'instruction du Dauphin*）中发现有必要解释为何让这些大臣留任。勒泰利耶担任战争国务秘书二十年，很好地履行了职责；由于处理过极度敏感的事务，勒泰利耶很了解目前的文件。马扎然也常常跟路易十四称赞勒泰利耶能力出众、忠心不二。尽管彼时的路易十四年纪尚小，却记得这些称赞。此外，路易十四很欣赏战争国务秘书稳重的性格及其"睿智、谨慎、谦虚的行事风格"。负责外交的利奥纳则由马扎然培养，并由其举荐，受益匪浅。利奥纳参与的外交谈判总是格外成功，因为他熟悉欧洲各国法庭，精通多国语言，且"文采很好，思维灵活、机智，适合与外国人打交道"。相较之下，路易十四对失宠的富凯则是另一种评价：与其说是回顾他的功绩，不如说是明确列出富凯能够留任的条件，这也是路易十四意图收回统治权的一种讨好的做法。当然，这是国王自己的想法：

> 我仍保留富凯的官职可能有点奇怪，因为众所周知，我知道他当时手脚不干净。但我了解富凯很机智，且他很了解国家内部的运作。这使我考虑，假如他可以向我坦白过去的错误并保证不再犯，就可以让他留任。但保险起见，我将让科尔贝尔担任财政督办官。我对科尔贝尔充满信心，因为我知道他聪慧、正直、有极强的应对能力，因此，我让他掌管此前提到的资金登记簿。

由此，科尔贝尔跻身政府高层。1661 年 3 月 8 日，为科尔贝尔特设了一个财政督办官委员会。这是为了结束冗官的局面，大法院于 1660 年 10 月 12 日下达成立"不涉财政的委员会"（simple commission sans finance）的决议。该委员会除两名人员外，还有一个编外人员。舒瓦西修道院的院长称，马扎然在离世不久前曾想换掉勒蒂利耶（Le Tillier），科尔贝尔则以 20 万里弗尔的价格买入该职位。而相同的职位，富凯要花费 60 万里弗尔。由于资金不足，他采取了折中的办法：求助于第三委员会。3 月 16 日，科尔贝尔顺利宣誓，成为参政院①和财政部的核心。勒蒂利耶和其同事德尼·马兰之间有什么矛盾吗？至少德尼·马兰与新加入的科尔贝尔之间没有，毕竟他完全是科尔贝尔派系的！鳏居的德尼·马兰与来自泰龙的寡妇玛格丽特-夏洛特·科尔贝尔（她的第一任丈夫是雅克·梅罗，盐税收税人的兄弟）缔结婚约。1657 年 1 月，科尔贝

---

① 参政院（Conseil d'État）是一个高层管理机构，本书翻译参考周立红《近代法国政府职能转变与谷物自由市场的建构》，第 30 页。

尔的父母见证了两人完婚，并在婚书上签了字。出身于收税官家庭的德尼·马兰也是一个收税官，直至 1656 年 6 月，他成为财务督办官。这再次印证了科尔贝尔家族在财政界的稳固地位，以及他们如何操作为亲眷谋得财政领域要职。这正是科尔贝尔期望的行政体系的第一个特点。工作接踵而来：3 月 24 日，科尔贝尔向财政参事会报告了 3 件事；接下来的一周，又报告了 9 件事。其中一件事是他与德尼·马兰一起监督从 1659 年前的合约中受益的包税人的账户。这是科尔贝尔在该领域负责的第一个调查，也是为了对抗富凯。

　　成为财政督办官不久后，科尔贝尔便开始扩大活动领域。4 月 10 日，他的报告显示贸易和制造业前景暗淡。为此，科尔贝尔与德尼·马兰、财政主管艾蒂安·达利格尔（Étienne d'Aligre）① 和国务参事沙尼（Chanut）一道，"为保证贸易的流通及良好运作，修正导致贸易衰落的弊端和不便，在维持原有制造业运转的基础上兴建新工厂，邀请陛下的臣民开展航运，必须验收在这个王国各主要城市进行贸易的商人上交给他们的账目和指示"。这显示了科尔贝尔关注的利益点。他要将财政、商业贸易与海上事务联系起来。因为，直到现在，马扎然的离世及来自王权的肯定并未给财政领域带来多少改变。财政部有富凯和达利格尔、巴里永·德·莫索朗日（Barillon de Morangis）、梅纳尔多·德·尚普雷（Ménardeau de Champré）这 3 位主管，布勒特伊（Breteuil）、赫尔瓦特这两名总监察官及 3 名督办官协助办公。科尔贝尔和德尼·马兰处理了大部分文件，而勒蒂利耶被逐步边缘化。正是有他们的帮助，路易十四才能工作。所有这些人在马扎然时期都有丰富的行政和财政领域的

---

　　①　此处原文仅提到姓氏为 d'Aligre，参照后文应为 Étienne d'Aligre，故此处补齐。

工作经验，如赫尔瓦特、德尼·马兰、科尔贝尔。然而，尽管国王接手了这些事务，但他真的了解这些大臣吗？这不得不让人探究起他与马扎然的关系，或范围更宽泛的君主与首相之间的关系。

有人说，从本质上看，君主是统治的基础：一切都为君主服务，君主决定一切。由于其特殊性，绝对君主制也需要卓越的人才：黎塞留、马扎然以国王之名行事，为了国王的荣耀和秩序，变成了一种替代者。他们认为自己拥有最高权力是因为君主不具备或尚欠缺一些品质。尽管二人艳羡君主的权威，然而他们都将王国的利益置于一切之上。在极端的困境中，路易十四有一位因睿智而绕不过去的首相作为导师。实际上，1661 年 3 月 9 日，路易十四在亲政之日并未"收回掌管"事务的权力：他是从马扎然那里"接手"了国家事务。这与君主指定王储继位又有何区别呢？然而，我们能确定马扎然让路易十四准备好执政了吗？

当然，路易十四年幼之际在王国中游走是一种长期的"闲逛"战术，以加强王室凝聚力。投石党叛乱后期，已迈入青春期的国王还去了前线，当然没有离得很近。路易十四的家庭教师们一再强调国家面临的内政问题，然而都是从预算及经济的角度出发。实际上，年轻的国王被紧紧地拴在马扎然的长袍及母亲的衬裙之上：二者为他安排了青春期恋爱和随后的政治联姻。路易十四自己既没有指挥才能，也没有独立做过什么，但弗朗索瓦一世 20 岁时早已在马里尼昂领兵大败敌军，路易十三 16 岁时处决了心腹大患安克尔元帅。马扎然在世时，路易十四总是藏于幕后，虚与委蛇至宣读马扎然的遗嘱。随着马扎然下葬，路易十四重新洗牌。后代一位善良的姑娘证实了他的故事：欧洲最强大的君主会将统治权让给一个才能卓越的首相，在后者与世长辞后又收回权力。事实上，路易十四也承认"夺权"主要是一个加速学习的过程和一次痛苦的探索……

因而，路易十四在马扎然生命的最后几天里多次前往拜访。二人面对面谈话的内容也被收录进《王储教育回忆录》及让-巴蒂斯特·科尔贝尔的《为历史而作的关于法国财政事务的回忆录》中，这本科尔贝尔于 1663 年整理的书也被收入王室文本。常听马扎然忏悔的比萨罗神父及圣尼古拉-德尚（Saint-Nicolas-des-Champs）教区的神甫克洛德·若利（Claude Joly）恰在现场见证了这一切，他们说年轻的君主泪流满面，仿佛面前生命垂危的不是一国首相，而是他的父亲。然而，谁又能想到 24 小时后，这个年轻人会以独裁国王的口吻主宰众生？这值得细细品味。3 月 9 日晚，路易十四草拟了一份"内容由国王在内阁秘书罗泽（Roze）面前口述，重新阅读了以如下形式扩充条款的备忘录"。其中，路易十四记录了亡者的指示，并指出他是如何注意到这些指示的："主教先生自感时日不多，自愿卸下世间俗事的'枷锁'，以腾出时间投入永恒的思考，他在生命的最后时刻依然视国家利益及朕的荣耀为第一要务。在此情形下，他向我分享了极为重要的意见，朕将尽可能记录下他的遗言。"

马扎然请求国王往后也将保证教会现在拥有的权利、豁免权和特权，并给虔诚、富有美德之人应得的教会福利。这个想法有些讽刺，毕竟这些信徒的口袋都是马扎然搜刮空的！马扎然还奉劝国王要尊重、安抚贵族，他们是国王的"左膀右臂"。可以说，投石党的阴影仍然笼罩着王国。此外，马扎然还评估了第二等级在公众认购中的重要性。马扎然身居高位，任何冒犯他的行为都将造成不堪设想的严重后果。相比之下，马扎然对高等法院的法官们则没有那么宽容。的确，马扎然敬重他们，但仅限于司法事务，绝不满足他们的政治诉求。此外，马扎然三令五申要通过减税减轻人民的负担，甚至在遗嘱里也反复强调。实际上，这变相承认了马扎然身为首相，宁愿牺牲臣民幸福安稳的生活，也要为了君主的荣耀而选择战争。马扎然时期外交优先于内政的方针几乎压垮了税收财政系统。

马扎然还建议路易十四善用能干的大臣，并与他们维持良好的关系：

> 我身边能人志士众多，且他们忠诚可靠。我能清晰地辨别他们的擅长之处，并据此安排他们的工作。
>
> 我必须极力保证让每个人都相信我是主管。只有我才能分配恩典，且恩典只开放给热忱为我工作且出色完成工作之人。
>
> 此外，我还要时刻紧盯我的顾问，保证他们之间互相理解、相处和谐，以免内部发生分歧而影响我。有问题时，我通常会倾听他们对事件的看法，在纷纭意见中选取最优解，并做出自己的判断。随后，所有人将全力支持该决议。我绝不允许我的权威受到丝毫侵犯。
>
> 若我手下的人在接到命令前擅自行动，绝对会被除名，不配再为我工作。

马扎然以上帝之名建议路易十四杜绝宫廷里一切不信教、诋毁教廷的行为。年轻的国王兴奋地听取了这些建议：从此刻起，便由他扮演深思熟虑的统治者、洞察人事的精神权威。然而，年轻的国王做不到这一切。无论如何，路易十四与垂危的马扎然的这段对话均未提到马扎然对富凯有任何不满。在此情形下，科尔贝尔派系的指控就算不是子虚乌有，至少也是恶意中伤。因此，路易十四在罢免富凯最高财政总督一职时才如此左右为难。这场精心策划的羞辱是科尔贝尔迈向权力巅峰漫漫长路的最后一步。

＊ ＊

路易十四在多年后撰写的关于 1661 年的回忆录中美化了马扎然离世后至富凯被捕之间的这 6 个月。马扎然离世前警告了路易十四，但路易十四早已意识到富凯的"罪行"，决定之后会逮捕他。富凯则认为他们不是没被发现就是被容忍了，国王马上会忙于操持政务。实际情况大出富凯所料。路易十四甚至声称已着手解决错综复杂的财政事务网！这个年轻的胖子在进入 17 世纪 70 年代时自信得近乎傲慢，美化了他的统治技能：

> 这显然不是一件轻而易举的事。那些知悉事情原委之人或是如今了解我减少了什么的人，无一不惊讶于我能在这么短的时间内厘清一切，而这么多才能出众的最高总督之前都未解决。但假若对国王与最高总督们之间天然存在的利益差别略加思考，这种意外赞叹之情便会戛然而止。因为对这些人而言，工作中没有什么比保留能依照自身意愿处置一切的自由更重要，他们常常使事情更复杂，而非更清晰。相反，国王作为合法领主，竭尽所能将一切都治理得井井有条，若是社会混乱，国王只会损失惨重。在工作中，科尔贝尔帮了我很多。我很信任他来检验需要反复讨论的事务，我没时间去深挖这些事。

虽然触犯了王室尊严，但事实却截然不同。1661 年 9 月 5 日，前最高财政总督银铛入狱，这天写的这封信就是证据。路易十四致信太后："我已初尝亲自管理财政的乐趣，因为今天下午我在工作中注意到了一些重要的事，而从前我什么也看不出来！"路易十四顺带说他早在 4 个月前（即 1661 年 5 月）就已决意罢黜富凯，目前仅有她一人知晓此事；而勒泰利耶在下令逮捕富凯的前夜才接到通知，以便下达必要的指令。

科尔贝尔在其《为历史而作的关于法国财政事务的回忆录》中也提到该问题。据其所言，尽管富凯收到了警告，但仍不知悔改。因此，1661 年 5 月 4 日国王下令逮捕富凯。科尔贝尔对这一决定态度不明：

> 逮捕富凯是国王向公众表明自己态度的首个重要行动，因而有必要考虑该决议涉及的所有情况。因罢黜富凯一事或许可以较准确地预测国王任期内所有可能发生的事件。
>
> 年轻的国王只有 23 岁，身体健壮、充满活力，因此他一直展现着这个年纪特有的热情与干劲。主教大人离世前，他都没有管理过自己的事务，所以他毫无处理大量政务所需的经验。国王失去了一个经验丰富的人，这个人八年来牢牢把控着王国的财政，他通过挥霍财产打造了坚不可摧的地位，他知道他可以依靠地方、统治团体、朝廷的主要大臣和很多其他的人。他深知自己的罪行，并提早做足了充分的准备，采取防范措施，以对付有史以来最狡猾、最有经验、最犀利透彻的人。

科尔贝尔的记录翔实丰富，他承认君主缺乏训练，对国家的运作一无所知。但这与年轻人的记录相矛盾。科尔贝尔称，是马扎然不断向路易十四汇报政务，而非其他人。国王采纳了该观点。就这样，科尔贝尔把领导的位子给了他。遵从"存在而不表现"（mehr sein als scheinen）的原则，谦虚示人。科尔贝尔当时还不是大臣，然而他对待主人的态度和方式已与马扎然无异。另一方面，过早地逮捕富凯也引发了一些质疑。为何这个决议的时间离葬礼如此之近？以科尔贝尔为首的派系作为富凯坚定的反对者，声称富凯一上任就已贪污腐败，马扎然和年轻的国王都看在眼里。但后续如何呢？为什么留他继续任职？为什么指定他为遗嘱执行人？假如富凯毫不在意警告，为何仍延长他在职的时间？奇怪，真是奇怪极了。没有一个可以被证实且遭到谴责的贪污公款的案例发生在 1661 年 3 月至同年 9 月这 6 个月内。在一份没有正式证据的诉讼中，君主针对几起新盗用公款案的详细说明就够了：这个无可争议的案子（因无法官敢讨论它）将会直接导致富凯走上断头台。然而，此案影响颇大，却没有任何证据吗？

实际上，有一个证据：针对马扎然财产的清点始于 1661 年 3 月 29 日，至同年 6 月 26 日完成。此事超出了所有人的预期。马扎然的独特遗嘱引发了奇怪的讨论，且这些讨论因其财产的记录而日渐沸腾。马扎然向年轻的君主和王室进贡了大量宝石，包括 18 颗钻石、名声在外的宝石、总价值高达数十万里弗尔的各式珠宝。还有在欧洲宫廷中享有盛名的绘画收藏、数量惊人的各式挂件、雕塑、古董和家具。这些物品的价值无法估量，因为马扎然并未用钱购买这些东西，这是为了谨慎地避税。更令人生疑的是，马扎然赠予梅克尔公爵夫人、孔蒂公主、苏瓦松伯爵夫人和摩德纳公爵夫人共 270 万里弗尔。而就在马扎然咽气前，一心疼爱侄女的舅舅为马扎然公爵夫人结清了一半钱款，总计 60 万里弗尔，并为科隆纳公爵夫人留了 100 万里弗尔。给其余人的具体遗赠则达到了 555600 里弗尔。所有这些钱款均是提前准备好的。在国库空空的情况下，又该如何解释这一大笔现金的来源呢？

接下来的盘点则彻底揭露了马扎然私人财富中最为隐秘的部分。显然，他在分配遗产时并未（给律师）留下任何酬金。马扎然去世时已经给了奥尔唐斯 60 万里弗尔，给了奥兰普 100 万金路易。随后，马扎然留在其余各处的财产也逐一被发现：他在巴黎卢浮宫留下 69650 皮斯托尔及价值 7662051 里弗尔的金路易，马扎然府则发现了 287000 里弗尔，其他地方的保险柜里共有 193 万里弗尔。马扎然的司库皮康家里有 663766 里弗尔。在万塞讷——马扎然触手可及之地——还存有 146 万里弗尔。而马扎然在各省也留下了巨额财富：在拉费尔留下 6 万皮斯托尔；在色当留下 10 万皮斯托尔和价值 110 万里弗尔的金路易，交由法贝尔（Fabert）元帅保管；在布鲁阿日则留下 40 万银埃居，价值 120 万里弗尔。与上述巨额财富相比，罗马教廷的库存则显得十分空虚：账上仅有 37823 里弗尔。这些钱总计 8104794 里弗尔，剩下价值 9705000 里弗尔的嫁妆还在支付过程中。马扎然手头的现金已超过了当时西方世界最大的银行机构——阿姆斯特丹银行！

王国的货币流通受到这种敛财行为的影响。存放在布鲁阿日的银埃居高达 10.9 吨白银，与赠予奥尔唐斯·曼奇尼的嫁妆相当。而马扎然留存在色当的金路易则与 339 公斤黄金等值。此等巨额财产不可能不引人侧目。如马扎然向家族成员支付嫁妆时便雇了后勤和安全保障。再如，英国国王查理二世于 1662 年将敦刻尔克城卖给了路易十四，开价 500 万里弗尔现金。运输款项时动用了 46 辆马车，且均由国王的火枪手来驾车！因此，马扎然的几百万绝不可能瞒天过海的。马扎然还吸取了过往被迫流亡的教训，在巴黎、外省、布鲁阿日沿海处、拉费尔和色当交界处的每一个住所都存放了现金。此外，马扎然担心离去时过于匆忙，还收藏了珍贵的宝石——这些宝石价值连城，体积又很小，足以支撑马扎然在法国之外的地方生活很长时间。

在此情形下，由于知识匮乏，人们总是夸大遗产，甚至创造了闻所未闻的数额。尽管国王陛下的大臣小布里耶纳已提供了很夸张的数字。人们被金银珠宝深深吸引，对其余钱款的议论逐渐减少，但其余钱款的规模及来源其实更令人瞠目结舌：预支给王室 110 万里弗尔；储蓄券和其他可疑的票据面值高达 600 万里弗尔；私人欠条总计 270 万里弗尔，侧面说明马扎然也涉足抵押贷款。马扎然持有的各种票据总计超过 990 万里弗尔。此外，这些契约均于 1658 年之后才生效执行，说明都是最新签订的。就目前来看，尽管马扎然的财富结构与大臣、王公、大领主的财产结构不同，然而我们须考虑到这是一个财政官员的财富，历史上从未有哪一个财政官员的遗产有马扎然的遗产这么多。

科尔贝尔无疑是推动马扎然攀上财产高峰的关键人物，他推断该时期的艰辛将激发人们不怀好意的推测。我们可以理解马扎然对财富转移恐慌不已，并拒绝一切细致的财产清点，在这点上他与财富管理人立场一致。他们利用年轻君主的天真，通过假装捐款的方式将他拉入自己的阵营，明知君主不会接受，从而剥夺了自然继承人的权利。而当路易十四要的不是一份完整的清单，而是一个简单的清点核对时，情况骤变。诚然，科尔贝尔这种编目方式并不能完美地厘清财产，甚至还会造成更为糟糕的情况。但这存在着打开问题之匣的风险。科尔贝尔有一些优势：对管理的审批、说话的分量及对马扎然文件的悉心管理，其中还包括马扎然最私密和难堪的文件。然而，这些盾牌足以抵挡所有的打击吗？毕竟这十年来，科尔贝尔经手之事均操作隐秘，安排精细复杂，为老板洗钱、为老板及自身的名誉而战。简而言之，当不法行为东窗事发后，他又要如何维持无辜的形象呢？

实际上，科尔贝尔并没有什么回旋的余地。彼时，《比利牛斯和约》刚刚签订，因战时人民遭受了太多的苦难，马扎然和法国社会就呼吁减少税收、维护司法公正。在这波煽动群众的浪潮后，这群麻烦制造者被拖入了泥潭。事实上，无论是哪一场危机，幕后操纵者永远都是那一群人：财政家和他们的庇护者——财政大臣。当马扎然财富的性质被揭露后，科尔贝尔也找到了理想的替罪羊：最高财政总督尼古拉·富凯。科尔贝尔开始诽谤他，路易十四的耳朵不是没有听过这类言论。科尔贝尔巧妙地介入富凯一案，避免被对手泼脏水。首先，科尔贝尔为将调查工作重点转移到富凯身上，尽量避免任何惹祸上身的调查。在第二个阶段，为拉拢人心，科尔贝尔着手恢复对手的职务。从此，在王室成员的掩护下，"科尔贝尔王国"悄然崛起，逐渐取代"马扎然王国"遗留的势力；17 世纪 60 年代，科尔贝尔似乎就已勾画好了这一基础的蓝图。但是，在说服君主相信他的计划之前，他必须伪装成可亲可敬的教父，一个无所不能但又十分贪婪的首相。烟幕对把火灾的起因嫁祸于他人总是十分有效的。

＊ ＊

在《为历史而作的关于法国财政事务的回忆录》（1663 年）中，科尔贝尔阐述了危机的情况、危机产生的原因和解决危机的方法。这本书是 1658 年以来科尔贝尔向马扎然汇报的笔记、文件和报告的汇总及自 1661 年起科尔贝尔向年轻国王汇报的记录，主要针对富凯本人、其行为和政策。然而，要将针对富凯的批评放在波旁家族统治下的法国王朝历史语境中，科尔贝尔通过展示王国功能失调来解释政权的运作。科尔贝尔提出了一个在他看来显而易见的观点：财政是所有国家的基石。无论是对外（与他国交战），抑或是对内（治理经济、推动国家发展），均离不开财政。他的前辈们都未体会到这一点，而科尔贝尔持有这一信念直至 1683 年去世。最高财政总督对财政漠不关心，同时代的群众以及如今的社会和历史学家也是如此：究竟他们是盲目还是无能？

科尔贝尔宣称，当一个国家能吸引贵金属并留下贵金属时，它的财政体系就是健全的。在科尔贝尔主义中，贵金属是货币流通和存量的标准。假如缺少贵金属，一个王国或者说一个君主，比如路易十四，就会失去权力和威望。"几乎可以肯定的是，每一个国家按其国土规模、范围采取恰当的治理手段，就足以维持良好的运作；但若要发展，到目前为止，欧洲仅有法国和西班牙有足够的实力和充裕的财政可对外发动战争、开拓疆土。"实际上，这些来自南美的宝藏可以让"区区一个在世界上没有任何尊严的奥地利大公"的后裔宣称要称霸世界。而法国人民自 1610 年起就饱受缺钱之苦，财政的发展也陷入僵局。这无疑该怪罪于管理者：最高财政总督们要么品行不端，闹出大量中饱私囊的丑闻；要么无能，监管之下仍有不少盗窃、滥用、贪污和各种挪用钱款的行为。科尔贝尔甚至认为，缺少财政大臣给国家和人民带来的伤害比财政大臣贪污腐败带来的伤害更大。最高财政总督们普遍不会因诈欺行为受到惩罚，这似乎鼓励了同行人员效仿他们犯罪。每一方面都有大量亏空，以至于财政部门不得不提高税额：1618 年税收总计 2000 万里弗尔，1630 年便增长为 3800 万里弗尔。税收增长伴随着租金倍增、增加抵押品和设立无用职位。

自 1610 年起，情况一直令人不安，1630 年后甚至更糟："最有害的准则"启发了最高财政总督们。科尔贝尔认为这是一种布朗运动，是"疑惑与混乱"的标志，正在扰乱王国秩序，并阻碍了所有改革。他认为以下 8 点尤为不利：1. 设立职位后取消，然后又重新安排；2. 转让权利、酬金或年金，然后取消，又重新安排；3. 对任一产品、生产行为征重税，甚至找借口反复征税；4. 提高包税、军役税后又转让它们，修改已签署的租赁合约，或取消部分合约、重新调整其他合约，以此循环往复；5. 用来年的收入支付当年的费用；6. 借钱花，每年支付的利息占收入的一半；7. 承认会计员、总包税人、买办①和支撑国家的出资人攫取了巨大利益的事实；8. 将特别收入置于普通收入之上。

科尔贝尔十分抗拒算账伎俩，他希望有彻底的变革，尽管他深知"政客"往往提倡墨守成规。事实上，科尔贝尔描述的是财政金融体系的惯例，而这源于军事限制：军队一直阻碍着财政预算和财务收支平衡。波旁王朝和哈布斯堡王朝之间的针锋相对需要动员所有力量，因此，所有其他考量都被搁置。双方军队都动用了所有可利用的资源，冲突仍持续不断，账单日积月累，直至握手言和。即便恢复和平，公共财政依旧乱象丛生，因为最高总督发现其中有利可图。第一个优势是积累财富，招揽可以在王国内养活一个国家的客人。面对高薪，这些忠实的亲友、盟友会不顾一切地支持他们。第二个好处则是他们的职位有必要性，甚至是不可替代的，因此是不可废除的。假如没有他们的担保，出资人就不会将钱委托给国家。

科尔贝尔在经济论证的基础上添加了道德层面的内容：制度借由诱惑扭曲了社会，尤其是被商人的生活深深吸引的穿袍贵族阶层。"财政官员和商人们有极大的便利可以累积财富、开销惊人，加入了王国中最为显赫的联盟。可以说，通过要求（煽动）穿袍官员和更有资格的人支付同样高昂的钱款，破坏他们的道德准则和节俭生活，不知不觉进入他们的事务，随后就是混乱和保护。"

---

① 负责处理王室短期借款和卖官事宜。

　　科尔贝尔对此现象的猛烈抨击体现了对财政官员、对他们的财富和支出，甚至对他们婚姻的一些刻板印象。这些弥漫在法国社会中的成见是对财政官员在财政金融体系中担任角色的扭曲看法。对此，科尔贝尔似乎失忆了一般：他的叔叔尼古拉·科尔贝尔，曾任国王秘书的父亲旺迪埃领主科尔贝尔，堂兄弟圣普昂格的科尔贝尔，盟友巴舍利耶、勒加缪、帕尔蒂切利·埃默里，难道不都属于金钱至上的"小团体"吗？在科尔贝尔针对历史的评论中，他认为在马扎然担任红衣主教时期，时任最高财政总督帕尔蒂切利·埃默里采取了"有害的准则"。但如果说科尔贝尔谴责他们共同提倡的纲领，他又欣赏帕尔蒂切利·埃默里"机智风趣、热爱国家"。的确，帕尔蒂切利·埃默里是科尔贝尔的人，在投石党叛乱刚开始时曾一度失宠。他的亲信维持了这个体系，没有丝毫的变革。科尔贝尔认为，当混乱皆已尘埃落定时，这一系列的最后一个可能会启发他们。不幸的是，1653 年 1 月当国王返回巴黎时，拉维厄维尔已去世了。

　　1653 年 2 月 7 日，塞尔维安、富凯二人就职财政部，科尔贝尔很自然地对此发表了评论。1633 年前塞尔维安一直担任国务秘书，自 1643 年起，他的事业迎来了第二春：马扎然派塞尔维安前去谈判《威斯特伐利亚和约》的条款，该和约于五年后签订。因此，塞尔维安对他忠心耿耿。当塞尔维安每天颂扬国王的伟大和权力时，科尔贝尔发现塞尔维安有适合财政界的"道德规范"。可以说，科尔贝尔几乎忽视了塞尔维安可怖的名声：他被叫作"左右逢源的独眼龙"（monocule ambidestre），即有两只手的独眼人，他从右边掏钱，然后藏在左边！科尔贝尔对富凯则丝毫不宽容，反而更严厉。当然，科尔贝尔认可他的品质和服务，但如果没有他的兄弟、秘密任务的代理人巴西勒·富凯（Basile Fouquet）神父，就会有缺憾。尽管如此，马扎然还是犹豫不决："富凯诡计多端。且他的道德观念尚未规范到可以胜任如此重要的职务……"真的吗？此时，科尔贝尔的记忆力又开始衰退了。若非他请求勒泰利耶加以干预，富凯又如何会成为巴黎高等法院的检察长呢？显然科尔贝尔为富凯美言不少。

然而，塞尔维安和富凯这对搭档有失控的危险：塞尔维安年事已高且多疑易怒，而曾任外交官的富凯年轻有为、善于交际且性格坚毅。商界对他的到来表示欢迎，与此同时，巴西勒神父向红衣主教建议先确定财政部内部的任务，再进行分工（1654 年 12 月）：富凯负责收款；塞尔维安负责支出，即付款。科尔贝尔立刻看出了富凯将来可能利用的漏洞：富凯没有支付任何款项，因而不能负责将资金转移到国王以外的账户上——他的职能是为战争的延续带来必需的资金。但这种说法也可以颠倒过来，"淘金者"（chercheur d'or）靠该职能不就可以操纵最高财政总督的职位了吗？科尔贝尔修改和夸大了此事，以至于很快就有人认为富凯蒙蔽了塞尔维安：塞尔维安批准支出钱款时丝毫不看钱究竟到了哪里以及到了谁手上。

科尔贝尔从此宣称富凯是财政大师、收税官的同伙，"他除了随心所欲、毫无节制地挥霍外，没有任何爱好"。富凯对他们青睐有加，让商人赚钱，但有赖账行为。关于此事的陈词滥调也颇多，人们不禁想到包税人浪费钱财。他们在女人、房产、家具、珠宝上挥霍金钱，"奢侈、豪华到了一个让所有好人都感到恐怖的地步"。因此，攻击的矛头便指向了富凯的奢华。首先，针对富凯的言论详细说明了外在可见的东西——庆典和住所。其次，言论也影射富凯不见天日的勾当：非法融资。科尔贝尔回顾了富凯在建筑上的花销作为"证据"，这种疯狂的热情解释了富凯为何渎职："但令人惊奇的是，尽管花费高昂，位于沃城的房子一建成，富凯就对它产生了厌恶，并命人在美丽岛（Belle-Isle）上大兴土木。富凯的贪得无厌和肆无忌惮的野心总是让他思想更活泛、想得更远，从而轻视了他曾珍视的东西。正是出于厌恶，而非虚伪的慷慨，已故红衣主教在 1659 年的和平之旅时曾在富凯的这处房子留宿，随后在 1661年，富凯如愿以偿地将其献给国王留宿。"

而科尔贝尔深知，在君王眼里，挪用公共资金收购领土比生活奢靡更严重。这一想法令人印象深刻，毕竟这位年轻的君主仍受投石党叛乱及王室分裂的影响。

> 他（富凯）贪婪的野心不止于此：他想让他的兄弟、亲戚、朋友、职员的腰包都鼓起来；他想在王室和教会中的所有职位安插亲信，他因此给出了部分待售的、未被自己人填满的职位的价格；他还想赢得国王、太后和已故红衣主教身边有名望的人的支持。富凯想知道一切，为此，他在达官贵族身边都安插了间谍。而为了实现上述所有庞大、广泛、无边的计划，富凯几乎没有没做过的事。由于国库要为所有这些提供资金，所以，当国王亲政时看到糟糕的现状就不足为奇了。

因此，科尔贝尔将富凯的所作所为描述成"富凯王国"，让人联想起自 1624 年以来控制法国的"黎塞留—马扎然王国"。科尔贝尔作为曾经推动它们建立的一分子，知道富凯和他一样只是车轮上的一个齿轮。为尽快将富凯赶下台，科尔贝尔甚至宣称，富凯买下当作海军和殖民基地的美丽岛其实是为了谋反。这么一说，富凯试图叛变，且已谋划许久！如果真是这样，我们又该如何解释马扎然的视而不见、君主的宽大处理呢？科尔贝尔以 1661 年 5 月 4 日颁布的王室决议为借口，混淆视听。这一天，路易十四构思了一个计划：不再重用和谴责心思不正的人、贪污的人和潜在的叛国者。
这一计划很好。但为何这么晚才推出？又为何要再等 5 个月才实施
呢？动机确实难以理解。但科尔贝尔还是试着找到了一些线索：有
必要麻痹富凯，让他安心，才能使他放弃检察长的职位。否则他还
是受议会管辖，而不是特别法庭：富凯必须被带到那里。因为科尔
贝尔知道在捏造文件以加重指控的情况下，执行命令的法官会比他
的同事更听话、更不计较。

　　计划开展的速度和一件事再次发生的速度一样快。富凯被引导
相信他管理的部分资金将用于解决公众的紧急需求。富凯果然落入
陷阱。1661 年 8 月 11 日，富凯以 140 万里弗尔现金的价格出售检
察长一职给他的朋友阿希尔·德·阿尔莱（Achille de Harlay）：其
中，40 万里弗尔偿还给巴西勒神文，100 万里弗尔归国王，另外还
有 100 万给了万塞纳。路易十四心花怒放，他和科尔贝尔说："一
切都按计划进行，富凯已经自投罗网了。他甚至和我禀告将把他卖
掉官职的钱都拿去储蓄。"我们已谈了许多关于富凯的天真、自
信、热爱幻想，但富凯也知道这两年关于他的谣言，我们又该如何
解读他的态度呢？一方面，富凯像马基雅维利一样会算计，他必然
会察觉这个陷阱；另一方面，富凯又是一个完美的糊涂蛋，并不会
起任何疑心。除非他的行动不是视情况而变，而是看义务？八年
来，富凯一直这样行事，向国家奉献自身和自己的财富。客观上，
富凯被君主欺骗，这无疑是因为他喜欢吹嘘拍马，他也喜欢做事。
但富凯的虚荣心并不等同于君主的虚荣心，路易十四的虚荣心像喜
马拉雅山一样高，这点从他的统治风格可见一斑。如今这场愚人游
戏中，最后的赢家无疑是科尔贝尔。

　　计划的剩余部分都推进得十分顺利。布列塔尼三级会议将于 9
月召开。国王、朝廷上下以及全体政府官员都将参加开幕式，所有

人都去了南特。南特之行使富凯远离了家人、支持者和朋友，但他
此时靠近美丽岛的"强大的基地"，这是富凯计划在不走运时的权
力基地和闭关处。为防止富凯朝这个方向逃跑，9 月 5 日，昔日的
最高财政总督被拦下，他的得力助手均被逮捕，家人和亲戚被软
禁，财产也被扣押，包括在圣芒代的住所和在沃城的城堡。最后，
美丽岛被充公，没有任何抵抗。逮捕富凯的日期是经过慎重考量
的，恰逢路易十四的诞辰：年轻的君主刚刚 24 岁，这种极具戏剧
性的姿态标志着集所有权力于一身的法国国王的诞生。根据 1661
年 3 月的评论："剧院的面貌已悄然改变"，君主的演技令人佩服：
这是第一次，但绝非最后一次。此次较为困扰的是，逮捕富凯的剧
本并非出自路易十四之手。

事实上，科尔贝尔为彻底扳倒富凯做了两年准备。这十年来，
科尔贝尔几乎每天都在暗中观察年轻的国王，明白如何将一个酝酿
已久的决定归结于亲子关系。手握马扎然文件的科尔贝尔热切期待
着查封富凯的文件。科尔贝尔无疑可以利用这些文件占据有利地
位，君主之前及以后都不会知道文件内容。从这一点上看，科尔贝
尔以黎塞留为楷模：他以国王的权威为掩护，推行个人政策，同时
假装是国王授意他这么做。终于，科尔贝尔可以启动碾压对手的齿
轮了。处决富凯对科尔贝尔及其前导师米歇尔·勒泰利耶都意义重
大。如今已不再是吉斯公爵挥剑出击或安克雷元帅持枪射击的年代
了：暗杀必须找一个合法的借口，这就必须设立一个权威机构以适
当的形式给出判决。对此，科尔贝尔也安排好了一切：针对富凯的
审判开始了，对他的判决也早已安排就绪。

第八章
假借正义之名

9月9日，回到了枫丹白露宫的国王和科尔贝尔着手财政改革。15日颁布的条例详细描述了变革的主要内容。由于科尔贝尔在过去的6个月中亲自起草、拟定、修改大纲，这项工作进行得很顺利。行文中认为改革要遵守一直以来宣扬的"秩序原则"。17个条款中的第一条就废除了"最高财政总督委员会及其相关职位"。马扎然去世后，国王希望独揽首相之权。富凯被捕后，国王也希望亲自打理财政。在担下这些责任后，国王便需要一个理事会的协助，即财政议政会（conseil royal des finances），它将所有忠心又有能力的臣子聚集在一起。同一天加入的有4个人：为首的是公爵维勒鲁瓦元帅，然后是国务参事兼财政经理艾蒂安·达利格尔、国务参事亚历山大·德塞夫（Alexandre de Sève）以及财政督办官让-巴蒂斯特·科尔贝尔。他们是被委任的，因此随时可能被国王撤职。这一财政管理的变革也反映了科尔贝尔的大纲，但表现出的却是国王亲自操刀规划。国王的意志和能力加强了君主-首相的架构。这一切都与其宣称的"世界舞台"，即未来行动的新舞台相匹配。而此时，科尔贝尔发现自己只是辅助者，而非策划的灵魂人物：作为理事会的成员，科尔贝尔控制财政及不久之后的整个国家的现实和重要性仿佛被这种显而易见的分权掩盖了。当务之急是根除失势的敌对力量，科尔贝尔采用黎塞留的方法除掉了拉维厄维尔。为此，科尔贝尔向正义法庭，即专门惩处犯贪污罪的会计和财政家的特别法庭求助。这是一个君主制政体管理国家的司法工具，它具有社会-政治层面的意义。

* *

正义法庭于 1661 年 12 月 3 日召开，然而它只是一系列负责惩处失职人员的特别司法机构的一部分。这些机构最开始针对的便是那些大人物，如 1313 年的昂盖朗·德·马里尼（Enguerrand de Marigny）、1433 年的雅克·科尔（Jacques Cœur）和 1524 年的桑布朗塞。严格来讲，他们的案件与其说和财政有关，不如说是彻头彻尾的政治案件。在这个长期陷入贫穷漩涡的王国里，那些帮国家挺过金钱危机的最高财政总督却常常受到不公正的对待。一旦危机解除，最高财政总督的个人成就往往被窃取，因为他们招人嫉恨。比如针对他们的判决总是提前写好的——罪状的严重程度必须和成功的高度相匹配——诉讼的过程也经常充满了不合法的程序，一些保住了脑袋的被告人不是提前离开就是惊心动魄地逃亡。1624 年流亡海外的拉维厄维尔便是活生生的例子：他逃离法国，直至十九年后黎塞留入土之时才返回。事实上，这些案件的结果往往是政治清算，当权者往往将运作不良的财政金融体系藏在一个财政大臣虚假的罪状后。

16 世纪，正义法庭处理的案件层出不穷：1563 年、1577 年、1580 年、1584 年和 1597 年都有案子。正义法庭处理案件的范围也逐渐扩大，不再只针对那些重量级人物，还包括他们的所有或者部

分下属。在 17 世纪的前几年，开庭的速度甚至也加快了：1601
年、1605 年、1607 年都有开庭。对某个人的起诉总是被掩盖在对
另一个替罪羊的控诉中：那便是实业家。1614 年，三级会议要求
召开正义法庭，但这一请求直到十年后才实现。投石党运动初期，
圣路易法庭①由各大法院的代表组成，他们提出正义法庭应该每十
年开一次，但这个提议不久后便夭折了。正义法庭再次开庭已是
1648 年 7 月，此时国家面临破产，由于缺少合适的法官，正义法庭
并没有发挥作用。

　　1661 年，科尔贝尔再次采取了广受好评的手段。此外，为了
更好地打击对手，他将那些针对他的起诉混入那些针对包税人以及
他们的亲信、同伙的起诉。小道新闻对这一盛况议论纷纷，显然是
一次针对君主制的宣传。但这些拙劣的写手提醒着臣民，无论罪犯
有多大的权力，这位新国王都会将他们绳之以法，将仁慈留给受害
人。与此同时，富凯倒台、"令人可怖"的武装政变、逮捕特税征
收员（maltôtier）和那些万民唾弃的"吸血鬼"等事件接连发生，
路易十四的君主威严也因此不断提升。然而，正义法庭对于那些支
持它的人也不是毫无风险的：具有追溯力的本质让它可以重启那些
尘封多年的案卷。因此，对大法官及遴选大法官的控制就显得至关
重要。尤其是科尔贝尔还划定财务操作的审查范围从 1635 年战争
开始到 1661 年富凯被捕。将近三十年！因为要逐一核对战争的所
有款项，这项大工程要求极致的细节，肯定要花很长时间。此外，
正义法庭持续的时间也越来越长：1601 年持续了 13 个月，1648 年
持续了 50 个月，然而做不成任何实事。内乱使得司法程序停滞不
前。一般说来，搜查工作会持续 6 个月到 24 个月不等，包括路易

_____

① 圣路易法庭（la chambre de Saint-Louis）于 1648 年 6 月成立。

十四退位结束统治的 1716 年也是如此：搜查很快，甚至有点马虎。但 1661 年的正义法庭是一个例外：法庭持续了将近八年时间，差不多开到 1669 年 8 月。这在很大程度上是由于科尔贝尔的支持。

起初，这台"镇压机器"的登场反映了示威的政治特征：复兴的君主权威。君主希望通过颁布法令、发布宣言，举国推行，从而为臣民伸张正义，使臣民的事务能有条不紊地进行。由于张贴的布告不足，于是在每一个十字路口和每一个教堂里都宣读了该消息。一般开始于主日布道时，并在宣读罪行检举命令书时还会重申。受命在这种机构中任职的法官均是法官团体中的顶梁柱。正义法庭的会议由大法官塞吉耶主持。但由于塞吉耶年事已高且身患重疾，只能时断时续地主持着，法庭审理的指导权便落在巴黎高等法院第一任庭长纪尧姆·德·拉穆瓦尼翁和第二任庭长亨利·德·内斯蒙（Henri de Nesmond）身上。辅佐他们的还有财政问题专家费利波·德·蓬查特兰（Phélypeaux de Pontchartrain），他同时也是巴黎审计法院的第一任院长。接下来则是审理长：贝纳尔·德·勒泽（Besnard de Rézé）、布舍拉（Boucherat）、勒菲弗·多梅松（Lefebvre d'Ormesson）、蓬塞和沃伊森（Voysin）。科尔贝尔的舅舅皮索尔在大法院任职，而舒瓦尔（Chouart）则被屈索特·吉索古（Cuissotte de Gisaucourt）取代。各法院之间还会提供支援。在巴黎法院任职的有布里亚克（Brillac）、卡蒂纳（Catinat）、法耶（Fayet）和勒纳尔（Renard）；外省则有马斯诺（图卢兹）、弗朗孔（格勒诺布尔）[随后被拉博尔姆（La Baulme）代替]、迪韦迪耶（波尔多）、拉图瓦松（第戎）、勒科尔米耶·德·圣埃莱娜（鲁昂）、拉弗利斯·德·罗克桑特（艾克斯）、艾罗（雷恩）、诺盖斯（波城）。勒泰利耶·德卢瓦（梅兹）后被费里奥尔取代。巴黎审计院派遣了穆西（Moussy）和勒·博叙-勒若（Le Bossu-Le

Jau）。二者于 1663 年因不称职被遣返；间接税法院则有勒费龙（Le Ferron）和博桑（Baussant），后因不适合于 1663 年 12 月被解雇。负责提出指控的检察长奥梅尔·塔隆（Omer Talon）在司法界名声赫赫，他既是国王的官方发言人，同时也是科尔贝尔的非官方发言人，1663 年被沙米亚尔（Chamillart）和奥特芒（Hotman）取代。最后隆重登场的是法院的书记员约瑟夫·富科（Joseph Foucault），他在其中扮演了一个至关重要但不十分光彩的角色。

正义法庭拥有相当大的权力，可以传唤它选择的个人，包括那些能够逃脱常规开庭审理的特权人士。它下达的判决可被直接执行，罪犯没有上诉的权力。鉴于其成员手握的特权和声誉，我们不禁期待法庭的独立性和客观性。诚然，司法界的人常常对财政界人士冷嘲热讽，虽然这些话不一定能反映他们之间的真实关系，但司法界人士很珍惜自己拥有的足够的自主权，他们可以拒绝任何干涉，无论这种干涉来自哪里、是否有利于被告。实际上，各方势力——当局政府、穿袍贵族、财政界和精英之间的关系都会对审判产生影响。此外，正义法院的行动范围十分有限。由王室委员会（commission royale）任命的地方法官受到严格监督：这些法官都是选拔出的最优秀的法学家，都是具备"深刻理解国家的利益"资质的热忱之人。其中，科尔贝尔指定了一批具有明显偏袒性的官员：年迈又缺乏独立性的塞吉耶和粗野且愚钝的皮索尔，但他们都遵照科尔贝尔的指令。政府对此了如指掌，将根据事态的转折毫不犹豫地进行干预。

国王，应该说科尔贝尔，多次表现出他的"不耐烦"。因此，当 1663 年审判陷入僵局，被告逍遥法外时，他敲打法官们应当履行职责。由于过于偏袒被告，第一任庭长拉穆瓦尼翁被罢免；随后，检察长奥梅尔·塔隆因"未采取猛烈的攻击"也被开除。情况已经足够滑稽了，因为奥梅尔·塔隆以"天性严厉以至于常常采取不利于国王的措施，他在这种场合下的表现应该会令人钦佩"著称。他似乎是该职位的最佳人选：他在巴黎高等法院担任与富凯一样的职务，富凯此前在该职位上表现出众，而且整个巴黎都知道塔隆并不喜欢富凯。科尔贝尔对他非常失望。于是，科尔贝尔安排亲信沙米亚尔和表弟奥特芒替代了塔隆之职。此外，科尔贝尔在层级较低但依然至关重要的机构——法院书记室中也安插了自己的亲信富科，与家务总管贝里耶（Berryer）一同工作。此外，法院还被告知贝里耶将会见法官"传达尤其符合国王利益之事"。在工作中，贝里耶抹去了一些文件，又捏造了另一些文件，而富科则帮忙掩盖了这一切。这件事完全在科尔贝的掌控之中，谁又想得到会出现纰漏呢？

* *

据检方称，逮捕富凯后进行的调查收集了大量确凿的证据。科尔贝尔有条不紊地命人检查富凯的储蓄账户和任职期间的文件，以证实他的罪行。检方在富凯府邸、他的下属及他的朋友迪普莱西-贝利埃（Duplessis-Bellière）夫人处搜查到的所有文件都被分类存档。此外检方还清查、分析了各储蓄国库司库的记录，以找出因满足富凯的要求而破产的会计。针对富凯的指控可以说是基于彻底清晰的调查。检方不惜代价查明一切，因为被告人涉嫌挪用公款和危害王权两大重罪。假如搜集的证据证实了这一切，富凯就会脑袋不保，毕竟每一项罪行都会将他送上断头台。富凯太早了解他的权利以至于忽略了最后判决才是目的。富凯也清楚科尔贝尔——他称为"他那边的"——想彻底铲除自己的想法。双方之间的斗争是不平等的，结果也是可预料的。斗争更是难上加难，因为富凯被这番突如其来的羞辱震惊了，所以反应迟缓：他甚至不知道自己被指控的罪行。恢复清醒的意识后，富凯才绝望地奋起反击，拆穿阴谋、指认陷害他的人。

针对富凯贪污公款的指控主要涉及以下 8 点：1. 为了获得偿还资格而发起不必要的虚构贷款；2. 同意国王预支他自己的钱，而他作为资金的拨款审核者本身无权这样做；3. 将国王的钱与自己的钱混为一谈，并出于个人需求挪用钱款；4. 用不同契约出面人的身份在包税所合约中骗取收益，并以低价金额从国王那里购买税款和财产；5. 向那些想以好价买入包税所合约的包税人索取钱财；6. 高价买入已失效的票据，再按面值当现金用；7. 从运营良好的资金中向包税人支付高额现金，购买被取消的合约，由此贪污巨款，有损国本；8. 开展损害国王利益的交易，将所得收入消耗在不良开支中。

针对富凯的控诉有 96 条罪状之多，后经负责报告的法官勒菲弗·多梅松审查后，归纳出十几项，大体分为三类。第一，富凯每年针对几个税收项目征收的钱款：全国盐税，以及朗格多克和多菲内的盐税；间接税、波尔多车船税、进口税以及家畜税①。第二，欺诈性收购王室应收税款，如糖税、蜡税和在朗格多克贩卖廉价商品征收的税。第三，以不同人的名义向国库预支款项，其中有些人并不存在。富凯从中赚取大量钱财，更别提他贪污的 600 万里弗尔和交易来的各式假令状了。检察机关从科尔贝尔处接手富凯案后，又提出了两大证据。一方面是与富凯直接相关的证据：

---

① 没找到谈及家畜税（le pied fourché）的中文文献，有资料说这个税是针对像牛一样脚分叉的家畜征收的进口税，故此处意译为家畜税。

他名下拥有数不清的巨额财富、生活奢华、挥金如土，还砸了不少钱去投资。另一方面则来自证人：提供证词的人从高高在上的财政家到单纯的职员。随后，从富凯本人及其亲信的住所中搜出的文件更是坐实了此前还未盖棺定论的罪行。而富凯从一开便对搜查的合法性和信件的真实性提出质疑。

实际上，富凯更担心自己被指控犯下危害王权罪，毕竟检方在富凯圣芒代府邸中的一面镜子后搜出了滑落的亲笔文件。这封亲笔信的内容广为流传，更是坐实了科尔贝尔近两年来散布的谣言以及科尔贝尔之前泰龙的报告：假如这些文件可信，富凯就是个潜伏已久的叛乱分子。这份起草于 1657 年春、完稿于 1658 年的文件不是针对某一种特定的场合，而是对应着一种常态，即红衣主教的恒久要求：

> 主教大人天性多疑，常对他人有不良印象，尤其是地位崇高、受人尊敬之人。他天性叛逆、善妒，总以不可思议的谨慎和诡计与人周旋，而这些人往往在国家事务中占有一席之地。此外，当他不再需要那些为他提供服务的人时，就不再承认他们曾提供的服务。这也难怪每个人都对此十分震惊。对我来说更是如此：他过于频繁地、不加掩饰地倾听说过我坏话的人发言，他很信任他们且给了他们很多机会，但他没考虑过这些人的素质、背后利益以及对他自己造成的伤害。这些"敌人"不可避免地被潜在的机会吸引，从而使树敌无数的最高财政总督名誉扫地。除了通常随财政服务而招致的仇恨和嫉妒外，最高财政总督仅仅是抽取个体利益为君主服务罢了。

科尔贝尔在这篇文字中窥见了一个投石党人的迹象；富凯

表现得有点疯狂，是一个由他对马扎然的气愤创造出的"怪物"。实际上，这封信仅仅是为劝阻他个人的对手而写，并未出现任何诋毁国王和国家的言论。他写道："这条指示依然是无效的，它仅在我手脚受缚、无法与真正的朋友来往的情况下才勉强能用。"但我们必须承认，这种剑拔弩张的关系并没有持续下去；因为并非仅富凯一人经历过，所有与马扎然对话过的人，包括科尔贝尔，都或多或少地这么想过！究其原因，还是因为主教的贪婪、卑鄙和极度自私。事实上，富凯的心态与马扎然手下其他的最高财政总督的心态无异：即使在战争最为激烈时，马扎然依然将他的财富置于首位。富凯的辩护论据则包括解释国家的运作模式以及揭露科尔贝尔的阴谋——足以摧毁他所谓的"新"提议：这下，科尔贝尔可能会被降格为麻烦制造者。

* *

科尔贝尔自设立了这个能彻底压垮富凯的司法机构后，便希望迅速结案。被告人受到某项特殊程序的牵制：富凯只能在法律咨询或查阅文件的帮助下就每项指控自证清白，这实际上侵犯了被告者最基本的权利。富凯就此提出异议，由此被批准寻找咨询且能够搜寻证据；接着，他在父母、朋友及与其关系密切的虔诚党的支持下准备、打磨辩护词。由此，富凯便可将辩护词传播至普罗大众，意图让所有人了解案件的事实和经过，而这都是富凯的政敌和科尔贝尔绞尽脑汁想要封锁的。

鉴于圣芒代的信是真的，危害王权罪非常严重。富凯对此也进行了反击。之所以被归为叛乱行为，是因为富凯购入美丽岛后将其建成海军基地，王国由此受到威胁。据悉，购买该岛本是马扎然的主意。马扎然本想接管该岛，但中途改变了主意。于是，富凯便想将该岛打造成商业港口，用来接待贸易船只。毕竟富凯的父亲曾是黎塞留的海上事务顾问之一；富凯家族也与许多政界家族一样，以布列塔尼为基地，一直从事海事、商业和殖民活动；而他本人也是船商，但很遗憾莫尔比昂（Morbihan）湾附近缺乏港口基础设施。在黎塞留这位航海最高大总管的眼中，港口基础设施是必不可缺的。至于岛上的枪炮，众所周知，是因为普通商船也与那些会打劫的商船一样，装配有武器。

科尔贝尔曾为了马扎然在欧尼斯当船商，跟富凯在布列塔尼一样，前者也预感到了美丽岛开发后的危险。而科尔贝尔想要延续黎塞留的方向，坚持其经济计划中的创新点，重点发展海洋、海运和殖民地。在这两点上，富凯很可能已占据了上风，由此挑战科尔贝尔的地位。此外，科尔贝尔还效仿黎塞留废除了蒙莫朗西的海事政策，称富凯为叛乱分子，试图让他名誉扫地。司法大臣塞吉耶就此事询问富凯。但富凯并未落入陷阱，他机警的回答让塞吉耶无力反驳。

> 我一向尽职尽责、效忠于国王。当国家最重要的职责部门被敌方势力盯上时，我一直承担最为重要的职责，并主持会议。在蓬图瓦兹，我开展了重要的谈判，并使王国重归平静与安宁。然而，某个人的女婿以及更亲近的一群官员却打开了国王委托给他们的城市的城门，迎接西班牙人入内，直至王国腹地。此举才是真的置国家于死地、弃王室于不顾。这才是真正的叛国罪。

司法大臣的女婿苏利公爵不就是投石党的一员吗？难道不是他

将芒特让给了西班牙人吗？被刺痛的塞吉耶只能放弃利用将芒特交给西班牙的危害王权罪来审讯富凯。

实际上，富凯自己也承认，圣芒代的事的确是个错误。它侧面说明了富凯因在战争最后几年担任的职位尤为突出而承受了来自权力中心的压力：这位最高财政总督费尽心思地寻找赢的机会，努力保住地位，避免被政敌取代。因此，1656 年秋，泰龙的科尔贝尔将帕吕欧伯爵的职位传给了表弟。但假如他洞知他表弟的野心，则会从一开始就阻止这一切。法国元帅菲利普·德·克莱朗博准备让自己的人出任最高财政总督！这再次印证了军方与财政界之间的密切联系。菲利普·德·克莱朗博元帅恰恰来自这个把控了王国实权的政治小团体。帕吕欧伯爵的封地原本位于吕松的主教辖区，后经红衣主教提拔，从而进入该家族。克莱朗博家族先是"黎塞留王国"的一分子，后又效忠于"马扎然王国"：其兄弟吉尔伯特先前是马扎然府的人，后来去了普瓦捷主教府；菲利普则在贝里大败国王的军队。为此，国王将之前属于孔代家族的这个外省的总督权和总监权赐予了菲利普。菲利普成婚时年纪已大，妻子是国务秘书沙维尼长女安妮·布蒂利耶。这桩联姻加强了他与"黎塞留王国"的联系。新婚妻子带来了 40 万里弗尔嫁妆，足以为日后菲利普踏上财政大臣之位铺好路。

实际上，是这位女子做了一个正确的决定。元帅给了他们 113 万里弗尔，其中 527000 里弗尔一半是债券，一半是现金。作为一个备受尊崇的军事家，元帅为其政府任职开展了多项财政行动。他也是博诺兄弟在盐税包税所的主要出资者之一：1659 年至 1660 年，他投入 252000 里弗尔。1665 年他去世时，他的资产总计为 220 万里弗尔，其中包括 171000 里弗尔的债权、177000 里弗尔投入盐税的资金、6000 里弗尔的印度公司（la Compagnie des Indes）

股份，更别提价值 32000 里弗尔的银器和 113000 里弗尔的存款了，这是他作为实业家的两个证明。即便元帅未能实现梦想，但他证明了第二等级在王国财政中扮演的角色：他们虽未吸引到因收税致富的"仆从"，但吸引了贵族中最顶层的人。让我们顺便关注一下科尔贝尔扮演的角色：他每日都与马扎然来往，这使他成了"国王制造者"。然而，危害王权罪的指控非但对科尔贝尔的计划没有帮助，反而阻碍了计划。这皆因为富凯挖出了马扎然和他的管家费尽心思想要掩盖的事情。而且，这些事与年轻君王的光辉形象背道而驰。总之，计划彻底失败。

针对挪用公款罪，检方通过调查富凯下属（其中部分是储蓄国库司库）名下众多但混乱的账户，利用了整体观察和光鲜表象。从这众多信息里必然能找出指控富凯的证据。奥梅尔·塔隆十分肯定富凯经商时还是一贫如洗：在花光自己和第一任妻子的财产后，富凯还要借 30 万里弗尔才买得起巴黎高等法院的官职。奥梅尔·塔隆还强调富凯在沃城的巨大开支：约 500 万至 600 万里弗尔。然而，富凯在高等法院每年领到的俸禄仅有 25000 里弗尔。由此可见，富凯没有老实交代自己的财务状况。尽管富凯一直大呼冤枉，却掩盖不了他极其富有的现实。富凯说自己已破产，虚报自己的财产和债务，欺骗法官。实际上，引用来源和数据混乱且自相矛盾，值得商榷。总之，它们与那些被迫展示信用，否则就要恐吓向国家预支款项的人的正常流动相对应。

检方重点关注包税人的证词及富凯的文档，试图从中找到可以击败富凯的证据。各项指控的相关审讯记录绝大部分都留存归档。这位沃城的调查法官对某些证词提出了抗议，怀疑其真实性甚至是可能性：毕竟检方的倾向性太明显了。事实上，有几位"证人"已经或即将锒铛入狱，因为他们是迫于压力才作证的；而其他

"证人"则与科尔贝尔关系匪浅：他们的证言则是事先说好的。法庭不允许传唤显要人物，因而审判更显偏颇。然而，他们的名字却与复杂的行动相关，或者出现在纸条上，因为是缩写，所以很难解读。这些人既有瓦尔德（Vardes）侯爵、雅尔（Jars）司令、帕尔蒂娜（Palatine）公主、孔代亲王、雷斯红衣主教、蒂雷纳子爵等，也有贝里耶——科尔贝尔的家务总管，以及……科尔贝尔给他贷款20万里弗尔。更严重的是，从法律上讲，后者并不能干涉调查和审判，于是科尔贝尔借由贝里耶之手进行干预：他要求贝里耶伪造储蓄记录，并在书记员的帮助及皮索尔法官的担保下增加或划去名字。

由于最高财政总督的问题，法国盐税事务概括了此案的含糊之处，更确切地说是揭穿了矫饰。1656年，拍卖勒努瓦（Lenoir）的租约之际，两家公司提出了申请：其中一家是吉拉尔丹兄弟的新公司；另一家则是博诺兄弟统治了包税所二十五年的公司。最终的结果是，两家公司共同成立一家新的公司接管该租约。在确定每个人应持有的份额时，皮埃尔·吉拉尔丹告知其余合伙人，一位神秘的股东希望退出，返还12万里弗尔。最终，合伙人接受该请求，并起草了支付这笔钱的合同，并将其委托给了中间人皮埃尔·吉拉尔丹。随后，皮埃尔·吉拉尔丹也宣布退出新成立的公司，但他的弟弟克洛德还在。包税人每年缴钱时都未进一步调查受惠者的身份。转变出现在1658年。富凯召见了其中一名股东夏特兰，向其承诺并询问该公司是否还在盈利：在租约还生效的时间内，钱款均如期支付。1659年底，租约中断。至此，1660年后则不再有租金入账。

而这个已经很久没被谈起的租约又再次浮出水面，它就在富凯被搜查出的文件中。手握该租约文件，加上勒努瓦租约包税人的证词，检方对拿下富凯志在必得。富凯并未否认持有该文件的事实，只说这份租约是马扎然为付清之前所欠款项抵押给他的，一旦款项结清，租约文件就将归还给马扎然。这就解释了为何富凯并不清楚租约的源头，却质问夏特兰租约的有效性。若非如此，富凯不会这么做。富凯此番回复十分聪明，此外，他还将众人的目光聚焦在重提该约定的方式上：在圣芒代的第一次搜查并未提到该文件。如此重要的文件怎么可能逃得过监察员的手心呢？这么危险的过期两年的合约又怎会被富凯保存下来呢？而且恰恰就在马扎然文件的唯一保管者科尔贝尔一次临时拜访之后被发现。富凯注意到没有一个被质询的包税人声称或影射该年金与他相关。富凯甚至读了一封夏特兰的信，他在信中坦白自己不得不屈服于压力在庭审时"好好作证"，对此良心不安。鉴于信上没有签名，这封信未被采用（为证据）。

富凯由此提出另一个抗辩点：为什么传唤的是 1656 年在场的包税人，而非克洛德·吉拉尔丹？毕竟后者对其哥哥的生意了如指掌。检方无视这个问题。当一位顶尖文书官提出刮掉租约的背面①便可以得知该文件到底属于何人时，同样的事件再次发生。科尔贝尔到处宣称这份文件就是富凯的，而皮埃尔·吉拉尔丹是他的银行家。此番说辞在科尔贝尔好几篇文件中反复出现。这无疑是一个精心策划的谎言！科尔贝尔十分清楚，吉拉尔丹兄弟自投石党叛乱以来就效忠于马扎然。他们起初是间接税的总包税人，后成为盐税和马扎然教会收益的总包税人。吉拉尔丹兄弟的名字出现在马扎然私人账户的底部。甚至由于这个原因，当孔代亲王意图在马扎然最珍视的钱上做文章时，就命一个副手巴尔贝齐埃（Barbezières）去绑

---

① 此处提议刮掉租约的背面，因为当时主要是用羊皮纸，刮掉一部分后纸变薄，就能透光看到写了什么。

架这些财政家。皮埃尔·吉拉尔丹被抓后几个月在安特卫普去世。这是一个再明显不过的谎言。科尔贝尔心里很清楚，1656 年契约的出面人西蒙·勒努瓦正是皮埃尔·吉拉尔丹的职员，他甚至在吉拉尔丹府邸中留宿。而科尔贝尔曾雇用他作为代理人两年，作为红衣主教私人事务的代表。至此，所有的线索都指向一点：这份租约是马扎然的。

自 1663 年起，某些法官开始摇摆不定：来自马扎然的阴影和科尔贝尔的施压变得过于显眼。的确，富凯的政敌们——科尔贝尔、勒泰利耶和翁代德伊——长期以来见证了马扎然的各项行动，作为遗嘱执行者的他们为了避免马扎然卑劣的行径被曝光，要搞垮富凯。然而，除了富凯之外，还有另一个遗嘱执行人：纪尧姆·德·拉穆瓦尼翁。他虽不是马扎然的心腹，却清楚马扎然贪污了公款。他也知悉科尔贝尔的勾当和他误传假消息。主持庭审的恰恰就是拉穆瓦尼翁！科尔贝尔怒火中烧：他不仅将拉穆瓦尼翁的敌意看在眼里，同时还留意到拉穆瓦尼翁对被告人富凯的仁慈，甚至让虔诚党在首都广泛传播富凯的辩护词，因为拉穆瓦尼翁是该党的领导者之一。于是，第一庭长"以职务之名"被请走，让他回到了巴黎高等法院。

富凯甚至提出了一个更有力的论点。既然科尔贝尔和检方都声称财富和腐败正相关，那不如将他的资产与马扎然的资产做比较。现今，因禁止清查遗产的条款已失效，国王同意草拟财产清单。然而，检方拒绝了这个本可以将一切大白于天下的提议。从逻辑上讲，检方应接受该提议，因为它可以揭露最高财政总督令人震撼的巨额财产与不比财产少的花招。确实，马扎然的遗愿成为科尔贝尔言论的一大担保：国王相信他，史书也接受了他的说辞。不过，最好还是查一查。最好比较一下最高财政总督的财产与马扎然手下各位财政大臣的财产。因此，十分有必要比较于 1659 年离世的塞尔维安的资产与 1661 年起接掌财政大权的科尔贝尔的财产以及马扎然的资产。然而，估算资产困难重重，因为财产信息的来源不一致，且并不总是包括数字。后续随着交叉比对文件，获得了相当准确的报表；自然，随着新数据的不断出现，情况也随之变化。如果我们将一个人的财富定义为资产（即个人在特定时间的所有财产）和负债（即这个人的所有欠款或负债债券）之间的差额，结果将令人大跌眼镜，足以推翻科尔贝尔先前的言论。

结果是，富凯的资产状况正如他朋友沙尼表示的那样，个人资产共计 1550 万里弗尔，与负债相当。富凯曾向沙尼借款 30 万里弗尔以供其孩子吃穿用住。1998 年，即笔者得出结论后的第十年，让-克里斯蒂安·珀蒂菲斯（Jean-Christian Petitfils）提出了不同的估算：富凯的资产总额上升到 1800 万里弗尔，负债金额保持不变，仍为 1620 万里弗尔，于是有 180 万里弗尔财产。笔者在此不深究产生这种差异的原因，还是认为富凯在被捕时已经破产或接近破产。笔者对富凯是否留下 180 万里弗尔持保留态度。要知道，塞尔维安离世后留下了 230 万里弗尔；克莱朗博这位恶习不改的商人留下 200 万至 220 万里弗尔。那科尔贝尔的资产情况又如何呢？1661 年时并未公布他的全部财产。他的财产包括土地（价值 494500 里弗尔）；财政参事会秘书和国王秘书官职（价值 543500 里弗尔），假如财政参事会秘书的职务完全归属于科尔贝尔的话则还需加上 45 万里弗尔；国王的税务票据（17 万里弗尔）和个人的年金（378000 里弗尔）。因此，科尔贝尔的个人资产约为 160 万里弗尔，而这仅仅是估计的最低金额，因缺少与动产、银器还有现金的有关数据。科尔贝尔十分钟情贵金属，也热衷于"小额储蓄"。他的负债最多为 65500 里弗尔，余下的钱将用于购买土地。粗略估计，科尔贝尔的个人财富在 160 万到 200 万里弗尔之间。因此，无论是采取珀蒂菲斯还是笔者的估算方法，富凯的资产情况都是最差的，最好的情况也在正常水准之下。简而言之，他并非科尔贝尔描述的富翁。

事实上，财产反而给科尔贝尔带来了问题。因为在 1648 年他成亲之际，科尔贝尔的个人财产要少 15~16 倍：他从未收到他父亲应允的财产，只收到了他岳父许诺的嫁妆的一半（5 万里弗尔）。幸运的是，他还有 5 万里弗尔的积蓄。除此之外，1648 年至 1661 年，科尔贝尔没有继承任何遗产，为马扎然工作也没有固定收入。因此，假若有突然暴富的情况，或者按科尔贝尔的表述来说——"可疑的资产"，那不是最高财政总督的财富。他必须敛收大量资产来确保有足够的贷款维持王国运转。而科尔贝尔的情况并非如此。作为一位严谨的历史学家，让·维兰指出："这一时期的支出大大超出已知的资源。"即使是讨厌科尔贝尔的人也没有反对这一点。然而，支出与收入的缺口太大，并非几个修道院的收入或优渥的奖金就能填补。因此，必须假设科尔贝尔的实际收入与记录在案的收入有差距。与科尔贝尔同时代的一些人对此也产生了疑惑。那些最不怀好意的人毫不犹豫地指出："他为了中饱私囊而采取了不正当的手段。"那么，有道德的科尔贝尔是否与管理者科尔贝尔相矛盾呢？

不过，若论谁的资产问题最为可疑，当属马扎然。他的财产富可敌国，确实需要掩藏起来。马扎然留下来的资产超过 4100 万里弗尔，负债为 140 万里弗尔。由此可见，马扎然名下资产的盈余是巨大的。比起它的规模，更让人吃惊的是获得如此庞大资产的速度。马扎然在不到八年内就已经有了名下这些资产的绝大部分，其中王室的赠予、奖金、抚恤金和各种捐赠的比例不超过 15%。比起积累财富的速度，更令人称奇的是马扎然拥有的货币数量。1661
年 3 月，马扎然拥有的现金储备合 810 万里弗尔，而他为心爱的马
扎然家族成员准备了 430 万里弗尔现金，其中 160 万里弗尔支付了
奥尔唐斯·曼奇尼嫁妆的一半（价值 60 万里弗尔）和"科隆纳"
的全部嫁妆（价值 100 万里弗尔）。此外，还需加上价值 4424000
里弗尔的贵重物品和总计 1000 万里弗尔的各类债券。总而言之，
这笔财富的数额不可估量，其来源也讳莫如深。从这一点来看，马
扎然让黎塞留黯然失色，毕竟他积累的财产是黎塞留财产的两倍
（黎塞留的资产为 2000 万里弗尔）。

这些钱经红衣主教管家的手不断地流向马扎然，而管家也在文
件中如实记录了每一笔钱款的去向：这些资产都被很好地隐藏起
来，无人知晓究竟去了哪里，甚至路易十四也一无所知。马扎然除
了每年的职务俸禄、土地租费和教会收入外，还有其他金钱来源：
林业经营者、船商、军火商、各种投机者、王室税务特别是盐税的
受益者，还有参与欧尼斯和吉耶讷地区的征税、典当薪俸、权力寻
租（trafics d'influence）、兜售官职和收取贿赂而受益。"鲨鱼"和
"印头鱼"狼狈为奸，恬不知耻地利用战争时期国家财政金融体系
失调大发"战争财"，并且不只他们。直至目前，由于年轻的国王
治理经验不足，这两帮人还在逍遥法外。假如庭审的结果是判处富
凯死刑，那么科尔贝尔便能永远逃脱法律的制裁：对于一个已经把
自己想象成世界主人的君主来说，富凯是一个可接受的官员。然
而，结果并非他所愿：从长远来看，这可能会破坏他的改革计划。

由于庭审辩论的拖沓，最清醒或最诚实的特派法官都对这场政
治审判的模糊不清和自相矛盾有所察觉。1664 年 12 月，在正式宣
读判决之前，负责宣读结果的勒菲弗·多梅松写信给各位同事透露
了结果。他首先介绍了调查显示的结果：证据薄弱、手段不规范、

调查漏洞、可疑的证词以及伪造的文件。危害王权的罪名也不成立，因富凯并没有叛乱。至于挪用公款罪，富凯确实有玩忽职守和违反规定，但形式大于实质：在严峻的年代允许行政规则出现一些变动。于是，多梅松重启被告方的论点，但没有坚持到最后，否则马扎然也有罪。由于陷入了审判的根本矛盾，宣读审判结果的多梅松态度也开始倾斜："红衣主教大人依靠一个任何人都可以滥用权力的准则管理着战争、海军和军火的相关费用。最高财政总督因急需资金，自以为可以罔顾规章制度。"实际上，指责富凯时，多梅松也强调了财政金融体系的停滞和腐败，而这一切在持续时间较长的战争中是无法避免的。尼古拉·富凯并未创造这些，相反地，他在当时的情况下已经尽可能地管理它，尽管他的敌人总将这些问题归咎于他。多梅松并不愿或者不能将马扎然和科尔贝尔绳之以法，因此他只能继续在雷区中前进：谈到了富凯大肆铺张、过于奇特、十分可疑的开支。这是一个独特的论点！然而这些都不能成为富凯犯了挪用公款罪的证据，因为都是花的私人财产，并非王室所有。此外，也没有证据表明这些钱款来自资助。因此，这两项指控被打破了，建议的判决有所妥协：

　　那么，被告人是否会被认定为无罪呢？绝不是。但鉴于证据并不完整，且富凯此前当外交大臣的时间相当长，难免不懂规矩，也不知道他会引起极大的混乱，虽然他在某种程度上是无辜的，这成为被告解释许多事实的辩护借口。他（多梅松）认为，出于所有这些考虑，有理由宣布被告受了一些影响，在财务领域和作为最高财政总督工作时存在滥用职权的行为。为此，以及因审判而产生的其他问题，（应）下令将富凯永远驱逐出王国，终身不得返回，个人所得均充公。充公前从富凯的

财产中取走 10 万里弗尔，5 万里弗尔给国王，剩下 5 万用于
多行善事。

这番说辞有多处细节。实际上，多梅松为保住富凯的脑袋为其
开脱不少，但在形式上狠狠责备了他，以不拂科尔贝尔和国王的面
子。此外，多梅松还狠狠斥责了伪造文件的贝里耶，这表明多梅松
并未被愚弄。但多梅松也两面不得罪：他并未破坏马扎然的名声，
由此也没有坏了前任财政督办官立下的规矩。在随后的几天内，包
括科尔贝尔的舅舅皮索尔和法庭庭长塞吉耶在内的 9 名法官都赞成
判处富凯死刑，另外 12 名法官则认可多梅松的判决。于是，尼古
拉·富凯成功逃脱了科尔贝尔布下的天罗地网。这对科尔贝尔来说
无疑是被打了一记耳光，也直接断送了他获得权力的道路。这对年
轻的君主来说更是一大羞辱：国王希望重罚富凯的证词比比皆是。
而现在，一个特殊的法庭挫败了他的计划！这质疑了绝对君主制的
近乎全能。判决一出，路易十四就动用了他的特赦权（droit de
grâce），但改变了方向：他将流放改成了终身监禁。富凯将在皮涅
罗尔要塞度过余生，这是法国最偏远、守备最严密的监狱。这个反
应与统治者应该遵守的公正原则相抵触，给路易十四亲政之路开了
一个不好的头；这本非他打算扮演的角色，但他的决定却给了科尔
贝尔执行其计划的机会。撇开表面，君王并不是此案的真正受
益者。

第九章
罪与罚

除掉富凯以外，正义法庭还将奠定一个新世界的基础：科尔贝尔根据"秩序准则"提出的理念。这一理念有着圣经式的简朴：以往，奢侈、劫掠和享乐即是一切；而如今新的奥古斯都和贤臣要实行账目透明化、预算规范化和高效的管理，以此清除腐败丛生的"无序准则"的遗毒。通过一番善恶分明的表态，科尔贝尔重塑君主财政权的威望，即君主固有的权力。正义法庭的工作是为日后用法律和经济手段厘清账目做准备。然而，历史学家在研究王室预算和执行情况时遇到了重重阻力：无论是波旁王朝还是之前的王朝都没有统一完整的国家收支体系。当时负责该项政策的最高财政总督和主要司库（特别是储蓄国库司库）除了一些零碎的记录外，没有留下任何档案，因而也无法量化种种趋势。

因此，几乎无法估量法国在与西班牙的战争中造成的损失、年度赤字和累积的债务：唯一能确认的是这是个天文数字。更不可能确定每个因素的比例。诚然，正义法庭通过听审1635年至1661年的包税人，收集了大量资料。然而，工作结束后，存放在审计法院的这些资料却未能留存下来。毫无疑问，从直接税、间接税和给特别事务的拨款中诞生了成千上万的合同，但除极少数合同外，相关账目都消失了：有几条法令与马扎然有关。留下来的都是私人记录，如勒菲弗·多梅松就曾作为报告人在对富凯的审判中提交过一些数据，以及原法庭书记官富科在富凯案中编写的专栏，其中涵盖了富凯案中所有伪造的文件。

从上述资料中，我们可以提炼出一些特定的信息，但不能从中得出受罚的财政家的名单、罚款数额和收缴率、部分罚金取消或减轻的大概情况。财政参事会档案（Arch. Nat., série E）填补了些许空白：由财政总监科尔贝尔及其合作者起草，这些案卷后被摧毁。然而，这些案卷既没有具体说明纳入国库的金额，也没有详细列出包税人个人交纳的费用。长久以来，这些"老油条"用出面人和私下协议的形式来隐瞒参与了某些事的做法屡见不鲜。历史学家基本可以证实这类做法的存在，但无法查证其确切规模。尽管如此，正义法庭还是点明了国家核心的真正运用方式，即财政和科尔贝尔的一些政治方针。

* *

设立于 1661 年 12 月的正义法庭颁布的法令规定了其职能："调查 1635 年以来王室财政中的滥用和腐败行为。"授命之后，正义法庭正式审理案件，任命多名协助法官的抄写员、书记官和秘书。鉴于事务繁多，正义法庭很快又增派了辅助人员，雇用了助理[1]在各省展开调查。1661 年，152 名法官在巴黎的正义法庭做出一审判决，就在正义法庭内部上诉，他们一致认为寻找财政系统中

---

[1]　助理（subdélégué）的翻译参考黄艳红《法国旧制度末期的税收、特权和政治》，第 48 页。

的实际参与者困难重重。于是，调查在十分戏剧化的背景下揭开了序幕：一方面，必须要拘留那些试图通过逃逸、烧毁文件、隐藏资产等行为来逃避审查的包税人；另一方面，要从舆论角度大力宣扬这次根除财政问题的决心。科尔贝尔在给总督沃伊森的信中直接表明了自己坚决的态度：

> 先生：
>
> 陛下并不希望正义法庭的主要成就是给能逃脱（惩罚）的罪人定罪和收回钱款，而应该是惩罚那些被雇来征收无论是普通款项还是特殊款项，但压迫其属民的人。陛下命我以他的名义给您写信，他希望您事无巨细地调查过往弊病，日后才能防止个别人产生问题，也是以儆效尤。同时要向民众公示，陛下不仅从未默许上述敲诈勒索的行为，而且希望通过警戒性的惩罚措施使他的子民永远地摆脱这种暴力……

法令和王室逮捕令使得整个社会人心惶惶：贪污和挪用公款将会判死刑，欺诈也将面临高额罚金。为阻止犯人隐瞒财产，1661年9月出台的声明宣布禁止雇他人出面签订契约。同时对公证人开展调查。次年，正义法庭令他们出示布瓦莱夫、布吕昂（Bruant）和卡特朗（Catelan）等被起诉的包税人签署的合同原件。夏特莱公证人行会理事（syndic）对这一明显违反保密原则的行为提出抗议，但未果。从沙普兰那儿学到的知识，科尔贝尔早已烂熟于心。他通过查阅储蓄国库和财政参事会的登记簿来辨别每次财政活动的参与者，但这颇有不便，尤其是战争年代的财政活动，他只得要求包税人公开自己签署的合同和相关合伙人，违者处以拘禁。包税人和省级总征税官必须提交公司的登记簿和账目。最后，为了杜绝财政家采取防范措施，他们鼓励检举揭发，告密者——举报主人、亲人、朋友和邻居的"优秀臣民"——可领取罪犯罚款的六分之一作为奖励。

然而，为了不让正义法庭被铺天盖地的告密案淹没，国王提前赦免了那些主动承认错误并上交赃物的贪污分子。然而，陛下仁慈或近乎乌托邦式的大赦几乎没有用：为了逃避法律制裁，多数包税人选择保持沉默，并企图隐瞒事实，混淆国家事务和个人事务。这些观望主义者也面临被捕的可能，因为他们随时都有可能被他人揭发，随后被绳之以法，受到严酷责罚。然而，他们并未惊慌失措，而是镇定地留在国内：在首都就低调行事，在外省则享受平静的退休生活。显然，他们无论如何都不至于走上断头台，所以国外并没有任何吸引力，离开法国就意味着一无所有。

政府制定的策略有两大不同的组成部分。一方面，全力追捕财政家，将他们献祭给人民的怒火、法官的嫉妒和贵族的蔑视，最后被锁起来和砍头。一般就是这样！另一方面，在法庭的幕后，调查更针对财产而非个人。为何？因为随着调查的深入，相关人员、社会条件和财政机遇使事件网愈发错综复杂。包税人只是税收系统中的一环，其幕后推手另有其人。因此，在打入了这个复杂体系之后，他们坚信此次围捕不会是一场虎头蛇尾的持久战。对他们而言当然如此！

法官们因为公开追捕财政家、鼓励检举已不堪重负。他们优先处理两个问题：首先，审阅账目，若账目正确则降低给予出资者的初始利率；随后，调查滥用行为，如果其性质和程度已经明晰，则提出指控。法庭规定给包税人的折扣不能超过六分之一，包税人应上缴超出部分。而对于预付款的税率，法庭暂未给出准确规定。法律定为 18 德尼（5.5%），但是个别特派员出于某些原因表现得更为宽容。他们提出，包税人以较高的利率借款是因为资金紧缺又急着为王室服务。因而，他们想出一个折中的方案：给储蓄国库司库和可证实借款数额的总包税人的折扣降为 14 德尼（7.1%），给省级总征税官和包税人的折扣降为 12 德尼（8.3%）。因此，很公平地，国家充分利用了自身权威，向财政家施压，正如国家依赖他们的信用时做的那样。

随着调查的推进，法官们揭露了与财政金融体系走向权力中心相伴而生的大量非法交易。对富凯的审判已经牵连到了公共财政的管理层，他们被指控挪用公款非法获益，这些指控有的证据确凿，有的是栽赃陷害。除了在逃的布吕昂和古维尔（Gourville），与富凯联系紧密之人都站在了正义法庭的被告席。他的属下雅克·安普鲁·德·洛尔姆（Jacques Amproux de Lorme）、保罗·佩利松（Paul Pellisson）和夏尔·贝尔纳（Charles Bernard）均锒铛入狱。不久之后，财政界的精英也出现在正义法庭上：储蓄国库司库让南·德·卡斯蒂耶（Jeannin de Castille）、盖内戈、贝特朗·德·拉·巴齐尼埃（Bertrand de la Bazinière）、财政参事会秘书卡特朗、额外收入司库克洛德·吉拉尔丹以及尼古拉·莫内罗。他们最后均沦为阶下囚。然而在审讯过程中，富凯案的问题再次上演：财政金融体系的内幕浮现出来，它不再是传谣者、走狗仆从或卑劣包税人的问题，而是手握财富、执掌权力、有头有脸的大人物的问题。推行财政透明化的科尔贝尔因此腹背受敌。

* *

仔细核查账目后，过去因无序造成的违法行为无所遁形。1661年至 1665 年，法官审阅了财政人员的档案，希望为混乱的局面带来一丝清明。他们还严格审查了储蓄国库的登记簿以确认预算拨款的合法性；并查明了国库中存疑的票据、证券和资金的重新分配行为以及没有合法证明的国库资金使用情况。正义法庭召集了盐税的总包税人和省级总征税官，要求他们针对缴纳的部分款项做出解释。为扫清疑点，法院还要求包税人出示现金账簿和契约，借此找出他们所在的公司和使用的出面人，这也是证明其经营合法性的唯一途径。储蓄国库档案表明，一些名不见经传的人，即包税人的傀儡，收到了多笔巨款。储蓄国库司库也受到了指控，因为他们登记账簿时的宽松作风导致了资金流失。盖内戈不得不承认自己弄虚作假、挪用了上交给国王的贡金，并销毁了部分记录来掩盖罪行。

法官还发现，自愿变更的票据加上退款比现金支付的拨款命令上写的数额要高出一大截！简而言之，负责此事的官员无视行政规则，玩忽职守：效力于马扎然的商人赫尔瓦特担任了财政总监，财政参事会秘书卡特朗继续参与合约。这些职务均不可兼任，或者说是完全违法的。这些人假借军粮供应商之名挪用公款，在军备的掩护下盗取了惊人的利益。出于此原因，法官仔细核查了他们的账目。1662 年 12 月，他们又严格审查了布瓦莱夫、格吕因·德·博尔德、雅基耶（Jacquier）、勒布朗（Le Blanc）和卡泽（Cazet）等人的工作，他们在 1648 年至 1660 年都是大人物。

调查的最后，法官对这些案子逐一做出判决。特税征收员的罚款逐渐累积，数额之大令人咋舌。引起的连锁反应直接动摇了国家财富的根基。为了控制财政家，科尔贝尔没收了他们的财产，王室成为优先债权人：他还冻结了他们获利最高的证券，命令他们尽快将非法收益上交国库。在正义法庭和财政参事会的档案中充斥着扣押令：家具、珠宝、银器、现款通通流入国库。职务被收回出售，房屋、土地由领地拍卖。在科尔贝尔的铁腕之下，法官们猛烈打击了资产最为丰厚的包税人：克洛德·布瓦莱夫失去庞蒂耶夫尔（Penthièvre）公爵爵位、莱津尼（Lézigny）侯爵爵位、乌尔默（Oulmes）和戈诺尔（Gonnors）男爵爵位、塞尔吕松（Cernusson）和拉庞马迪埃（La Pommardière）的领主权、普莱西斯－伯弗罗（Plessis-Beuvreau）和邦托（Ponthault）的土地、拉克安布里（La-Queue-en-Brie）、卡纳瓦莱（Carnavalet）府、巴黎的两处住宅、昂热的一处住宅和国王秘书的职位，更不用说利息和房产了。这一阶段，正义法庭似乎已圆满完成使命：财政家不仅遭到检举，甚至戴上镣铐。他们无异于经历了一场劫掠，甚至是勒索。他们任政府宰割，手脚被绑起来，他们投降了。正义法庭肃清了财政家体系。它比前代机构工作的时间更长，已达四年。然而，1665 年 12 月，事情发生了转折：科尔贝尔开始向行政部门渗透来加深自己的改革，这也是摆脱"马扎然王国"，向"科尔贝尔王国"转变的第一步。

* *

1665 年 12 月颁布的法令赦免了会计、包税人和其他财政家，他们不仅免于诉讼，还能以纳税为条件拿回被扣押的财产。纳税的数额和具体内容由科尔贝尔决定。实际上，此举是民心所向，且早已有人预料到了。因为此前政府一直在与出资者谈判，政府在昭示权威后必须让未来的放贷人铭记：违背规则就会彻底失信。科尔贝尔想要建立一个可以长期存在的法庭，利用它来整顿财政。科尔贝尔计划的主要内容均公之于众：要减轻债务就意味着降低年利，全面或部分管控相关税费（间接税、入市税、领地税）；集中管控总包税所，缩小规模来减轻税收压力；消灭部分或全部公共债务（年金公债、票据、补助金），最终实现增加货币储备的目的。这一系列措施都在规范的国家预算拨款准许下进行,彰显了君主执政之初的威信。然而,法庭少见地延长工作时间并不只有裨益,最终怕会适得其反。

实际上,国王作为第一债权人需要优先还他的欠款,这影响了整个社会。因为财政家实际上被剥夺了大部分财富和最能获利的证券。然而,根据他们自己的供词,上交国库的预付款的一大部分源于他们向公众提供的抵押贷款,当中很多都是以年金公债的形式认购的,抵押土地、房屋、公职,总包税人则抵押包税所的本金。此外,王室甚至以完全合法的手段榨取了个人债权人的财产。法庭的调查以及针对富凯的诉讼表明国王的信用与特税征收员的信用无关,而与被委托收钱的社会精英的信用有关。这些阶层不仅有共同利益,还有稳固的关系,即以族内通婚为基础的联姻。根本上,政府与行政、司法与财政之间的交易源源不断。这种社会平衡一旦被打破就会颠覆政权的政治根基。马扎然的巨额财富和讳莫如深的态度恰好证明了这一点。

出资者究竟是何人?是腐败的包税人,还是孔代家族、大臣如克洛德·布蒂利耶、议员如弗朗索瓦·德·内斯蒙等血亲亲王?这些人将自己和亲属的钱财都交给了盐税收税官。他们从间接税、入市税、进口税中牟取暴利:正义法庭揭露了一些贵族侵占国王持有的盐税的行径,如奥尔良公爵、马扎然、路易·富科元帅、多尼翁(Daugnon)伯爵等。从财政家手中聚敛的财产成了他们给女性亲属的嫁妆的一部分,而这笔可观的嫁妆能助她们跻身第二等级。而在当代人看来,阶级联姻的做法令人不齿。科尔贝尔将财政家的财富充公的政策正是问题的根源。最开始,精英阶层对他严厉打击的做法拍手叫好,可一旦自己的利益受到威胁,他们便放软了口气,恳求宽大处理。

熟知各种资金筹集手段的科尔贝尔打算利用与 1665 年大赦有关的税。因为正义法庭的法官们已经回到自己原本所属的机构，被迫退隐或流放边境的"坏选民"除外。获准全权负责的科尔贝尔立刻带领人员投入行动。审查罚款期间，他在课税中发现了"被宠坏的系统"的问题：征税的等级、内容和付款时间根据与财政家的关系好坏而有差别。在他的主持下，王室特派员有了专门收录交易票据的税册。部分税金以现金的形式交纳。另一部分税金则是以职位的形式——因无法支付而被免职或转让给科尔贝尔家族之人，或以债券的形式——年金公债、储蓄国库票据等交纳。如此，国家就无法偿还债务，相当于无声宣告破产。接下来的几个月里，受政策和社会所迫，科尔贝尔残暴对待了一部分人，而对另一部分人予以宽容。后者受益于或多或少的税收，显然是因缴纳所用的票据有所贬值。

正如预期的那样，由大臣任命的收税官负责征收罚金。而事实上，征收罚金是与某位"皮埃尔·德·尚帕涅"的协议（1665 年 10 月 25 日）的一部分。涉及金额高达 1.1 亿里弗尔！交付方式也值得关注：200 万里弗尔立即交付，2000 万里弗尔于五年内分期交付，3800 万里弗尔以储蓄国库票据或其他形式的财政票据交付，5000 万里弗尔以年金公债的形式交付，各项税款和其余证券由特派员清算。这是旧制度时涉及金额最大的合同。令人惊讶的是，科尔贝尔一口咬定昔日的财政已然终结，尤其是对某些特别事务的处理方式……但是，无论从总额还是从参与者的角度，此举都展现了他渴望实现财政重组和经济重建的决心。我们将在后文揭晓"科尔贝尔王国"的支持者们扮演的角色。总而言之，科尔贝尔通过征税调整了财政人员的构成。

然而，据传与富凯交好的 18 位财政家均未获得赦免：他们被判罚 2350 万里弗尔，实际交付多达 6000 万里弗尔。储蓄国库司库贝特朗·德·拉·巴齐尼埃被判处 1426000 里弗尔的罚金，折换成税金为 400 万里弗尔。他的同事、富凯夫人的姻亲，让南·德·卡斯蒂尔被判罚 1118000 里弗尔，折合税金达 800 万里弗尔。他的另一位同事盖内戈强烈反对将罚金折算为税金，因他的 116 万里弗尔罚款折算后变成了 500 万里弗尔！在富凯的亲信中，对古维尔和卡里埃（Carrières）家族的布吕昂的处罚带有明显的政治色彩。得知富凯被捕后，布吕昂潜逃，古维尔藏了起来，后逃至边境。整个审判过程中，两人因缺席庭审被处以死刑，并分别被重罚 70 万里弗尔和 100 万里弗尔。二人自然也不在大赦名单之列。然而他们很快就奇迹般地东山再起了，没有付出任何代价。更神奇的是他们洗脱罪名后还能在国外执行外交任务——这恰恰证明富凯案中两人或许起了反面作用。

此外，总是有友好（虽然这么形容可能不太贴切）的解决方案。例如，马扎然手下最大的军粮供应商雅基耶被罚 3105500 里弗尔，折合税金达 800 万，但他归顺了科尔贝尔并支持他的经济和财政政策，因此获得了晚交罚款的机会，此举令他免受诉讼和司法扣押之苦。科尔贝尔与他续订契约直到他离世。幸运的是，次年，即 1684 年，雅基耶就去世了，从而免受诉究。然而本不属于该群体的艾吉永公爵夫人和多尼翁伯爵也受了处罚。科尔贝尔乘势展开了新的调查。由此产生的重大的政治和经济影响为他实现计划做了准备，也帮助君主强化了绝对权威。

* *

1662 年 9 月 15 日发布的声明规定税款、职位的买主和赎买、偿清年金公债的人必须向国库退税。这一声明重申了 1648 年和 190 1652 年的法令针对发行年金公债交易和设立相关官职的内容：利用这些已贬值的票据进行的投机活动对公共财政造成了损害。最早一批年金公债可追溯到 1617 年，由于新的年金公债不断发行，它的市价持续走低。这个过程一开始很纯粹，最终却出现了一些复杂的营利性筹集手段。理论上来说，通过包税所或者军役税发行的年金公债都要有一笔固定的资金专用于偿还债务、抵押和转让。但由于战争，国家无法支付规定的金额，只能偶尔支付，票据也因此失去了价值。为了稳定价格，政府号召包税人赎买年金公债，这是签订新契约的强制要求。实际上他们以 3～4 德尼的低廉价格购进了公债，但合同显示的却是原始价格，通常是 14 德尼（7.1%）。这就意味着价值 1000 里弗尔的年金公债本金为 14000 里弗尔，因贬值以 3000 里弗尔或 4000 里弗尔的价格被收购，但是仍以发行价 14000 里弗尔记录。因此，在国家的担保下，商人回收了已发行的票据，其中很多已经可以忽略不计。

让·瓦利耶（Jean Vallier）在日记中详述了一个大家耳熟能详的布勒托维利耶（Bretonvilliers）夫人的故事，她在第二次婚礼的前一天溘然长逝：

> 她下定决心要与布农维尔（Bournonville）公爵结婚，虽然她比公爵年长得多。但这并不是因为这位年轻佛拉芒逃亡者的出身或者他与法兰西的利益长期密切相关，而是因为不想按照国王规定交纳二三十万里弗尔。因为她的（第一任）丈夫 191 以最多 4～5 德尼的价格购买公债，但要以 14 德尼的价格偿还给储蓄国库。很多处境相似的人都要在十五年甚至二十年内付出高额代价来弥补国王个人事务带来的亏空：由此产生了一种滑

稽可笑的解决方式——嫁一个年轻的丈夫来偿还年老丈夫的债务。这种方法便捷而巧妙，无须掏空家底就能偿还大笔旧债。

实际上，起诉包税人滥用资金和挪用公款的行为和起诉个人年金公债非法交易都是基于同一原则。如果两者并行，那是因为前者只涉及商人，而后者涉及包税人和完全不属于征税机关的群体。投石党运动后，年金公债赎买成了问题核心，托马·博诺对此举的性质提出了质疑，并说明了这种做法为何不可避免。这些赎买的税费被转换为年金公债的形式。

此类年金公债以及其他年金公债都是以 9 德尼或 10 德尼为基准重购的，然而并不是付现金。当债权人被强迫向陛下借款时，需现金交付约定金额的四分之三，剩下四分之一以年金公债（以 14 德尼为基准）的形式交付给陛下。这样做，陛下就无须支付借给他的钱以及以实际的德尼数预支给他的款项的利息，还免除了为此追回指定分摊金额的花费。那些恳求的人从某种意义上说仍然是陛下的债权人——如果付完了约定款项，他们就能拿回 15%，前提是陛下当时的所有贷款均已妥善处理。

与回收税金一样，归还税款是两个连续的特别事务条约的一个目标。出面人路易·德马（Louis Demas，1664 年 5 月）和托马·布里亚尔（Thomas Brillard，1664 年 12 月）不知何时把其他人藏了起来。这些参与者与特派员通力合作：后者要求的归还税款带来了大量诉讼。科尔贝尔运筹帷幄，在其舅舅皮索尔，兄弟马丁和奥特芒、心腹蓬塞、拉雷尼（la Reynie）和达利格尔以及参政院的朋友塞夫和布勒特伊的帮助下，工作开展得有条不紊。被布里亚尔索要巨额款项的"受害者"自称是无辜的：他们本不知道这些做法会受到谴责。然而他们的身份值得科尔贝尔重视。这些被害者何许人也？法兰西世卿艾吉永公爵夫人，她是黎塞留最疼爱的侄女；大法官艾蒂安·达利格尔；谢弗勒斯公爵夫人；于米埃尔（Humières）侯爵路易·德·克勒旺（Louis de Crevant），他是波旁地区的总督兼总监；前最高财政总督埃菲亚元帅的遗孀，玛丽·德·富尔西（Fourcy）；菲耶斯克（Fiesque）伯爵；马扎然的姻亲侄子拉梅耶雷元帅公爵，他是前最高财政总督，后成为马扎然公爵的继承人；审计法院庭长米歇尔·拉尔谢（Michel Larcher）的继承人；拉罗什富科主教的继承人；前财政总监及巴黎高等法院荣誉庭长勒内·德·隆格伊；帕利埃（Pallières）男爵，奥地利的安娜的管家安托万·德·罗贝克（Antoine de Robec）；甚至还有法兰西司法大臣兼正义法庭庭长皮埃尔·塞吉耶。

经过数年的财政搜捕和清理，1669 年来公开的众多诉讼案或赦或罚，都彰显了君主的绝对权威。路易十四绝不姑息贪污者的守护神富凯。但也有些例外的幸运儿，例如达利格尔的继承人们。此外，艾蒂安二世将像他父亲艾蒂安一世那样担任法兰西司法大臣。但目前他还是负责管理赎买年金公债的委员会的一员。他和其他共同继承人显然无须归还税款。屡教不改的前阴谋家谢弗勒斯公爵夫人同样享受了宽大处理。埃菲亚元帅夫人只需赔偿一半。马扎然公爵则完全无须赔偿父亲要归还的税款，布列塔尼酒饮税①除外。拉

---

① 布列塔尼酒饮税（impôts et billots de Bretagne）是布列塔尼地区针对酒饮征收的税，18 世纪时的税费为每大桶外国红酒收 22 苏 10 德尼，每大桶啤酒、果酒和布列塔尼产的红酒征收 11 苏 5 德尼。详见 https：//www.inumis.com/shop/bretagne-etats-de-les-impots-et-les-billots-1641-1002950/。

罗什富科公爵的继承人也享受了同样的优待。与整个家族被淹没在年金公债的非法贸易中的正义法庭庭长一样，他们都因长期而出色的工作而免于赔偿。

世卿黎塞留公爵阿尔芒-让·德·维涅罗是黎塞留的小侄子，他是一个颇有趣的例子。由于他的叔叔侵吞了年金，布里亚尔将他告上了法庭，公爵向时任财政总监科尔贝尔控诉可憎的布里亚尔向他索要 50 万里弗尔。这可如何是好？阿尔芒-让手头拮据，如果失去这笔钱，哪怕少给一些，他都将食宿堪忧！他还提到了马扎然，当莫内罗兄弟依照合约向他索要 10 万埃居（合 30 万里弗尔）时，马扎然曾为自己说情。彼时听了他教父的一番言辞，国王念在他勤恳工作和身为主教遗产继承人的份上就宽恕了他。况且王室已经收到了 50 万埃居（合 150 万里弗尔）、一橱柜的镀金银器、一颗价值连城的钻石、红衣主教府（后成为王宫）和 8 套完整的家具，还有拉罗谢勒名下至少 24000 里弗尔的年金公债。就算国库亏空，还有 11 万里弗尔预付款可以填补。鉴于他已走投无路，公爵希望当局（主要是科尔贝尔）能够伸出援手使他免遭破产。财政参事会考查了他的情况，满足了他的要求……

对财政家的处理则更为谨慎。1667 年，布里亚尔又针对托马·萨巴捷的遗产索赔 2025000 里弗尔。萨巴捷曾经担任特别收入司库，且是科尔贝尔青年时代的早期雇主之一，1641 年他陷入破产。但是特派员声称萨巴捷的遗产继承者们借大法院推事亨利·德·比利翁之手隐瞒了资产的真实情况，因此特派员希望查阅有关文件。1674 年布里亚尔又向路易·贝托（Louis Bétault）和于格·贝托兄弟俩分别索赔 1545000 里弗尔。令所有商人都感到愤懑不平的是：熟悉诉讼程序的人限制了收回资金，迫使需要资金的国家进行谈判。结果要么是向老天爷妥协，要么是向科尔贝尔妥协，这不禁使人对税款的确定性和归还税款的金额产生怀疑。

1665 年 11 月，布里亚尔要求相关人员归还非法的以进口税总包税所的利益发行的年金公债。但是皮耶纳（Piennes）侯爵夫人弗朗索瓦丝·戈代（Françoise Godet）提出抗议：她的第一任丈夫洛奈（Launay）的让·格拉韦（Jean Gravé）是合伙人之一，但他一清二白。如果特派员经调查得出与之相反的结论，她愿意交纳要求归还的金额的 5 倍。特派员们做出了公平的决断：包税人和他们的继承人共赔偿 34 万里弗尔，按比例分配。侯爵夫人一分钱也不用出。多奇怪！因为让·格拉韦是马扎然麾下最重要的财政家之一。从 1636 年到 1650 年，这位布列塔尼人担任了司库兼省级总征税官，还曾任国王秘书，随后又担任外省审计法院院长。1639 年至 1655 年，作为 32 项特别事务的买办，他利用奥尔良的财政总收入放贷，并参与收缴了布列塔尼酒饮税。从 1641 年直到 1655 年去世，他一直担任进口税总包税人。这是一份很活跃的财政工作。所以他的遗产被判罚 1602700 里弗尔。然而他的遗孀却逃避了所有的捐税。这要如何解释呢？

弗朗索瓦丝·戈代又嫁给了皮耶纳侯爵安托万·德·布鲁伊（Antoine de Brouilly），此人为国王骑士团骑士兼皮涅罗尔总督，富凯长期在这里贪污。职责所需，布鲁伊也许对富凯的作为有所耳闻，因此他对科尔贝尔很有帮助。法官和特派员之所以态度宽容还有另一个更加重要的理由：弗朗索瓦丝·戈代是科尔贝尔承认过的朋友，他十分尊重她。此外，他罕见地直接介入了对侯爵夫人产生了密切影响的司法问题……

因为有了整顿税收和匡正方向的行动，在对包税人进行诉讼的过程中才能吸引和留下一些包税人，他们之后才能持续支持科尔贝尔。不够灵敏的人在马扎然去世后则受到了清算。博尔德家族的两兄弟布瓦莱夫·莫内罗和格吕因·莫内罗因此销声匿迹。雅基耶至死都受到严格管束。克洛德·吉拉尔丹是哥哥皮埃尔·吉拉尔丹的助手兼合伙人，他则在效忠和被除掉之间：按照当时的习惯，两兄弟在一些亲戚的帮助下控制了马扎然的部分资源。1651 年至 1660年，两兄弟与他们的合伙人及代理人共同参与了科尔贝尔策划的筹资活动，兄弟俩负责实施。他们之间达成了某种协议。皮埃尔·吉拉尔丹去世后，克洛德·吉拉尔丹取而代之；晋升后他离特别储蓄司库的位置又近了一步。1661 年他甚至当上了财政督办官：正如一众巅峰时期的财政家那样，他决定购买官职。唉！他做了件不可饶恕的蠢事：选择和富凯站在一边，这招致了科尔贝尔的怨恨。克洛德·吉拉尔丹从未想过曾和他共事的上司就是他的敌人，他天真地希望能躲过这场风暴：

> 先生，如果不是我被司法机关和债权人要求这么做，我宁愿为您献出我的生命也不愿因为利益请求您帮助我。这都是事实，并不是为了激发您的同情，在您为我求得决议后我深信您的仁慈能为我换取陛下的宽容，以此为担保，加上我之前还付了 20 万里弗尔给瑞士人。

> 但是由于增加了新条件以及对包税所的裁定，判罚无法进行。因此我恳求您宽宏大量，劝说陛下考虑一下我谨遵大臣（富凯）指示交纳的钱的用途，我也会向您交纳同样的数目。

> 我这么做是为了国家最重要的支出，没有任何利益，也没有转移对我有利的资产。

> 为达此目的，我调动了所有的财产和全部的信誉，如果我不能使自己免受司法机关的影响，我就不能保全我的信誉了。如果他的事务不允许他处理或者延迟这件事，请发发善心马上

告诉我，我好采取行动，放弃我拥有的一切来助我摆脱针对我的诉讼，并保留我有的、比世上的一切都要更喜欢的一点正直……

一周后，克洛德·吉拉尔丹仍然不知道发生了什么，还指望科尔贝尔替他担保：

先生，我正面临着巨大且紧迫的困难，若是得不到陛下的宽恕，我怕是很快就会向痛苦屈服。我借了超过 240 万里弗尔来支付为陛下服务而产生的开支。因无法按照我曾在储蓄国库承诺的期限还款，我已被起诉并判罚。您迟迟不执行给我的判决，这让我的债权人心灰意冷，我得放弃财产和人身自由直到我偿还欠他们的全部款项。若是我这条命还能够贡献一二或偿还些许，我乐意在这痛苦的境地里放弃它，我毫不自大地说，如果我有兴趣，我可以为自己争得一些荣誉和补偿。昨天您仁慈地答应我可以向陛下说情。先生，我以上帝的名义祈求您记得这件事，另外，若是陛下怀疑您说的或写的任何事情（我无意否定任何人），我以最后的庄重祈求陛下给予我呼唤的公正，看在陛下的仁慈和您的善良的份上，请务必替我说情……

有了科尔贝尔的"帮助"，克洛德·吉拉尔丹在财政上无异于被判了死刑。他被没收财产后银铛入狱，法庭判他为自己和兄弟支付 1223000 里弗尔的罚金，一个共同判决将其转化为 800 万里弗尔税款。被榨干了钱财后，他苟活度日，然而难以维持生计，只得在 1669 年离开巴黎。逃往罗马后，他在黑暗和穷困中苟延残喘，直到 1680 年去世。不够机敏的财政家雅克·德拉丰（Jacques de La

Fond）和拉福雷的雅克·西尔韦斯特雷（Jacques Sylvestre de la Forêt）也在这场风暴中被击垮。正如科尔贝尔在富凯案中的所作所为，他铲除了所有知道"马扎然王国"的运作方式和他在其中所处重要地位的人。

这个伪君子目前掌控了国家的财政。然而科尔贝尔远未实现通过划分投资和税制，以及通过摧毁腐蚀国家、掌控经济的社会政治黑手党完成重组和规训，但他充分利用了正义法庭和全面调查催生的恐怖气氛接管各个行政部门。通过对富凯的诉讼，他抹掉了科尔贝尔家族在财政事务中的参与和不作为的痕迹。科尔贝尔的父亲、叔公、亲戚和姻亲都神奇地从中消失了。科尔贝尔双手干净、昂首挺胸地走出战场，荣耀无比。然而他并未完全抛弃旧的做法，而是新瓶装旧酒。科尔贝尔骗了松鼠？现在他要欺骗太阳了。

第十章
科尔贝尔王国

1661 年 9 月，科尔贝尔效仿黎塞留和马扎然，着手建立属于他的"王国"。他从前人那里借鉴了原则和方法打造自身的影响力。与蒙莫朗西家族不同，科尔贝尔并非出身于古老而显赫的家族，没有高官爵位和家族联盟的辉煌；与黎塞留和马扎然不同，科尔贝尔也不属于第二等级，不属于被推上权力巅峰的红衣主教。科尔贝尔从军需特派员起步，曾任私人财富管理者，后又担任财政督办官。同高瞻远瞩、意志顽强的黎塞留一样，科尔贝尔身兼数职却依然保持谦卑：君王依然在表面上独揽天下。这种下属关系掩盖了科尔贝尔难以置信的能力：他建立了一个特殊的组织，方便控制各省。路易十四将权力与绝对主义君主制混为一谈，而科尔贝尔通过鼓吹这种制度建立起一个中央管理体制，通过财务管理逐步推广。就像存在一个表面上的财政制度和一个实际上的财政制度，也存在表面上的权力（君主的权力）和实际上的权力（科尔贝尔控制的权力），是后者招募并领导了那些有经验的专业人士，他们都是各领域的知名专家。基本上，路易十四听从马扎然的建议任命其为首相，又听从科尔贝尔的建议任命其为财政大臣，可谓自食恶果。尤其是被选中之人声称自己是和平与战争的仲裁者，甚至要统帅军队。上述职务都超出了一个人的能力范围，哪怕他是一个完美的君主。

君臣之间本是上级与义务者的世俗关系。实际上，日常关系本应是君主听取智慧高于自己及其他人的顾问的进言，如黎塞留、马扎然或科尔贝尔等人。然而，后者在暗处创造了不同的政治组织结构。科尔贝尔利用家族联系和职务便利在权力的核心建立了一个氏族组织。他利用旧社会的一些特征——通婚和世袭制度——在短短几年内就建立起遍布王国的庞大政治和行政网络，并随着职位的提升不断扩张这个网络。这一体系开始于财政金融机构。这个兰斯人受益于从罗马人那里汲取的经验：将管理财富的技巧（马扎然的和他自己的）应用到了王国的行政管理上。因此，他正是从这个人才池（亲友以及为红衣主教服务的客户）中选出决策者和管理者。因此，"科尔贝尔王国"既任人唯亲，又收买人心。与他的亲信保持紧密关系被认为可以提高政策的有效性。而他们又怎么会忽视赐予他们这一切的人呢？因为所受的教育和当学徒的经历，科尔贝尔是一个善于记录的人，做事有条理，注重规范和标准化，因为他知道国王无法真正理解太难和太复杂的工作。

* *

1661 年 9 月 15 日的法规建立了一个量身定制的财政参事会：科尔贝尔将表面的公共财政控制权交给了国王，因为仅国王有权"签署有关费用预算拨款，包括机密开支和折扣、利息及其他所有种类现金"的命令。对于"财务分配表以及包税所、森林、地产等任何种类的一般收入，将由负责该部门的财政督办官（科尔贝尔）提供，并附上他的意见和修改的理由一并交给上述参事会，该参事会依据国王陛下的命令上报，收到国王陛下的命令后，上述督办官签发声明，再交还给做报告的人，由国王陛下和上述参事会的人签名"。该文件规定，财政督办官科尔贝尔将拥有储蓄国库的支配权，并"保留所有收支记录，如果国王陛下没有下令，不得向任何人汇报"。所有安排都由科尔贝尔向国王汇报，由科尔贝尔记录并签署，再由储蓄国库司库完成。此外，科尔贝尔将提供包税所、总收入、森林、领地和特别事务的账目，国王需在结算报告上签字。事实上，不仅参事会听从科尔贝尔的召唤，财政大权也由他掌握。

财政参事会的组成体现了这一点。它的管理权落到了路易十四的前家庭教师维勒鲁瓦公爵元帅的手中：这位老人负责这一职位直至离世（1685 年）。除了科尔贝尔此时为财务督办官（后任财政总监）外，第一要职被分配给了科尔贝尔的亲信艾蒂安·达利格尔，随后在 1672 年交给了科尔贝尔的舅舅亨利·皮索尔，后者一直担任这一职位直至去世（1697 年）。第二要职托付给了科尔贝尔的朋友亚历山大·德·塞夫，他非常敬重科尔贝尔。他于 1673 年去世，随后皮埃尔·庞塞接替了他的职位。这位法官对科尔贝尔忠心不二，在审判期间对富凯展现了莫大的敌意。1681 年皮埃尔·庞塞逝世后，路易·布舍拉继任，于 1685 年晋升为法国司法大臣。

中央财政行政管理也按照同样的方式进行了重组，这项工作得到了正义法庭的协助。1662 年，随着勒蒂利耶被铲除，财务督办官仅余两名。一位是科尔贝尔，任职到 1666 年，然后由正义法庭的前检察长樊尚·奥特芒（Vincent Hotman）接替：两年多来，他既任财政总监，又被特派去兼管巴黎财政区（1675 年 12 月）。的确，这个职位的实际持有者是让-巴蒂斯特·科尔贝尔的兄弟克鲁瓦西的科尔贝尔，他是参加奈梅亨和平谈判的法国全权代表。樊尚·奥特芒确实是在马扎然时代就已登场的科尔贝尔团队的核心成员之一。另一位财政督办官是科尔贝尔的崇拜者德尼·马兰，他后期才转向财政管理，1650年上任，1688年去世。科尔贝尔的侄子尼古拉·德马雷取代了他。而在科尔贝尔去世一年后，尼古拉·德马雷被免职。

至于财政监管官，巴泰勒米·赫尔瓦特和路易·勒托内利耶·德·布勒特伊在正义法庭都逐渐被边缘化——赫尔瓦特甚至面临起诉和判刑。1664年12月，他们眼睁睁地看着自己的职务被撤销。科尔贝尔通过参事会接替了他们。科尔贝尔兼并了该职能，成为事实上的最高财政总督，随后把职务交给他的亲戚樊尚·奥特芒。至此，财政总监和两位财政督办官的职权范围已明确定义。科尔贝尔负责监管"贸易，法国盐税，五大包税区，波尔多行船税，朗格多克的特许证书，巴黎、布瓦、勃艮第、布列塔尼、朗格多克各地的路障和路面铺设，堤坝和测绘，王室建筑和房屋，战争特别开支，炮兵部队，黎凡特和庞洛的海军部队，神职人员，货币，南特地区的司法管辖区，桥梁公路工程以及国王和王后的地产"。德尼·马兰负责税区18个财政区的军役税和军役附加税、巴黎市政厅的年金、各城市及巴黎审计院和间接税法院的入市税。樊尚·奥特芒管理普罗旺斯和多菲内的包税所、间接税、进口税、盐税，瓦朗斯的关税，朗格多克的盐税，布鲁阿日的包税所，还管理渔猎、造纸、啤酒等权利的包税所，同时也是铁印记包税所（la ferme de la marque du fer）的负责人。此外，普罗旺斯、纳瓦尔、阿图瓦（Artois）及被征服的国家、三主教区①、巴黎高等法院、大法院和

---

① 三主教区（les Trois Évêchés）是法国在签订《威斯特伐利亚和约》后创造的一个省份，主要由梅兹、图勒和凡尔登三个自由城市组成，后范围有扩展。

瑞士同盟的账目也归他管。

这样一来，科尔贝尔通过财政手段统领了王国，甚至插手战争和外交事务。这让他摇身一变成为国王的第一合作者，尤其是科尔贝尔第一次承担职责后，他升为财政总监，全面控制了财政：1664年1月，他不是被授予了房地产大臣一职吗？科尔贝尔管理王室住所（卢浮宫、杜伊勒里宫，凡尔赛宫、万塞讷、圣日耳曼、枫丹白露）、王室花园（就是巴黎植物园）、制造工厂，以及更广泛地讲，所有促使王国发展和多样化的领域。现在在这个庞大的部门中还增加了文化和科学的管理机构。这两个机构对国王很重要：它们负责歌颂国王，从而加强太阳王光辉的形象，画家、雕塑家、音乐家和作家不停地描绘这个太阳王的形象。科尔贝尔因此成为美术、科学和宣传大臣，负责管理王室图书馆、奖章柜、卢浮宫的天平（le balancier du Louvre）和王室印刷厂，并监管除了黎塞留创建的法兰西学院以外的各个学术机构："小学术院"（1663年），即之后的铭文和美文学术院；科学院（1666年）；罗马法兰西学院（1666年）；音乐学院（1669年）；建筑学院（1671年）；马扎然创建的绘画与雕塑学院；天文台（1667年）。

科尔贝尔还负责王室庆典的组织工作。路易十四亲揽大政初期，庆典众多且很精彩，1662年和1664年的骑兵竞技表演就展示了新主人对权力的渴望。科尔贝尔还负责为作家、学者和艺术家提供补助：这群文人若感受到出资者的慷慨大方，自会对君王感恩戴德，也就意味着会为他说好话。应当指出的是，科尔贝尔在这方面并未有任何创新：他的举止与任何一位财政家或任何与财政挂钩的政治家并无二致。从这个角度来看，他跟苏利、黎塞留麾下的亨利·德·富尔西和叙布莱·德·努瓦耶一样，他的老板马扎然以及他曾任房地产大臣（1648～1656年）的堂兄艾蒂安·勒加缪更是如此。科尔贝尔对这一职务感兴趣的另一个证据是：1674 年，科尔贝尔为幼子奥尔穆瓦（Ormoy）侯爵儒勒-阿尔芒提出保留职位承继人的指定权。

由于管理着国王特别看重的财政和地产，科尔贝尔几乎每天都与国王保持往来。他们之间的关系不禁让人联想起路易十三和黎塞留：统治者提供动力，但驱动机器的是大臣。诚然，科尔贝尔欣赏路易十四的一些品质，如他的国家意识和威严感，欣赏君王有条不紊地处理公务，但他也看到了君王的局限性。路易十四既没有能力也没有权限来处理实际的经济和司法问题。科尔贝尔早就意识到，为确保公共事务顺利进行，在财政方面控制支出比控制收入更重要。尤其是当统治者醉心征战、大兴土木时。

因此，科尔贝尔充分利用正义法庭，着手研究赎回年金以及众多关于贵族侵占、森林改革、公社债务清偿的方法，还效仿奥弗涅鼎盛时期（Grands Jours d'Auvergne）在外省组建特殊司法机构等方法。这意味着整个王国都将听命于他。因此，驱逐所有不听管教的收税官和会计审计官成为第一要务。科尔贝尔通过担任贸易最高总督以及东印度公司总裁（1665 年 3 月）完成了其在经济财政领域的职责。同年 8 月，他受命担任国王事务官和国王司库，这使他可以身披象征着王国至高无上荣誉的蓝色绶带。十年后，他辞去这一职务，将其转交给儿子塞涅莱。最终，很自然地，在 1665 年，这位财政大臣成了国务大臣。大功告成：小小的军需特派员用了二十五年爬到了与他的榜样黎塞留一样高的位置。

* *

显然，科尔贝尔急需帮手来打理财政。他将希望寄托于一位忠诚且久经考验的专家，曾担任马扎然财务官的安托万-埃居尔·皮康（Antoine-Hercule Picon）。国王首肯后，皮康通过个人授权成为"高级财政官"，直至1684年。对财政参事会的运转很重要的是，四个秘书的职位都由著名财政家担任，他们也因此飞黄腾达。科尔贝尔同时安插了4个本派系的人（相比之下，富凯倒台时仅安插了一人）：路易·贝沙梅伊，另外三位分别是波舒哀（Bossuet）、卡特朗和古维尔。科尔贝尔的心腹们通过起诉官复原职。古维尔逍遥法外，他的职责被委托给了贝里耶。卡特朗被税压垮，卖掉了他的职位：富科这个可疑的正义法庭书记官用半价收购了它。受到百般责难的波舒哀被迫将自己的官职转让给贝里耶。在这令人焦虑的气氛中，贝沙梅伊在明知自己受到保护的情况下更是肆意妄为。他以85万里弗尔的价格买下了加朗（Galland）参事会秘书的官位，其中366000里弗尔尚未支付。但是，要被征税的加朗希望收回该余额以支付欠款。然而，国王作为优先债权人代替了加朗。贝沙梅伊当机立断，用承包的税收清偿债务：包税人给了他一张366000里弗尔的收据。发现贝沙梅伊没有还钱，加朗对此的反应是自己被骗了。于他而言，主管部门只可能在财政总监批准后才允许这件事发生。诉讼持续到他去世为止，因为加朗的继承人没有放弃维护自己的正当权利。像贝沙梅伊一样，让-安托万·朗尚（Jean-Antoine Ranchin）也充分利用了科尔贝尔的仁慈：1671年，他接手了古维尔的职位。由此，科尔贝尔掌握了整个政府中最重要的财政职位。

科尔贝尔集团对管账的职位也很感兴趣，尤其是收税员。科尔贝尔的崛起、他的影响力、他对财政制度的改革以及他对包税人的起诉引发了大规模恐慌，随之而来的便是骤雨般的归附。几乎所有实业家都卷入该风波，尤其是其下属：他们认为取代现在的正义法庭的时机已经到来。作为交换，他们必须捍卫这一"新的"财政和经济政策，还要支持科尔贝尔推动贸易公司和工业公司发展的计划。从他们所处的社会环境来看，选择归附与其说和个人有关，不如说和家族有关。同样，弗朗索瓦·贝特洛（François Berthelot）的决定（科尔贝尔在马扎然时代就认识他，当时他在为军火商弗朗索瓦·雅克效力）不仅影响了自己，还影响了家族：他的兄弟西蒙、他们的孩子、父母和盟友，甚至还有几个朋友。

弗朗索瓦·贝特洛是总包税所改组的中心人物：作为法国弹药和硝石总专员，他和他的亲戚垄断了硝石开采和军队的弹药供应。此外，他还参加了海事和殖民活动，因此在西印度公司和之后在加拿大包税所中担任核心职位。圣劳伦斯河上的一个岛屿被确定为伯爵领地，弗朗索瓦·贝特洛因此被封为圣洛朗伯爵。他的姐夫，让-巴蒂斯特·阿梅（Jean-Baptiste Amé）和克里斯托夫·达尔马斯（Christophe Dalmas）也加入了这场冒险：让-巴蒂斯特·阿梅进入了联合包税所（1668~1674 年）的总包税所，随后入职西印度公司；克里斯托夫·达尔马斯成了国王车马侍从的总司库（1679~1689 年）。这一伙人里还包括他第二任妻子的表兄弟，皮埃尔·里乌·杜伊和雅克·里乌·杜伊（Jacques Rioult d'Ouilly）：皮埃尔曾是间接税的总包税人（1662~1663 年），后来是盐税的总包税人（1674~1680 年）；从 1665 年到他去世（1685 年），他和他的兄弟牢牢把控着普瓦捷财政区的财政总收入。此外还有另一位老朋友艾蒂安·朗代（Étienne Landais）在 1668 年至 1674 年当包税人，他投资了"伦敦斜纹织布机"（serge façon de Londres）制造业、海事和殖民事务，他是西印度公司的经理和股东之一，1660年以来还一直担任法国炮兵部队的总司库。

尼古拉·德·弗雷蒙（Nicolas de Frémont）的履历也差不多。当包税人（1643~1658 年）获得成功后，他归附了科尔贝尔

（1663~1687 年），先后成为间接税总包税人（1660~1662 年）和盐税总包税人（1663~1687 年），他还是科尔贝尔海事和殖民计划的主要参与者。他是多家公司（东印度公司、西印度公司、北方公司）的董事会成员，还加入了朗格多克-鲁西永矿业公司。追随他的人中，我们可以发现他的兄弟罗贝尔，他曾是间接税总包税人（1663~1668 年）和领地总包税人（1670~1675 年）。尼古拉·德·弗雷蒙妻子的兄弟米歇尔·达蒙（Michel Damond）也是其中一员，他为科尔贝尔的经济–财政计划出力不少。作为五大包税区的总包税人（1655~1668 年）和盐税总包税人（1663~1668 年），米歇尔·达蒙一开始就支持东印度公司，将其融进了马克·多尔（Marc d'or）的总司库职责（1660~1690 年）中。因此，在他身上，非凡的精力和忠心不二展现得淋漓尽致。大量奖励也随之而来。

拉图尔的萨米埃尔·达利耶斯（Samuel Daliès de la Tour）完美地反映了兰斯的经济–财政环境。出身于蒙托邦的萨米埃尔·达利耶斯是胡格诺教徒，他的家族从亨利四世时期他的祖父安托万开始就一直负责凯尔西（Quercy）地区的军役税，路易十三时期是他的父亲让负责。他们效忠于孔代家族，是亲王的财政顾问之一，直到投石党叛乱时期仍涉足众多特别事务的合约。17 世纪 50 年代末，年轻的萨米埃尔·达利耶斯协助其父亲征收波尔多和蒙托邦财政区的税。随后，萨米埃尔·达利耶斯与科尔贝尔相遇：作为马扎然的幕僚，科尔贝尔想要了解财政区的一切，而眼前这位年轻人恰好知晓提高效率的秘诀。不幸的是，他的父亲被正义法庭严惩，罚款 816700 里弗尔。但罚款最后奇迹般地降至 10 万里弗尔！这在很大程度上归功于他儿子的热情：科尔贝尔的项目从各个方面都吸引着他。萨米埃尔·达利耶斯被委员会特派为多菲内的省级总征税官

（1662～1670 年），后正式担任该职位（1670～1689 年）。他从洛皮塔尔元帅夫人弗兰索瓦丝·米尼奥（Françoise Mignot）那里买下一个官职，后者是科尔贝尔的朋友，从第一任丈夫处继承了众多公职。1676 年，他买下了金钱法庭（该机构负责核查宫廷开支）审查官（maître de la chambre aux deniers）的职位，此后一直担任法兰西盐税总监和盐仓①总监直到 1689 年。的确，萨米埃尔·达利耶斯不仅征收多菲内的直接税，还负责多菲内和普罗旺斯（1660～1667 年）、鲁西永和塞尔达涅（Cerdagne，1662～1666 年）的盐税总包税所，以及奥朗日公国（1660～1672 年）的收入包税所工作。他在经济发展中扮演的角色更重要。萨米埃尔·达利耶斯为地中海沿岸地区的军火库提供了建筑、军备和船舶维护以及船员生活的必需品。此外，他还参与了朗格多克、西印度公司和地中海沿岸地区纺织工业的快速发展。他与他的两个兄弟——在蒙托邦的法国司库官雷阿勒维尔的尼古拉·达利耶斯和在银行界活跃的马尔泰勒（Martel）的让·达利耶斯齐心协力，尽管后者于 1673 年宣告破产，但他避免了全面崩溃。

科尔贝尔还需要吸纳和培养其他的亲信。弗朗索瓦·贝林扎尼便是后来居上的大将。他来自曼托瓦，曾任公爵大使的秘书官，因此住在大使府邸。彼时，冈扎加家族正在转让其在王国中拥有的土地，弗朗索瓦·贝林扎尼代表公爵处理一些相关操作。马扎然从此次土地转让中获利颇丰。1654 年至 1661 年，科尔贝尔和弗朗索瓦·贝林扎尼一直保持着密切的往来。自然而然地，贝林扎尼夫妇在主教去世后就向科尔贝尔寻求支持和职位。在马扎然生前，由于

① 盐仓（greniers à sel）是政府销售盐的机构，翻译参照黄艳红《法国旧制度末期的税收、特权和政治》，第 59 页。

他们为其奔波劳碌，科尔贝尔便向马扎然公爵引荐了贝林扎尼夫妇。由此，弗朗索瓦·贝林扎尼成为公爵府邸的管家，负责打理一切事务。科尔贝尔经常要求他解决马扎然家族内部因婚姻引发的财政问题，这可以防止他将时间浪费在其他事情上。随着他管理职能的不断扩大，在 17 世纪 60 年代末为了减少其国内的监督职权，他被派去视察制造商、贸易公司和海事公司。不久之后，弗朗索瓦·贝林扎尼开始反思与对外赤字有关的货币问题。随后，他将担任法国贸易督办官。

科尔贝尔首先利用委派（1662～1669 年）的方式来填补会计人员的空缺，将亲戚和心腹都安插进去。科尔贝尔在修改征收直接税时，着手减少了总包税所的数量。根据部门的重要性，总包税所从原来的 4 个部门减少到了两三个部门。正义法庭的诉讼更是为这项工作提供了十足的便利：罢黜任职官员时，在被扣押的资产中，其官职的价格在有接替者的情况下为他们缴纳罚金或税款提供了保障。由于这些官职持有人不再管理其部门，且他们也不再有权管理，科尔贝尔便任命第三方来填补空缺的职位。这个人有着双倍的幸运：他既不用缴纳保证金，也不用补偿任职者。由此，科尔贝尔替换了大部分直接税的征收责任人。直接税直接上缴国库，应对普通或特殊的战争开销。需要指出的是，军事和海军部门的运作在和平时期依靠定期捐助、直接税和间接税，在战争期间则需特殊捐助。因此科尔贝尔的方法是合乎逻辑的，这在一定程度上控制了军事部门，尤其是在国际紧张局势升级的时候。然而，如果统治者将权力与胜利画等号，他终将毁灭于战神的游戏——军事对抗。

科尔贝尔安排其父母担任奥尔良和亚眠的总征税官，巴舍利耶家族和皮奥热（Pioger）家族则分别从 1653 年和 1639 年起接替他们的职务。另一方面，政党分赃制（spoiled system）在巴黎、鲁

昂、卡昂、波尔多、蒙托邦、奥尔良和普瓦捷财政区面临严峻
考验。

巴黎的税收运作堪称典范。3 位会计官员各司其职：之前的职
位由克洛德·科基耶负责；三年一任（le triennal）的职位则由马
兰家族管理；轮替的岗位由一位短篇小说家的兄弟皮埃尔·佩罗负
责。后者是科尔贝尔的老相识，两人在为额外收入司库弗朗索瓦·
萨巴捷工作时就认识了。1670 年，德尼·马兰持有的职位被废除，
该职位由其表兄弟皮埃尔·德·拉克鲁瓦（Pierre de Lacroix）获
得。但其家族仍然支配着收入，因为克洛德·科基耶是德尼·马兰
和皮埃尔·德·拉克鲁瓦的侄子。然而，这三人想要绝对的控制
权。所以他们谋划除掉同僚皮埃尔·佩罗，后者为了保住职位，因
相信自己的老朋友会掩护他而在会计上轻率地犯下了错误。但科尔
贝尔心里对亲属和老朋友也有一杆秤：仲裁是无情的。皮埃尔·佩
罗被罢职，成为牺牲品，克洛德·科基耶被委派担任他的职务。当
科基要去担任其他职务时，另一位科尔贝尔的亲信让·德·桑宁
（Jean de Sonning）买下了这一官职。因此，直到科尔贝尔去世，
省级总征税官一职始终掌握在他的追随者手中。

鲁昂的总收入也同样被路易·贝里耶锁定：他安插了他的姐夫
勒内·奥布里（René Aubry）及其父母皮埃尔-安托万·朗尚、克
洛德·德·波旁和皮埃尔·库赞（Pierre Cousin）。多菲内的总收
入是给拉图尔的萨米埃尔·达利耶斯馈赠的一部分，以换取他对地
方经济的投资。此外，一些征税官只有认可财政总监的计划才能保
住他们的职位。自 1656 年起担任阿朗松省级总征税官的莫桑
（Morsan）领主让·米涅（Jean Migné）就是这种情况。九年后，
他宣誓效忠，并毫不吝惜表达自己的忠诚：

我盲目地服从您给我的命令，我将尽我所能服侍您，听从您的吩咐是我的幸福。大人，为您付出直到最后是我的荣耀。我只希望有能力和知识把自己奉献给您，秉持我认为我能付出的尊重与忠诚为您服务。如果上帝赐予我这种恩典，大人，除了配得上您的身份以及能被称为您的亲信直到我生命的最后一刻，我别无所求。大人，您非常谦逊和非常听话的仆人。

然而这位 1636 年至 1659 年的大包税人面临司法起诉。罚金高达 120 万里弗尔，多亏了科尔贝尔，他才能维持生计。他投资了北方公司以及皮革工厂，还为玻璃工厂的创立做出了贡献。但是在 1671 年，他的骤然离世暴露了背地里的麻烦：他挪用总收入来参与这些投资。他的财产被没收并变卖，留下了无人继承的遗产。总而言之，科尔贝尔呼吁他的势力集团中的众多成员为国家服务：勒内·奥布里、西蒙·巴舍利耶、安德烈兄弟、路易·鲍恩和普罗斯珀·鲍恩（Prosper Bauyn）、保罗-艾蒂安·布吕内（Paul-Étienne Brunet）、路易·卡雷尔（Louis Carrel）、克洛德兄弟、雅克·舍瓦利尔和路易·舍瓦利尔、安德烈·克洛斯特里耶（André Claustrier）、克洛德·科基耶以及他的兄弟皮埃尔和让、让·德·库塞尔（Jean de Courcelles）、拉图尔的萨米埃尔·达利埃斯、贝尼涅（Bénigne）兄弟和保罗·迪雅尔丹（Paul Dujardin）、雅克-安德烈·迪皮耶（Jacques-André Du Pille）、让·加亚登（Jean Gayardon）、让·吉耶曼和勒内·吉耶曼（René Guillemin）兄弟、尼古拉·阿克特（Nicolas Hacte）、吉勒·雅若莱（Gilles Jajollet）和勒内·雅若莱兄弟、皮埃尔·德·拉克鲁瓦、勒莱（Leles）家族、让·勒迈格尔（Jean Lemaigre）、路易·德·吕贝尔（Louis de Lubert）、维特里城的于格·马泰（Hugues Mathé）、让·米涅、皮埃尔·佩科（Pierre Pecquot）、皮埃尔·佩罗、让-安托万·朗尚、雅克·里乌·杜伊和皮埃尔·里乌·杜伊兄弟、皮埃尔·德·圣-安德烈、埃德姆·索吕（Edme Solu）和让·索吕兄弟，最后还有让·德·桑宁。这些省级总征税官渗透进入王国 18 个总税所中的 17 个。只有利摩日没有，因为这里的总收入很微薄。

与此同时，中央国库全是科尔贝尔安插的亲信。王室国库管理员也统统是他的人：特别收入司库让阿诺·德·巴尔蒂亚（Jehannot de Bartillat）或贝尔比耶·迪梅斯（Berbier du Metz）；教士总征税官皮埃尔-路易·赖希·德·佩诺捷（Pierre-Louis Reich de Pennautier）将自己的收入与法国教会的收入合到了一起；特别征税官如法国炮兵部队征税官艾蒂安·朗代；金钱法庭支配人（他要支付法庭开销）如贝尔纳·德尔里厄（Bernard Delrieu）、拉图尔的萨米埃尔·达利耶斯或普罗斯珀·鲍恩等。总包税所的人员也有类似的待遇。围绕着弗朗索瓦·贝特洛、尼古拉·德·弗雷蒙、皮埃尔·达利贝尔（Pierre Dalibert）这些知名人士，我们能找到不同级别的相关人员。这些包税人管理着以财政总监为中心的总包税所。基本上，不到 100 位实业家就足以让科尔贝尔掌握整个财政金融体系，并控制经济发展的重要部门。这是科尔贝尔集团的悖论之一，即主张将国家从包税人手中解放出来，这些包税人是富凯留下的吸血鬼，但同时以前所未有的方式将包税人安插进君主制度运转和生产工作中。这又一次印证了一句格言：为一成不变而改变一切。

正义法庭的税收管理清楚地说明了这一点。我们已经看到，在这种情况下，征收税款产生了一项以皮埃尔·德·尚帕涅名义注册的特殊合约。这个集团仰仗着科尔贝尔向获罪的财政家征收税款。然而，集团的一些成员也被罚款了。因此，科尔贝尔安排或容忍了一个闭环,同一位财政家征收税款为他管理的预算提供资金。这一处理方式在海军部体系中尤为清晰:多菲内财政区的税收用于支付本省海军的开销,因此拉图尔的萨米埃尔·达利耶斯作为省级总征税官要付款给身为军粮供应官和船主的他自己。每一次,他总能从这一系列操作中大捞一笔。这样的例子数不胜数。科尔贝尔对王国的控制怎能不在以正义法庭为代表的这段特殊时期内愈发加强呢?

* *

1669 年 2 月,科尔贝尔利用了盖内戈在正义法庭的失利,从其长兄亨利手中买下了内廷国务秘书(secrétaire d'État à la Maison du roi)一职。因此,他肩上本就十分沉重的担子上又添加了新的职责。包含一整套服务的内廷工作涉及教堂、卧室、衣柜、饮食、住所、马厩、犬猎、鹰猎、捕狼、王宫司法官吏(la prévôté de l'Hôtel)、医院、典礼、国王书房、银器、日常娱乐、家具贮藏室。简而言之,这不亚于管理整个朝廷,这也意味着日常与君主打交道,并频繁与负责这些服务的王室显贵会面。然而,科尔贝尔在这个庞大的国务秘书处又增加了更为重要的部门:海军部。

最初,科尔贝尔几乎是偷偷地管理海军事务,即被委派作为一个简单的执行者(1661~1669 年)。1664 年,他仍然是“海军部门的财政督办官”。然而一年后,国王写信给航海大总管博福尔公爵,命其遵照科尔贝尔的指示去行事。由此可以看出,现实的等级优先于官职的头衔。

1667 年 5 月 11 日的法规详细列举了科尔贝尔的职权范围:地中海沿岸和大西洋沿岸的海事,包括建造和维护战船和海船所需材料的贸易,以及与场所负责人的关系。然而,作为总监,科尔贝尔还监管法国与地中海沿岸、美国和马达加斯加的殖民地、东印度公司和西印度公司、海运公司以及关于释放被柏柏尔人奴役的法国俘虏的政治讨论。路易十四先是签署了这些事项的相关文件，再由国务秘书把这些文件交给科尔贝尔签名。但这个行为纯粹是走个过场，文书的起草和撰写均由科尔贝尔亲自指导。实际上，科尔贝尔主管着海军事务。

1669 年 3 月 7 日的法规正式划定了其行动范围。获封"海军国务秘书"的科尔贝尔对包括布列塔尼在内的王国海洋事务都有支配权，包括一切跟战船、贸易公司、殖民地还有更广泛意义上的贸易（国内贸易与外贸）和行政官职有关的事务，更不用说工厂和种马场了，因为马匹决定了送往军需库的物资运输。当时除了总管级别的官员由国王任命外，其余人员的任命都由大总管负责。幸运之神再次向科尔贝尔抛出了橄榄枝。康迪远征对于博福尔无疑是致命的，他在战役中（1669 年 6 月 5 日）下落不明。因此，1669 年 11 月的法令削去了博福尔的官职，重新设立了法国海军元帅的职位，并将其弱化为荣誉职务。诚然，法国海军元帅指挥高级军官，并从与王室海军的相关收入中获益，但他不再控制法国海军。军备、规划、演习和人员都由君主安排，海军国务秘书在旁"协助"。

自此，科尔贝尔便可随心所欲地落实他的海军设想：建立和维护永久的舰队，这意味着在军港建立相应的后勤基础设施和装配物资，以及改装船只需要的基础设施。无论是贸易公司的国际方针，还是商船队和殖民企业的发展，都深受其影响。作为总监，科尔贝尔与行政官员就外交政策产生的经济后果频繁会晤。科尔贝尔虽名义上仅为海军国务秘书，但实际上与一个真正的经济大臣无异。此外，在 1669 年这一年里，他买下了"法兰西矿产矿业最高总督大总管及总改革者"一职。总而言之,他的涉猎范围甚至比黎塞留还要大。在他的所有权限中,财政总监和海军国务秘书的职能尤其将他推向权力圈的核心,助他打造了"科尔贝尔王国"。他为他的长子塞涅莱争取到了国务秘书的职位继承权,指定他亲爱的侄子德马雷继承财政管理权,这也体现了他的连续性。在科尔贝尔的心里,他们迟早要接替他的职位。

伴随着"科尔贝尔王国"的发展,集中管理和行政管理需要能力出众的官员,他们的任务关系重大:执行大臣的指示,支持"他的"工业公司、殖民地公司和商业公司,严格遵守"他"的规矩或"他"的条律。这些责任都落到了"外派专员"和"司法、治理和财政督办官"的身上,他们由国王任命,是从马扎然时代开始的君主专制主义的化身。1661年至1683年,这些人中近一半(约30人)是科尔贝尔的亲戚、姻亲或客户。这在属王宫国务秘书管辖的省份非常明显:巴黎和法兰西岛、奥尔良和贝里——大致是卡佩王朝及其历史中心的领地。首都集中了所有政治、经济和社会方面的事务,是王国迄今为止最重要的财政中心。所以,从1668年到1680年,他的兄弟克鲁瓦西夏尔·科尔贝尔管理着巴黎和法兰西岛财政区。由于一次外交事件,夏尔·科尔贝尔暂时被他的表兄弟樊尚·奥特芒替代,最终被他嫂子的兄弟梅纳尔的让-雅克·沙朗取代,从1681年任职至1690年。奥尔良财政区大致上也是如此。科尔贝尔家族自1659年到1681年一直持续控制着那里:贝尔纳·德·福尔希亚、奥诺雷·库尔坦、路易·德·马绍、德尼·马兰之子阿努尔·马兰,还有让-雅克·沙朗,这些人一直是高官,永不缺席。他们都是总监和国务秘书的亲属。

显然,在需要全面革新的海军方面,科尔贝尔编织了最严密的网:所有人都通过家族、友谊或利益联系在一起,甚至三者兼具。

此外，还需安插一些多面管理者，这些人具备解决建造和维护问题的技术能力、装备和调动船队的后勤能力以及协调行政和军事需求的管理能力；最后是经济条件，假若没有军工综合体，任何负责人都无法确保战舰所需的物资补给。在科尔贝尔的推动下，他们必须构思或重整工地、道路、船坞、海沟、仓库、车间等，它们都是军港性能的决定因素。在地中海沿岸地区：战船驻扎在马赛，战舰则停靠土伦。在大西洋沿岸地区，罗什福尔是首要的海军基地和整个海军的典范；布雷斯特和勒阿弗尔作为次要海军基地有待改进；敦刻尔克是人工打造的次要海军基地，当时仅具雏形。

在地中海沿岸地区，科尔贝尔还未完全掌控海洋事务，他选择了经验丰富的技术人员完成工作，他们都是黎塞留、马耶-布雷泽、旺多姆父子和马扎然时代经验丰富的海军总督。土伦有路易·泰斯塔·德拉盖特（Louis Testard de la Guette）、路易·勒鲁·德·恩弗维勒（Louis Le Roux d'Infreville）和路易·马塔雷尔（Louis Matharel）相继在任。科尔贝尔是在 17 世纪 50 年代初管理马扎然的海事机构时结识了马塔雷尔，并发现了海事问题的复杂性。一旦获得了所有权力，他就会在自己周围那些年龄和思想上与他更接近的人中寻找有能力的人。老相识尼古拉·阿努尔便是如此，他们曾在叙布莱·德·努瓦耶主导的战争国务秘书办公室共事。科尔贝尔一直很欣赏尼古拉·阿努尔的品德，尼古拉·阿努尔很快就成为黎凡特舰队发展的中流砥柱。尼古拉·阿努尔甚至让自己的儿子皮埃尔待在科尔贝尔的儿子身边，为接替自己做准备。

对科尔贝尔的儿子来说，皮埃尔·阿努尔不仅是同窗，更是密友，有时还是一个榜样，尽管这常常打击了科尔贝尔儿子的虚荣心！皮埃尔·阿努尔 22 岁就接替了父亲的官职，首先在马赛（1673~1674 年），后前往土伦（1674~1679 年）任职。科尔贝尔将他视为伟大世纪海军总督的典型。毫无疑问，他和塞涅莱是最了解海军的人。因此，尽管反对声不绝于耳，他还是指挥了马赛的战舰和随后土伦的所有船队；后来，他相继前往勒阿弗尔和罗什福尔；他被任命为王国各等级的总督办官（intendant général des classes du royaume）；工作了五十年后，他最后回到了马赛担任海军督办官（1710~1719 年）。1674 年，他离开马赛前往土伦（他在土伦离世），另一位科尔贝尔家族成员接替了他的职务：让-巴蒂斯特·布罗达尔（Jean-Baptiste Brodart），勒阿弗尔是他事业的起点（1671~1674 年）。

在大西洋沿岸地区，科尔贝尔家族的统治力同样不容小觑。科尔贝尔的堂兄弟泰龙的夏尔·科尔贝尔管理着罗什福尔，夏尔·科尔贝尔是让-巴蒂斯特在欧尼斯的"替身"，他对建立模范兵工厂的贡献不比科尔贝尔小。1674 年，当他离开时，科尔贝尔安排另一位亲信奥诺雷-卢卡·德米恩（Honoré-Lucas Demuyn）负责。夏尔·科尔贝尔为管理这个基地从四年前就开始准备，皮埃尔·谢尔唐·德·瑟伊（Pierre Chertemps de Seuil）也全靠他，科尔贝尔家族允诺把布雷斯特给他（1674~1683 年），这里将成为大西洋沿岸地区的主要基地。至于次要基地，科尔贝尔求助于身边的技术人员：在敦刻尔克的尼古拉·纳卡尔（Nicolas Nacquart）、皮埃尔·格拉维耶（Pierre Gravier）和安托万·于贝尔（Antoine Hubert）；在勒阿弗尔的维塔尔·迪马（Vital Dumas）和沃弗雷的让-路易·吉拉尔丹。最后这位是皮埃尔·吉拉尔丹的儿子，也是马扎然的财政官，在正义法庭审判其家族时侥幸逃脱。被塞涅莱重新起用后，他的职业生涯非常辉煌，先后在勒阿弗尔（1674~1676 年）与敦刻尔克（1679 年）担任海军督办官，又离开大西洋沿岸前往地中海沿岸，担任土伦舰队的负责人（1680~1715 年）。之后，他迎娶贝林扎尼家族的女孩，扎根于"科尔贝尔王国"。他就像其他成员的模板：通过利益置换和缔结姻亲拉近与家族的关系。

因此，在十年左右的时间里，科尔贝尔通过血缘关系或裙带关系笼络了上百位大臣级职位的合作者。"亲属保护人和封建君主"（parent-patron et suzerain）的大臣与"亲属–被保护人和附庸"（parents-clients et vassaux）下属之间的从属关系催生了近乎封建的管理体系。当然，这赋予科尔贝尔强大的执行力量，甚至比那些主教–大臣的权力更大。但弊端也明显：与大臣的关系让下属可以自行决定是否采取行动，或完全置之不理。因为王国维稳的措施取决于与首都（权力中心）的距离。结果很明确：距离越远，压力越小，居住在边远省份的行政人员对收到的命令可以有更多自己的"解读"。这不太好，特别是当时局需要快速反应而反应不足时。这些举措令科尔贝尔忧心忡忡，因此他一再写信要求澄清。那些不合适的决定让他极度愤怒，他的书信也带着怒气，但书面的愤怒对当地没有太大影响。这些失误最终被察觉，尽管科尔贝尔隐瞒了其中的一些事务，但塞涅莱会毫不犹豫地放弃他父亲的受益人，尤其是当他们的错误影响了军港运作时。事实上，科尔贝尔仍然密切监视其管理系统的支柱区域，跨越所有类型的权力–保护人（Pouvoir-Parent）和权力–被保护人（Pouvoir-Client）之间的关系。

作为王室财政的核心，财政总监兼内廷国务秘书科尔贝尔通过他的亲属或他的被保护人来治理国家：财务官员、巴黎财政区督办官、巴黎治理总监①、夏特莱法院的民事总监都与他关系匪浅。首都如此，某些省份更不例外，如拥有大西洋沿岸盐场和高利润盐场

---

① 治理总监（le lieutenant de police）是科尔贝尔设立的对巴黎有特别治理权的官职，翻译参考庞冠群《司法与王权：法国绝对君主制下的高等法院》，第68页。

的欧尼斯。盐不是盐税总包税所和布鲁阿日的 35 索尔的征税基础吗？该产品涉及海军督办官，他当然是科尔贝尔家族的人，同时还是"治理、司法和财政督办官"。也就是说，总包税所与他合作即与大臣合作。让我们补充一点，作为业务新贵，担任马扎然督办官的科尔贝尔继续辅导马扎然的侄女和外甥。他紧盯着劳雷·曼奇尼和梅克尔公爵的后代，以及奥尔唐斯·曼奇尼和马扎然公爵的后代，同时也牢牢监管着尼韦内菲利普·曼奇尼公爵的财产。这对地方也有影响。因为旺多姆家族掌管着普罗旺斯政府；马扎然公爵则手握阿尔萨斯政府和布列塔尼；尼韦内公爵除管理尼韦内政府外，还兼管欧尼斯政府。由此，这些领土的控制权都被科尔贝尔牢牢攥在手中。

科尔贝尔的女儿与三位首席贵族的婚姻都体现了科尔贝尔的社会地位。1667 年 2 月，他的长女珍妮-玛丽嫁给了吕讷公爵夏尔-奥诺雷·德阿尔贝①，他是陆军统帅的孙子和布列塔尼总督绍讷（Chaulnes）公爵的侄子。1671 年 1 月，他的次女亨利特-路易丝（Henriette-Louise）嫁给了未来的公爵兼国务大臣保罗·德·博维利耶（Paul de Beauvilliers），他接替其父担任勒阿弗尔的总督，这里的军港在大臣的势力范围内。1679 年 2 月，他最小的女儿安妮-玛丽嫁给了路易·德·罗什舒阿尔（Louis de Rochechouart），他继承了他父亲维沃讷（Vivonne）的莫特马尔（Mortemart）公爵爵位，维沃讷是法国帆船舰队元帅和地中海沿岸地区的海军总监，这加强了科尔贝尔对海军事务的控制，尤其是在布列塔尼和普罗旺斯。1675 年 2 月，科尔贝尔的长子塞涅莱与古老而杰出的奥弗涅

①　此处原书为 Charles-Honoré Albert de Luynes，但结合书中其他两处出现此人的内容，他应该就是吕讷公爵 Charles-Honoré d'Albert。

名门继承人玛丽-玛格丽特·德阿莱格尔缔结婚姻，整个科尔贝尔家族成员趁机向科尔贝尔表示祝贺。通过例行贺词，这200位亲属和客户揭示了即将完成的"科尔贝尔王国"的全貌。

1679年11月，科尔贝尔和勒泰利耶父子发动了反对外交国务秘书蓬波纳（Pomponne）的攻势；科尔贝尔在自己兄弟克鲁瓦西的夏尔·科尔贝尔接替蓬波纳的那一天大获全胜。这一次，"科尔贝尔王国"彻底吞噬了整个法国！三年后，1682年8月，科尔贝尔出席了他最小的儿子儒勒-阿尔芒和玛丽-加布丽埃勒·德·罗什舒阿尔的婚礼。然而，科尔贝尔一年后离世了，因此没能看到他们的孩子诞生。从数量、内容和作者来看，涌入的贺词充分反映了他曾经获得的权力，也成为之前统治法国的那个人的缩影。新娘是维沃讷的表妹，她是国务秘书路易·费利波·德拉维里利埃和玛丽·帕尔蒂切利的女儿，玛丽·帕尔蒂切利是让·勒加缪和玛丽·科尔贝尔的女儿！科尔贝尔和费利波家族的又一次通婚，使这位伟大的兰斯人和他的家族加入了拥有王室权力近一个世纪的家族。所以1683年的科尔贝尔与那个二十年前使他的主人相信富凯任人唯亲导致了君主制挫败的那位理论家几乎没有相似之处。这跟科尔贝尔管理事务的特点一样，声称要秩序最大化。

第十一章
自相矛盾

科尔贝尔的工作受此前培训的影响很深，他做过贸易员、财务员、公证员、内阁官员和资产管理员。这些学徒经历为其随后担任马扎然的管家或路易十四的大臣提供了不少方便。然而，科尔贝尔在某种意义上还是一个写作者。他留下了大量文本，皮埃尔·克莱芒卷帙浩繁的巨著都没有收录全科尔贝尔的所有文本。任职后，科尔贝尔写下各类书信、报告和回忆录等，反映了启动的调查、发布的条例和登记在案的命令。极具笛卡尔精神的他日复一日地处理复杂的文件，化繁为简才能继续处理。拥有这一重要才能的科尔贝尔过高估计了主管领域中规章制度的有效性。于他而言，遵守规章制度是保证国家正常运作的基础。因此，科尔贝尔悉心研究敕令的来源和影响、外省的习惯法、国内外法律和法典的知识，这些都对分析及解决问题有帮助。这也解释了为何他嗜书如命，一直醉心寻找罕见的书和珍贵手稿，他是那个世纪伟大的收藏家之一。

林林总总的"历史资料"不仅提供了文学、科学方面的信息，还可作为法律和政治方面的参考资料，其中一些资料还对他的计划有帮助。在短短二十年里，科尔贝尔将从马扎然手中继承的图书馆打造得可与王室图书馆媲美，其中收藏了不少主教-大臣写的诗。

科尔贝尔离世之际，藏品包括了 23000 部作品、5100 份手稿，而
王室藏书馆有 36000 部作品和 10500 份手稿。这些馆藏并非出于纪
念或学术研究的需求，它们更侧重于收藏承认王室优先权的政治、
法律和外交资料。此外，该图书馆也反映了科尔贝尔重视的主题：
荷兰、国王特权、高等法院投标单、法条编纂和贸易保护。基于
此，科尔贝尔其实是创建了一个档案馆，档案馆藏有各市镇的契
据、高等法院登记册以及外交、教会和行政方面的文件，其中还有
国家文件。这个档案馆甚至藏有与朗格多克或里尔审计法院相关的
一些文件，不用说，这些文件没有被破坏。他所收集的这些政治资
料中的最高权力并非指向神的权力，而是人的权力，由历史赋予。

作为一个出色的组织者，科尔贝尔用法典的方式统一国家。因
为在此之前，这片混居着不同人的土地上仅通用一条准则：即存在
并行的特定规则，且它们常常是不同的，有时甚至是矛盾的。科尔
贝尔利用了针对财政家、赎回租约持有人、转让土地购买者、僭越
的贵族，及市镇债务、地产垄断等事件的调查，上述调查往往会以
对簿公堂、引咎定罪结尾。为此，科尔贝尔设立了例外制度：国王
的权力高于一切，无论是继承权还是让与权。正是在这种紧张的气
氛中，科尔贝尔启动了以"司法改革"为蓝图的法律咨询会。不仅
涵盖了高等法院的等级和结构，还包含法院的权力分配和定位。这
次尝试远远超出严格意义上的法律，因其修改了司法架构。在大刀阔
斧的改革行动下，1667 年 4 月发布了《民事诉讼条令》（l'Ordonnance
de procédure civile），又名《路易法典》（Code Louis）。随后，《刑
事诉讼条令》（l'Ordonnance de procédure criminelle）于 1670 年 8 月
问世。高等法院基于这两部新法典做出的宣判、终审诉讼均大力促
进了王国的统一进程，此前王国推行的习惯法进展缓慢。

恰好在 1667 年和 1670 年之间，科尔贝尔又推出了《关于开发

水域和森林的一般条令》（Ordonnance valant règlement général des Eaux et Forêts，1669 年 8 月），也就是《水域和森林法》（Code des Eaux et Forêts）。世人为颂扬这位伟人，称之为《科尔贝尔森林法》。诚然，科尔贝尔赋予了这个领域过度的权力，虽然这些权力在 1789 年被收回，但到了 19 世纪有死灰复燃的苗头。这些法典的精确性可追溯至 1661 年，科尔贝尔彼时任 "大法院常任推事兼森林部门的财政督办官"，此时尚有可关闭、"整治" 王室高地（识别且安排）的条例。然而，这项工作被迫中断于 1680 年。《大条令》（La Grande Ordonnance）回应了这次大规模改革进程中遇到的困难：它汇编了多份 16 世纪的法条，包括 1573 年的《弗勒里法典》（le Code Fleury），并借鉴了各个法典的条款，如布列塔尼和卢森堡的法典。

这些法条试图厘清模糊之处，并宣布王权的回归。《水域和森林法》共 32 章或者说有 32 个编号（Titres），其中详细说明了造林的目标；镇压措施；特设法庭 "专管水域和森林"，罪行与法令直接相关时可绕过普通法庭；最后还有关于林业人员的规定，他们受命管控森林区域并惩戒违法之人，此举大大限制了领地官员管理林区。然而，该法典也存在三大缺陷：1. 官僚主义的僵化，任何行动的前期都需填写好几份表格；2. 造林的统一性，然而并非所有地区对木材的需求都相同；3. 地理上的不适宜性，针对平原、法兰西岛、香槟或尼韦内的阔叶林的处理方式并不能套用来处理针叶林或山林。当然，颁布森林法令的目的值得称道：保持森林面积，并将其中的一部分用于种植乔木，满足因民用和海军建设而日益增长的对结实木材的需求。然而，这一切并不妨碍高等法院的阻挠：最平和之人指责法令对贵族和资产阶级地主的限制；最激进之人则称法令侵犯了当地市镇的自治权，尤其是在阿基坦。

在这种情况下，科尔贝尔于 1673 年颁布了《商事条例》（le Code de commerce），这也是第一次完整讨论这个主题的专著。一如既往，科尔贝尔在起草文本前多次实地考察做准备。自 1663 年以来，他一直在咨询法官和商人公会对这个主题的意见。撰写过程中，科尔贝尔借助了商贾大家族后代雅克·萨瓦里（Jacques Savary）收集的百里挑一的文献。对农业事务缺少兴趣的科尔贝尔却对商业事务有无限的热忱，他在其中寻到了"巨额公共资产和私人财物的来源"。这部法典统一并简化了商业立法，从而让商人放心。自始至终，科尔贝尔均秉承着没有自由和信任就没有生产多样化和贸易繁荣化的信念。然而，《商事条例》并不涉及与国外、殖民地和法国在国外的商行海上贸易往来的相关内容。而这些都将成为三年后颁布的《海事大条例》（la Grande Ordonnance sur la Marine，1681 年）的主题。该条例的第一册着重谈论海军官员，其司法权常常侵犯当地法官和商会的权利。第三册则涉及海事合同等内容。

上述法典均展示了科尔贝尔"理论家"的一面。而他在接受培训和为马扎然工作的多年里希望被视为财政技术家（technicien fiancier）。直至 17 世纪 50 年代末，当他想取代富凯时，一切都变了。他将自己的秩序准则作为行动准则，让人相信富凯故意糊弄行事。随后，科尔贝尔提出了一个深刻改变王国的全新的整体方法，他需要重组王国的政治、财政和经济。从那时起，科尔贝尔便有了两个面相：他既是理论家，又是一名实践者。前者推动后者落实构想，后者则向前者证明推行的方案不切实际。由此，科尔贝尔在同一个问题上磕磕绊绊：他的理论是否能够革新国家的治理方式和经济？不久之后的结果令人失望，这证明了科尔贝尔很难协调抽象和具体。事实就是如此，科尔贝尔知道这一点，但拒绝承认。

* *

作为理论家的科尔贝尔充分表达了其重商主义的理念。他循着黎塞留的脚步，作为他那个时代的人对持续的战争做出的反应。此外，为最极端的敛财者效力的经历增加了他对贵金属的崇尚。和正统观念相比，科尔贝尔提出的重商主义唯一的独创性是对欧洲经济的坚定观点。据其所称，贵金属的总量是不变的。因此，一个国家的繁荣程度取决于该国借助商业活动或军事力量夺取他国金银的能力。事实上，他对流通大致平衡的概念极为陌生。科尔贝尔提倡的经济政策都源于此：法国必须有贸易顺差。这意味着要制造进口商品。为此就要大力发展制造工业，鼓励贸易公司出口法国生产的商品并进口殖民地的原料，效仿荷兰和英国；鼓励在北美、非洲沿岸、中东甚至远东地区建立殖民地，开办种植园、仓库和贸易中转站。显然，这项政策想让人致富，也会通过税收来贴补国库，而这将确保法国在欧洲的统治地位。

财政总监运用著名的秩序准则整顿公共财政。自 1661 年起，科尔贝尔采取了各式各样的法律措施减轻债务负担：撤销或折换年金公债、取消贷款或降低利率、减少官职及收回此前让与的国家收入。科尔贝尔尤为重视战时发行的年金。正如我们所见，它们早已成为调查目标。1662 年 3 月 13 日颁布的判决取消了可追溯至 1634 年敕令的年金。随后，年金价值大大缩水，毕竟总包税人持有很多年金公债，均为非法所得。而这只是开始：1662 年 3 月 18 日和同年 6 月 30 日的判决在市政厅处理了合法但未设立的年金；1663 年 4 月 3 日的判决决定了自 1656 年以来合法年金的命运；1664 年 5 月 24 日的判决安排了二十五年前设立的其余年金的结局。这样一来，债权人的收入断崖式下跌，那些把金钱上交国库或市政府的年金收入者自然怒火中烧。理论上，年金持有者的年收入原本将以将近 1/12 的利率（6%~7%）计算。王室特派员也通过赎回的方式取消被让与的官职和收入。此外，1630 年后设立的税区官职、一半的入市税、部分间接税、皮卡第地区 9 里弗尔 18 索尔的包税、对纸张和啤酒收的税等均采取同样的处理方式。这一举措的实施范围在 1667 年扩大至转让地产。持有者若支付补偿金，便可保留这些财产：这笔钱要填补新旧价格之间的差价。终极举措则以管控之名降低给予公款收税官的利息：1661 年为 5%，1670 年降至3.75%（即每 1 里弗尔利息为 9 德尼）。总的来看，国家开支从1661 年的 52376000 里弗尔下降至 1670 年的 25855000 里弗尔，在十年间削减了一半。

　　科尔贝尔的管理有五大支柱。一是中央集权的行政机构：君主主宰一切，但把事务细节交予财政总监。二是年度收支预测：每年10 月准备好下一年的预算，督办官则根据各部门的小麦收成估算军役税的收入，在 1 月或 2 月则结算上一年的账目。三是账目的规范性，否则该预算便会被扼杀在摇篮中。为此，科尔贝尔要求保留3 本账本：每日账本（le Registre Journal）明确规定了每笔收支的期限；使用至 1667 年的支出账本（le Registre des dépenses）将支出的性质和分配的资金登记在案；资金账本（le Registre des fonds）则详细记录了每笔收入的性质以及每个项目涉及的支出。因此，手握这 3 本账本要管控资金就很简单了。每个月，君主都将查阅与账本一起上呈的相应摘要，即在记事本中记录当前财务状况的摘要。国库管理者每月也将收到一份记录详细收支的文件。科尔贝尔本人也逐月检查国库账本。国王路易十四则每隔 6 个月查看一次。

　　四是分摊直接税和间接税。财政总监拥有决定权。科尔贝尔认为直接税金额过高，特别是税区的直接税，这无疑阻碍了经济发展。因此，他希望降低军役税。富凯任职期间，军役税高达 5200 万里弗尔，这与战争脱不了干系。科尔贝尔意图将军役税降至 2500 万里弗尔，此外还提出将部分拖欠的军役税款一笔勾销。紧接着，该举措进入征求意见阶段：通过下发调查问卷，科尔贝尔要求治理督办官和财政督办官根据每个税区的财政潜力调整直接税。因此，督办官不得不视察自己的省份，并监督司库、收税员及税区收税官履行职责。另一方面，科尔贝尔则认为被征税较少的三级会议地区应为公共收入做出更多贡献，这意味着增加军役税或自愿捐赠①。在任何情况下，比起直接税，科尔贝尔都倾向于用无痛的间接税增加公共支出的来源。1661 年，全国都有总包税所，包括大的盐税也就是法兰西盐税、小盐税、五大包税区、间接税、进口税和领地税。1671 年，这些税收总计 3690 万里弗尔。为提升效率，科尔贝尔合并了这些包税所。1668 年，勒让德尔租约的签署迈出了第一步：涉及法兰西盐税、五大包税区、间接税和进口税。1681 年，合并结束。总包税所汇集了大大小小的盐税、五大包税区、间接税、进口税、领地税和西印度群岛领地税（西印度公司破产后，来自允许定居北美的收入）。科尔贝尔领导的合理化改革于 1682 年开出了硕果：总包税所的租约达到 6400 万里弗尔。

五是减少赤字。作为一个传统的管理者，科尔贝尔很难处理长期赤字和债务累积这两个问题。首先，他必须清除战争遗留的债务，导致定罪的那些调查对此做出了贡献。事实上，对包税人和赎回年金持有者征收的税款抵消了他们实际的债务。这些税款通常以

---

① 自愿捐赠（le don gratuit），翻译参考黄艳红《法国旧制度末期的税收、特权和政治》，第 75 页。

现金支付 20%，80% 以其余方式结清，王室特派员会决定什么样的比例能让国家获利。由于有关账目已遗失，我们无从得知这些合约带来了什么。皮埃尔·德尚帕涅掌管正义法庭的税；托马·鲁索则负责征收篡取贵族爵位者的税；托马·布里亚尔负责赎回年金持有者的税。皮埃尔·德尚帕涅讨回的总金额为 1.1 亿里弗尔，而尼古拉·维莱特（Nicolas Villette）在 1664 年至 1665 年、1667 年至 1670 年、1672 年和 1674 年签订的合约的收益达 1250 万里弗尔。因此，追回的债款最少应为 1.22 亿里弗尔，现金部分不超过 3000 万里弗尔。无论如何，以扣押资产的方式清偿债务或多或少掩盖了科尔贝尔执政之初实际面临的破产问题。

1662 年起，国家运转仍面临着同样的问题，而路易十四大兴土木又穷兵黩武的个性又把那些问题拉回眼前。如何才能负担开支呢？1664 年，国家支出上升至 6350 万里弗尔；1682 年，因法荷战争（1672~1678 年），支出升至 1.99 亿里弗尔，导致赤字。这一切与科尔贝尔起初的愿景背道而驰，由此，他开始增加税收：1669 年军役税为 3380 万里弗尔，1675 年便上升至 3800 万里弗尔，在法荷战争最后三年升至 4000 多万里弗尔。和他的前辈一样，科尔贝尔推动了历史进程：新的税收导致了反叛，最有名的当属布列塔尼因反对印花税而爆发的红帽子运动（1675 年）。正如我们所见，科尔贝尔通过合并包税所和提高租约金额增加额外收入；此外，他还规划了新的包税所：1672 年设立信使服务和邮局的包税所、1674 年开了烟草税包税所、1675 年开办西印度群岛领地税的包税所。最终，曾困扰各位财政大臣的难题也摆在了科尔贝尔面前，爆炸式增长的军事开支压垮了他，他不得不采用经典的权宜之计——特别事务。

迫于无奈，科尔贝尔雇用了之前被贬低的财政家。这一切都是因为法荷战争吗？完全不是。为了缓解居高不下的财政赤字，科尔贝尔从未停止签订特别事务合约。1661 年 11 月，他与吉勒·雅若莱签订了一份合同，从书记官和文书誊写人（tabellion）处收回 100 万里弗尔。同年 12 月，他在鲁西永设立官职，卖得 53400 里弗尔。1662 年至 1665 年，科尔贝尔达成了一系列收回正义法庭相关税款的合约。此后，科尔贝尔又接连在 1670 年、1671 年起草针对特许红酒商人的征税条款。这也预示着下一个举措。1672 年 2 月，科尔贝尔规定给在职官员支付共 120 万里弗尔，给裁撤的盐仓官员支付 40 万里弗尔。3 月，他命令一财政家集团收取"法国封地税和豁免该税的费用"（droits de franc-fief et d'affranchissement d'iceux）、因大规模改革产生的罚款和向公证人和公证文书誊写人索取的"良性回款"（deniers revenants bons，即欠国库的款项）。5 月，他从上诉法院（高等法院及大理石桌①）司法大臣公署的官员那里筹集了 60 万里弗尔。11 月，科尔贝尔又设立了布列塔尼最高法院和其他司法机构的书记官职位。

　　1674 年后，合约的数量和涉及总额不断增长。1674 年 1 月，科尔贝尔以 440 万里弗尔的价格割让诺曼底森林的"第三方权利和危险权"（droit de tiers et danger）。同年 11 月，科尔贝尔签署了转让教会物品的合约，成交价为 160 万里弗尔。1676 年，他以 26 万里弗尔的价格拍卖罗马法庭的驻外银行家职位；随后，科尔贝尔以 140 万里弗尔的价格卖出教会物资的"八分之一德尼"权②，1676 年成交金额增加了 100 万里弗尔，1677 年达 370 万里弗尔；此外，科尔贝尔还以 223 万里弗尔的价格售出年金支付人的职位。

234

① 此处的大理石桌（tables de marbre）是大元帅在夏特莱里办公的那张桌子，代指旧制度时期管理森林相关事务的高级司法机构，夏特莱隶属于巴黎高等法院。
② 八分之一德尼（le huitième denier）是每隔三十年清点处理教会财产的权利。

随后几年内，科尔贝尔的步伐未见放缓：他向购入公社或行会转让的权利或物资的人征收 130 万里弗尔；他还将鲁昂的守夜骑士和领地司库等职位出售给蒙彼利埃的审计法院。当战争终于停止，科尔贝尔是否就不再签订新合约呢？并没有。1681 年，他又以 160 万里弗尔的价格售出债务和赎回年金的税！由于缺乏准确和连续的数字，我们无法直接比较科尔贝尔及其前任、继任者签署的条约数量。尽管他们均在低谷时期（1635 年至 1659 年、1688 年至 1715年）管理财政，但这些大财政家似乎并不像科尔贝尔般热衷特别事务。因此科尔贝尔并不能用经济形势低迷作借口。

为了让贵金属流入法国，科尔贝尔还曾求助于法国贷款银行（la Caisse des emprunts）。法国贷款银行成立于 1674 年 10 月，以国家之名推出了颇受财政家青睐的寻找流动资金的方法，这也是为转型成旨在弥补财政资金不足的公共信贷机构迈出的第一步。科尔贝尔命令几位总包税人以个人名义借入流动资金，但以年金、承诺或利率为 5% 的债券的形式与同事连坐。而且，吸引资金持有者的任务也落到了他们肩上，因"假如他们一直静待购地买房、买官以及利于生意发展等业务的机会，想找到人能支付这么多钱的利息、满足他们的需求，这笔钱于他们而言，便意义不大了"。这些静置的资金往往期限较短，还需满足资本的快速周转和按需偿还两大条件。存放在贷款银行的钱将被送往国库，任其支配直至归还为止，以总包税所的收入作为资金担保，换言之，基于间接税，这将大大宽慰储户。因此，像财政家一样，君主征收①了领主阶层的资产。在科尔贝尔执政末期，即法荷针锋相对时，贷款银行的工作卓

---

① 征收（collecte）是法国四种主要的征税方式之一，另外三种是一次性付款（abonnement）、包税（ferme）和国家直接征收（régie intéressée）。详见黄艳红《法国旧制度末期的税收、特权和政治》，第 62 页。

有成效。此外，包括科尔贝尔在内的科尔贝尔家族也是出资者。

尽管科尔贝尔发布了众多声明和倡议，但除了 1661 年至 1668 年这八年财政情况有所好转外，法国的总体收支仍处于不平衡状态，且 1666 年和 1667 年赤字危机重新抬头。因遗产战争波及范围有限，赤字的危害性并不大。然而，这敲响了法国财政危机的警钟，由于法荷战争形势严峻，财政赤字也与日俱增，1676 年最高达到 2400 万里弗尔。基本上，除严格的形式主义和行政框架外，科尔贝尔并未改变财政金融体系。相反，他总是用同样的理念和方式摆脱高额预算的陷阱：实际上，法国在战争之前就已陷入财政危机。科尔贝尔不管说什么和做什么都没用：收税官会抵制。然而，科尔贝尔并没有与其争斗，而是试图用提议诱惑他们。如果他们接受了，会有利可图吗？

* *

为顺利实施计划，科尔贝尔运用了为马扎然效力时习得的经验。马扎然有多处地产，他自身还是农林矿业的承包商。因为管理森林往往与开采矿产资源挂钩，冶炼厂为阔叶灌木丛的木材提供了去处。这些农林矿业产品不仅带动了地区贸易，也满足了军事需求。因此，军备工业家（大炮、火枪、手枪）和军粮供应商（粮食）常购入或卖出上述产品。作为船主，马扎然也为海上航行捐资不少，参与了殖民贸易。科尔贝尔甚至在巴黎购买商铺售卖当年收获的第一批橘子，马扎然和整个宫廷都对此赞不绝口。这些均在财政家的职责范围内。因而，吉拉尔丹兄弟是红衣主教圣俸的总包税官；雅基耶则为当时最大的军粮供应商，他的合伙人手中紧握好几份供应合同；未来财政总监的左膀右臂贝里耶和贝沙梅伊则刚开始在马扎然名下的马延公国当铁匠和森林经营者，随后逐渐将势力扩展至诺曼底地区。

纵观全局，科尔贝尔深知财政家的工作并不只是出售官位、发放贷款，他们还负责打理王室、大臣、贵族、长袍贵族和高级神职人员的财产和税务。此外，科尔贝尔和家族里的人都委托财政家管理名下的土地。科尔贝尔曾委托皮埃尔·库赞开发位于埃鲁维尔和拉里维耶尔的领地。1677 年至 1685 年，皮埃尔·库赞任鲁昂省级总征税官，此前曾任铸币税总包税人（1672~1674 年）、领地税总包税人（1676~1680 年）和总包税所的合伙人（1680~1687 年）。他的妻子是贝里耶的侄女，皮埃尔·库赞通过她成功地与科尔贝尔集团的主要势力搭上关系。类似地，路易·布兰（Louis Blin，1641~1705 年）帮助科尔贝尔打理其在布兰维尔和梅兹的地产，他也是贝里耶的随从之一。路易·布兰借此觅得为科尔贝尔效力的机会，还以贝里耶的名义购入布兰维尔的土地。有一段时间，路易·布兰被特派为鲁昂的省级总征税官。1680 年后，他成为总包税人，直至离世。更令其满意的是，他还曾担任鲁昂高等法院的首席书记官一职，而这个职位实际上应归科尔贝尔妻子的兄弟梅纳尔的让-雅克·沙朗！

包税人的存在反映了对现金流和投资的需求。为保证良好运转，任何制造业或商业的企业、工厂都需要一定数量的现金。谁比财政家更适合担起资金资助的重任呢？尤其在战乱年代，资金供不应求，国家不得不从流通资金中抽取一部分。此外，为有权有势之人打理资产的财政家得到了额外的荫庇，这将在他们的工作引起怀疑的某日派上大用场。

包税人虽依靠道德契约与大臣捆绑，却接过了财政金融体系，作为回报，他们将全力支持科尔贝尔的经济计划。对于贝特洛兄弟、拉图尔的萨米埃尔·达利耶斯、皮埃尔·达利贝尔和皮埃尔·赖希·德·佩诺捷来说，加入科尔贝尔麾下便意味着可从总包税所和收税中大捞一笔，还可从一些制造业企业、商业企业中赚取油水。由于当时的朋友圈较为狭窄，科尔贝尔还利用了统治初期由正义法庭搜查引发的令人不安的背景。由此，科尔贝尔迫使许多被起诉的财政家参与经营对法国统治很关键的企业。因而，这些获罪的总包税人只能通过投资制造业减少罚款或税收。1664年东印度公司成立之际也有这样一群包税人。800万里弗尔的税款让雅基耶重新出现在世人面前，他参与了总包税所和军粮供应的活动，尤其是为战舰提供必需品。但雅基耶每年都依赖延期执行令，若没有延期执行令，他的债权人就会将他赶入绝境。而这都要靠科尔贝尔，雅基耶由此效忠于科尔贝尔。

科尔贝尔构思了一个整合同一地理区域（比如朗格多克）内财政、制造业和商业贸易资源的体系。赖希·德·佩诺捷和皮埃尔·达利贝尔既为好友又是盟友，一个是神职人员的总收税官，另一个是国家司库。他们都曾是小盐税区的包税人，都对纺织品生产和向地中海出口纺织品的黎凡特公司有着浓厚的兴趣。另一个鲜明的例子则是皮埃尔-保罗·里凯（Pierre-Paul Riquet）：开凿南运河（canal du Midi）与其参与了朗格多克盐税（1661~1671年）和朗格多克-鲁西永矿业公司有关。在那里，他与同乡贝尔纳·德尔里厄不期而遇。贝尔纳·德尔里厄是普罗旺斯-多菲内盐税的总包税人（1660~1661年），后成为朗格多克的营业税和市集税（la patente et foraine）以及鲁西永标记与市集税的总包税人，最终升职为总包税人（1662~1674年）。贝尔纳·德尔里厄本人也是东印度公司、西印度公司和朗格多克-鲁西永矿场的大股东。同时，他也是一名海军军粮供应商，与拉图尔的萨米埃尔·达利耶斯是合伙人，1676 年，他将金钱法庭审查官的职位让与萨米埃尔·达利耶斯。

萨米埃尔·达利耶斯活脱脱是财政家的模板，他在组织税收的同时也为地区经济注入了活力。作为多菲内的总司库和省级征税官，萨米埃尔·达利耶斯也是多菲内和普罗旺斯的盐税总包税人（1660~1667 年）。1662 年至 1666 年，他也是鲁西永和塞尔达涅的盐税总包税人。同时，他还是奥朗日公国收入的总包税人（1660~1672 年）和多菲内正义法庭的税收分包人。显然，在科尔贝尔时期，萨米埃尔·达利耶斯在工业领域大展拳脚。他也为王室海军做出了很大贡献，为土伦兵工厂提供黎凡特舰队需要的材料，以及每次海上航行所需的武器和物资。这也解释了为何萨米埃尔·达利耶斯能垄断某些地区的森林砍伐和矿藏开采，因为他在这些地方设立了生产海军物资的工厂。同时，萨米埃尔·达利耶斯还在勃艮第、弗朗什-孔泰、多菲内、奥弗涅、普罗旺斯和纳瓦尔等地区获取海运需要的木材；在尼韦内和多菲内开采铁矿；在博蒙拉费里耶尔（Beaumont-la-Ferrière）、科讷、圣热尔韦以及德朗邦（Drambon）、布索勒（Boussole）、里昂等地建了武器制造厂和锻造厂。并且，萨米埃尔·达利耶斯嘱咐不能弃朗格多克的纺纱厂于不顾：他与维勒讷沃（Villeneuve）布厂老板有生意往来，并利用其黎凡特公司股东的身份出口货物。为实现多样化投资组合，萨米埃尔·达利耶斯还投资了西印度公司，在大西洋港口建立了好几个制糖厂，甚至抽出时间来管理一个隐修院的土地！这个卢瓦尔河畔拉沙里泰的隐修院是萨米埃尔·达利耶斯的保护人雅克-尼古拉·科尔贝尔儿子的资产，他是鲁昂副主教。

围绕海军发展的军工一体产业离不开资金的投入。这使得科尔贝尔在一个闭环中进行融资，显然，这个系统的运作并不能证明他计算的正统性。例如，炮兵总特派员同时也垄断了战争舰队火药的供给，总包税人弗朗索瓦·贝特洛给作为军需官的弗朗索瓦·贝特洛支付所需款项。所有海军供应均遵循该模式，尽管该模式可能造成滥用。因此，军需官往往是像萨米埃尔·达利耶斯那样的财政官员、乔治·佩利萨里（Georges Pellissari）和让·亨利一样的海军或战船司库、皮埃尔·乔治那样的海军粮食司库。正义法庭的征税工作显露了该体系的混乱。因此，在被起诉和获罪的财政家中，既有像赫尔瓦特这样确定收税金额的王室特派员，又有如拉克鲁瓦、桑宁、弗雷蒙、科基耶、达利贝尔和佩利萨里这样的人，他们是负责收取定罪罚款的皮埃尔·德·尚帕涅的合约担保人。

然而，科尔贝尔的口头承诺和现实之间的差距何其巨大！他既没有整改财政金融体系，也没有撵走任何一个包税人；相反，他将他们安插到掌控国家经济命脉的活动中，包税人的影响日益增大。然而，财政家早已习惯于资本的高利率与高回报，与投资收益较少且慢的贸易公司、个人和商家截然不同。当战争烟火重燃时，资金愈发稀缺，借贷的利率也水涨船高。因此，这些财政家放弃了手头的经济活动、工业和商业企业，转而投向特别事务，如发行税务、年金或买卖官职等活动。这些工厂不久就遇到了财政困难。此外，其中大多数工厂都依赖于国家订单，它们的商业渠道也仅限于贵族奢侈品和军事需要。另一显著的问题则是让某些实业家参与了财政。

起初，这些财政家不过是负责打头阵，后续工作由批发商接手。可惜的是，后者未能如期赴约。资金短缺的重负压得殖民地公司和纺织厂喘不上气，导致生产困难，不久就宣告破产。创建于1668年的黎凡特公司经营至1683年；成立于1669年的北方公司坚持到了1684年；而最早创立于1664年的西印度公司却逐年亏损，于 1674 年与庄园合并。在这些公司中，仅有成立最早的，1664 年的东印度公司得以幸存。实际上，东印度公司也是外强中干。的确，投入其中的资金高达 900 万里弗尔，然而分到批发商手中的还不到五分之一。因为君主、大臣、贵族、长袍贵族和财政家拿走了 80% 的份额！这种商人在很大程度上仅为少数派的国家结构盘根错节、异常复杂：经营者对商业现状一知半解，且因无力保护名下船只和商铺，只能向王室寻求庇佑。除此之外，商人又该如何确保生产线上的船只和商船队之间互通有无呢？上述问题悬而未决，科尔贝尔没有达成让法国的海军力量与英国平起平坐的主要目标。

* *

所有重商主义者都想要发展海上实力。进口贸易依赖海上力量：引进各类异国产品、贵金属（如秘鲁的银，墨西哥和黄金海岸的金子）、干鱼或咸鱼，三角贸易。出口也离不开它：出口谷物、木材、盐、纺织品、矿石、工具、武器、工艺和机器等。科尔贝尔同时代的人均意识到了海军的重要性：葡萄牙和西班牙舰队 15 世纪至 16 世纪一直在海上称王；随后，这些海军强国因王朝政局不稳、财政状况不佳而退出舞台，取而代之的是荷兰和英国。法国拥有优越的地理位置和丰富的自然资源，理论上本应加入海上霸主的竞争，但政体和经济改革的步伐一拖再拖，拖累了海上事务的发展。当局都希望能弥补这一点，弗朗索瓦一世和亨利二世都曾提议大力发展海上事务，蒙莫朗西家族也有相似建议。然而，尽管这很重要，但上述尝试都无功而返。黎塞留和马扎然都认为降低对手威胁性的关键在于接受他们的先进之处。不幸的是，陆上爆发的冲突再次推迟了发展海上事务需要付出的努力，当务之急是要摆脱哈布斯堡家族的围剿。尽管主教-大臣建造了船只、组建了舰队，但不甚精良的武器、匮乏的仓储加剧了维护的困难程度。

17 世纪上半叶，海洋统治权的竞争异常激烈。在此之前，荷兰一直垄断着商业航运。据科尔贝尔所称，75% 开往欧洲港口的商船都挂着荷兰的旗帜。荷兰拥有世界一流的捕鱼船队，它们打捞鲱鱼、鳕鱼、鲸鱼、鲭鱼等。荷兰的公司牢牢把控着与远东地区（印度尼西亚、中国和日本等地）的贸易，深度参与了三角贸易。荷兰的海外殖民地虽然面积不大，但获利颇丰，其种植园产出高，产品利润高，尤其是香料。荷兰培养舰队不仅为自己所用，同时也为第三国提供便利，无愧其"海上马车夫"的称号。在当时所有参与了海上事务的国家中，荷兰建设的贸易站和造船厂的船舶建造及修补改装技术首屈一指。到了 17 世纪中叶，英国挑战了荷兰海上霸主的地位，其依靠的并非传统的商船贸易，而是王室海军，采取的途径与竞争对手截然不同。无论是斯图亚特王朝，还是克伦威尔统治时期，英国海军均以战斗为使命，力图抵抗来自葡萄牙、西班牙、荷兰或法国的对手。由此，为应付战争而打造的新型船舶——风帆战列舰——应运而生。

一般说来，商船的结构、配备的军械与战舰大体一致：以船队为单位，武装商船从美洲向伊比利亚半岛运输贵金属，配备的炮火足以抵挡私掠船和海盗，在必要时还可支援战舰。与无所不能的武装商船相反，风帆战列舰专为战争而生，船上有好几层甲板，每一层都配备成排的大炮。他们还潜心研究技术，增加炮弹的射程和重量。数量逐渐增长的风帆战列舰被编入海军中队。在战争最紧张的阶段，海军部队中拥有一百多艘船，由联络护卫舰、保障后勤的货船、辅助小船和"放火船"（brûlots）护航。护航舰队常作为干扰敌军的"武器"进入敌阵放火烧毁敌船。风帆战列舰需要持续监督。船上的海军军官严格按照军队要求训练，并增加人手，海军士兵或自愿加入，或分配而来。这种创新造成一个结果：一个精细复杂的工业综合体日渐庞大、花销也与日俱增。显然，海上事务工业综合体的表现在夺取战争胜利中举足轻重。由此，第一次英荷冲突（1652~1654年）以荷兰溃败而结束；而英荷第二次交战（1665~1667年）则以英国举起白旗告终。

在制定海上政策时，科尔贝尔需考虑各方势力、作战策略及后勤补给。1661年，法国海军已日渐式微，自马扎然时代起，海军仅剩余20艘船，且船只混杂、千疮百孔。尽管土伦和布雷斯特造船厂仍在加班加点赶造船只，但数量较少且均为低吨位。设备年久失修、七零八落，法国海军又如何重振雄风呢？而士兵们恰如这些设备，承担不起雄心壮志。为此，科尔贝尔不得不审查整个行政组织及军队。目前看来，军队吸收了众多马耳他骑士团的骑兵和商船的叛逃者，其中许多人是像迪凯纳（Duquesne）或福朗（Forant）这样的胡格诺教徒。

从地缘战略的角度来看，法国的地理位置得天独厚，是欧洲唯一拥有两段海岸线的国家。大西洋的海岸线为对抗来自英国人和巴达维亚人的进攻提供了便利，地中海的海岸线则有效抵御了柏柏尔海盗、热那亚人和西班牙人的进攻。来自诺曼底、布列塔尼、巴斯克及普罗旺斯等地区的人都很了解海洋，熟悉它的变幻莫测和财富，他们对沿海航运路线和航程资费也了若指掌。在沿海省份，不少贵族和商业世家都有家族成员为君王效力。从经济角度来看，法国自然资源丰富：森林葱郁，其中一些树质量上乘、数量众多，足以满足航海木材的需要；矿业资源丰富，能够为冶金工业和军火工厂提供原材料；还拥有足够的资源来生产亚麻帆布和麻料绳索，以及提供焦油填塞船只。法国在地中海沿岸地区有勒阿弗尔和布雷斯特海军基地，在大西洋沿岸地区有马赛和土伦的海军基地。然而，这些基地的军火库都面临装备短缺的困境，尽管创建时间很早，特别是大西洋沿岸的基地。在将近十年的时间内，科尔贝尔重振海军舰队，配置了现代化的设备。他的心血终于有所回报：法国海军拥有了 120 艘风帆战列舰，这还不包括"小船"（poussière navale）、轻型驱逐舰、护卫舰、联络舰和货船。

科尔贝尔实现了其主要目标——重振王室。为此，他招募了许多当地的木匠大师，其中一些大师自 1640 年起便在该行业耕耘，如洛朗·于巴克（Laurent Hubac）、洛朗·库仑（Laurent Coulomb）等。因此，除了 1665 年至 1667 年，少有木匠前往海外谋生，也很少在法国以外造船。一是因为荷兰与法国结成联盟共同抗击英国；二是由于法国兵工厂订单爆满。因此，丹麦船厂提供了两艘船（1665~1666 年），另外 6 艘船则来自荷兰（1666~1667 年），均由荷兰木匠扬·格伦（Jan Gron）制造。他于马扎然执政时期在土伦工作。来自外国工厂的船只确实不多，仅有 8 艘，而法国船厂足足打造了 142 艘。它们均来自科尔贝尔时期建立或扩充的兵工厂：其中布雷斯特 44 艘，土伦 35 艘，罗什福尔 31 艘，勒阿弗尔 13 艘，敦刻尔克 12 艘，马赛 4 艘，巴约讷 3 艘。除此之外，科尔贝尔还想在加拿大建立一些兵工厂。新大陆的森林资源充足，可以保护法国本土资源。来自魁北克的木匠大师巴里松（Barrisson）花了四年（1671~1675 年）时间打造军舰，取名为"加拿大"（Le Canadien）号。1676 年，由巴里松打造的战舰并入罗什福尔基地，并重新命名。然而，"雄狮"（Lion）号战舰存在重大缺陷。一年后，由于其始终未投入使用，便被拆解。实际上，法国王室还逐步整合了从私人手中购买的 14 艘船和从敌军手中夺取的 9 艘船。

港口兵工厂的一项重要职能是快速交付军舰。该类后勤基地负责舰船的建设、维护并配备军火。因此，木材、武器库、锻造厂、铸造厂和制钉厂都汇集在此，还集中了很多工作人员和技艺高超的工匠，如负责海上事务的木匠、建筑大师、铁匠、绳索制造商和学徒，他们都被称为"海上守护者"。这些港口兵工厂都符合国务秘书规定的标准，严格遵守这些规定是成功的秘诀。每个基地都依靠如萨米埃尔·达利耶斯等大财主或阿吉耶公司（la Compagnie d'Agier）和北方公司等公司出资。前者为大西洋沿岸的海军基地提供金属原料和来自比利牛斯山脉的原木，将用于建造桅杆；后者则为其提供从斯堪的纳维亚半岛、丹麦、莫斯科和荷兰进口的材料，如松木和沥青。

罗什福尔军事基地无疑是其中的翘楚。它位于夏朗德的沼泽地带，建造于 1665 年。实际上，是科尔贝尔的堂弟泰龙提出在此建立基地，此次选址不仅是海防的需要，也有社会政治方面的考虑。科尔贝尔接过黎塞留和马扎然的衣钵，从无到有地打造了布鲁阿日的军事基地：欧尼斯靠盐业和税收收入颇多，许多科尔贝尔家族成员也从中受益，包括科尔贝尔的父亲和叔父，科尔贝尔夫妇也搜刮此地油水三十年之久。如今，这位大臣意图打造一个能体现他海军理念的军火库，一个甚至能让前任红衣主教遗产黯然失色的军火库。该设想在罗什福尔变成了现实。该海军督办官同时也是欧尼斯的治理、司法和财政督办官。这种集多重职位于一身的情况在其他沿海省份并无先例。四十年来，这一职位一直在让-巴蒂斯特·科尔贝尔的亲戚——泰龙的科尔贝尔、卢卡·德·德米恩、米歇尔·贝贡，或皮埃尔·阿努尔等朋友的手里。而这座"完美兵工厂"的建造计划则是亲戚克莱维尔（Clerville）骑士提出的，由建筑师布隆代尔（Blondel）建造。这座兵工厂内含各式各样的工厂，如著名的绳索工厂、枪炮和子弹的铸造厂（1668 年）、锻造厂、食品仓库（1671～1673 年）、杂货店、干船坞和桅杆坑等。政府办公场所则集中在新城区，包括圣路易教堂、海军督办官府邸（民用）和海军司令官的府邸（军用）。

为了协调效率和经济发展，科尔贝尔为造船业制定了一系列标准。所有船只的质量都应该差不多，吃水量、配备的枪炮数量、舷窗数量、桅杆高度等均应保持一致。风帆战列舰需满足以下条件：最重要的是橡木原料，都钉入了大量金属，包括水下的部分，还配备了强劲的炮台，因为不能在北海停泊，这些战舰还具备速度快、抗压性强等特点，尤其荷兰沿岸遍布沙质浅滩。风帆战列舰不仅是冲锋陷阵的战船，还象征着荣耀和法国王室在世界各大洋中的力量。因此，第一类和第二类的船只，即舰队中最大的单位，在船头和船尾都装饰繁多，特别是大西洋沿岸的战舰（王室太阳号）和地中海沿岸的战舰（王室路易号）。这些装饰华丽甚至镀金的庞然大物足有 3 层甲板，配备有 120 门大炮，可容纳近 1000 名船员。在土伦，雕塑家皮埃尔·皮热（Pierre Puget）过分自由地发挥了艺术创造力，导致其负责的船只质量堪忧。想想看，他自以为是一个船舶设计师呢。

与其他欧洲舰队一样，风帆战列舰也面临一个反复出现的问题——招募船员。因为海军舰队，更确切地说是海军军队，需要成千上万的人，有时甚至达到 20000 人，还需要与海洋相关的专业人员，如从事捕鱼、贸易、航海的人员，以及精通某领域之人，如掌舵手、炮手、木匠等。然而，他们都对前往舰队服役心惊胆战，毕竟那是一个特别考验人的世界。污垢、肮脏和疾病比敌人的机枪炮火更为致命。所有海员都痛恨君主制武装带来的征兵制度。云游修士（Gyrovagues）则前往收入更高的地方。1690 年，一本回忆录描绘了他们的形象："只有巨大的自由和显而易见的利益才能吸引水手。他们是一种不归属于任何国度的鸟，只停留在他认为最佳的地方……水手总是出现在最自由的地方，而利益对他的影响也很大，可以说仅有利益能支配他。"

为此，科尔贝尔试图借助分类法分析问题，所谓分类法是1668 年至 1673 年施行的一种管理和行政制度，是"海员征用"（inscription maritime）的前身。国王的特派员负责视察沿海教区，对适合登船工作的人员进行调查，并把商船的公报交给他们。根据出身省份，特派员将水手和航海官员分为三、四或五类，随后将根据需要召集他们到王室船只上工作。而作为回报，被召集的人也有一些好处：免除征税、为自己和家人提供医疗援助，以及海军伤残军人协会向在服役期间受伤的士兵支付抚恤金。科尔贝尔还创建了海军卫兵协会（compagnies de gardes-marines），想成为官员的人在接受培训后将负责监督航海人员。这些年轻的贵族在港口军工厂习得航海的艺术和数学的作用，接受军事训练。总而言之，科尔贝尔在几条战线上均实施了他的海洋政策，并取得了不俗的战绩，拥有了持续服役的海军舰队，这为抵御随后爆发的系列灾难和财政困难打下了基础。

科尔贝尔一直相信通过发展港口军火库可以快速、良好地建设海军。而巡视可以发现其运作的卓越性、衡量其政策的有效性。1679 年，在土伦，可以说每个人都羡慕用预制构件在 7 小时内完成的塞里厄号（Sérieux）。1680 年，在敦刻尔克，君主与整个宫廷一道视察了该市的防御工程，并为进取号（Entreprenant）的演习喝彩，他们并未意识到将进取号从布雷斯特移至新的港口是多么困难。碰巧的是，水手们在桅杆上的表演足够引人注目，因而科尔贝尔的幼弟莫莱夫里耶以积极的口吻报道这件事：观看了水手攀爬桅杆和杂技表演的人都很兴奋。

　　耳闻国王和朝臣们在此观赏海军奇迹时给予的所有掌声，我无法不赞美您。昨日，国王陛下参观莱里（Lhéry）骑士的船只近两个小时，对它的美丽和壮观赞不绝口。国王陛下还视察了士兵操练和水手演习。士兵们演习操练的准确性可与国王的火枪手相媲美，而整个宫廷都对水手在船坞和桅杆顶上数次爬上爬下的轻盈和速度震撼不已，认为这既非凡又新颖，对整个宫廷而言都是娱乐性景象。在整个晚餐期间，没有人谈论其他话题。国王陛下的描述更是增加了王后和其余女士的好奇心。以至于在晚餐后的时间里，她们眼中再无其他。而且，无论她们何时经过港口附近，都能看到水手们挂在船坞、爬上船的顶帆，王后、太子妃和宫廷的女士们都很开心。您向陛下展示了华丽整洁的船和水手、好看且配合的士兵以及海军模范般的秩序，而且展现得淋漓尽致，无可指摘，要知道这些连完美作品也要批判的朝臣仔细勘察过每一处细节。

　　法荷战争初期，科尔贝尔便惊喜地看到法国海军取得的胜利。在地中海地区的巴勒莫附近，黎凡特舰队击溃了西班牙籍巴塔维亚人。1676 年 6 月，维沃讷巧妙利用了敌军的内讧——共和国最好的水手德·吕泰尔（De Ruyter）海军上将因此不幸殒命——在抛锚时给了敌人一个惊喜。此次战斗铲除了敌方海军三支大型部队，大海的归属权到了法国人手中。在加勒比海地区，德·埃斯特雷（D'Estrées）迎头痛击敌人，在多巴哥岛前面的两次战斗足以摧毁他的舰队（1677 年的 3 月和 12 月）。当荷属安的列斯群岛突然面临重重威胁时，荷兰开启谈判，试图结束冲突。然而，这次胜利并未彻底消除法国王室的问题：真正的船舰与科尔贝尔的梦想相距甚远。

用致密且结实的"贵族"木材橡木和铁钉打造的这艘船笨重异常，减慢了操纵和前进的速度。而设计师试图通过设计流线型船体来缓解这一问题：这艘船是被"裁剪"过的。这种外形导致吃水量巨大，可以有效防止船舶搁浅，毕竟船舶向海岸或河口方向移动时经常搁浅。然而，船只的稳定性还有待提高。鉴于船体内安装了相当接近吃水线的低位炮台，重心大大降低。且在大风浪天气下，船上的炮口必须保持紧闭，这使得部分火炮无法使用。此外还需指出，船身金属部分的连接处很快就会生锈，因此常漏水。简而言之，法国船与荷兰船正相反，船身更加稳定但容易搁浅，因其在水下的船体扁平，在船壳下吃水较少，结构更严密。因为船体通身由木头制成，荷兰人通常认为，一艘船的稳固性取决于使用的配件和钉子的质量。

这些船只的结构差异在很大程度上决定了部署的战术。对法国船只来说，搁浅后只能等潮水上涨使其再次浮起，穿越北海暗波涌动的浅滩也很危险。对比之下，荷兰船只并不将这些阻碍放在心上。在1673年的战役中，德·吕泰尔充分利用了这一优势：他两次将舰队藏于沙洲之后，在风向对他有利时再向法英舰队发起猛攻，并在没有法国王室船只追赶的情况下返回打掩护。在造船技艺方面，科尔贝尔认为功绩当属法国的木匠大师，他们有高超的技术和等比大小的模具。这些工匠往往批评他们的竞争对手巴达维亚人，称后者的造船知识还是以前几个世纪的商船为基础。同时，黎凡特的造船工匠也看不起在大西洋沿岸的同事。但双方都对金属钉和"裁剪"技术大加赞赏。与吃水问题的争议相比，这些内部的吵吵闹闹算不了什么。这些新船在接收它们的港口并不是一帆风顺。事实上，除了土伦和布雷斯特，其余地区均为浅水区。在敦刻尔克、勒阿弗尔，尤其是罗什福尔都不能建造、藏匿或检修法国海军体积最庞大的船只。该不足也埋下了许多隐患：当法国海军在英吉利海峡和北海与英国人和荷兰人交战之际，王室战舰在驶入布雷斯特之前没有任何可做掩护的地方。

从许多方面看来，罗什福尔都是最差之选。这个人造港口位于内陆，迫使船舶只能顺夏朗德而下，河道蜿蜒 10 公里，河底布满了岩石，河口则是杂乱的沙洲。总的来说，即使由福朗、图维尔等经验丰富的老将领航，所经路途仍危险重重。此外，船舶吃水量太小，搭载炮台、弹药、火药和粮食等战争物资后无法起航。这些物资只能靠杂役船、军需用品运输舰和小船运输，这很费时。即便如此，船舶到达停泊点也十分不易：牵引船舶必须视潮汐而定，选择适宜的时间和高度；即使是第三类船都必须等到潮汐涨到最高处。因此，采取任何行动都要经历复杂的部署，若错过则要在港口等至下一次涨潮。此外，罗什福尔位于沼泽区，水体在冬季扩张，在夏季回缩，陷入停滞。因此，建造海军军工厂或在新城区建设居民区时都需要加固建筑。而潮湿的气候不仅不利于保存木材，更会损害人体健康。该地区肺部发病概率极高，罗什福尔也由此得名"海军的坟墓"！

然而，一类、二类或三类船都无法进入勒阿弗尔港口。为打通船舶驶入港口的通道，工程量很大：盆地需挖到地下 10 英尺深，并清理涨潮带来的大批沙石。但还是存在问题，因此科尔贝尔请来范·福斯（Van Voos）作为外援。这位声名远扬的荷兰工程师曾建造了分散冲积水流的防波堤，即佩雷沙洲，于 1677 年竣工。巴约讷也有同样的问题。科尔贝尔这次放弃了建立兵工厂的设想。因为，一旦船离开，除非拆掉连通市区与对岸郊区的桥中间的桥洞，否则船无法抵达河边。即便如此，船也并非不会受损，从阿杜尔河驶向海洋的路上仍危险重重。问题出在吃水量上，船在夏天常常吃水不足。布雷斯特和土伦的港口情况有所改进。布雷斯特的彭菲尔德河口得到了疏浚。在土伦，达尔斯河口也被扩大，被冲积物堵塞的小支流也改了道。理论上，大型船只不再有风险。实际上，真实情况难以预料。1676 年，皮埃尔·阿努尔上报国务秘书称第二类和第三类的船舶只有在卸载后才能够进入港口。1677 年，直到航道加深工程完工后，黎凡特的路易号才进行首次试航。直至 1679 年新码头开放后，大型船舶才不再有移动和起航的困难。

不幸的是，这些人工港口引发了多起沉船事故，尤其是在罗什福尔。一系列悲剧相继发生：1665 年，布雷泽号（Brézé）偏离航向，撞向了夏朗德河口的岩石。1674 年，象号小型赛艇葬身河道。不久之后，图维尔掌舵的卓越号（Excellent）也搁浅在苏比斯的岩石上。几个月后，华丽号（Superbe）被绳子扯着，撞上了马特卢（Martrou）的岩石。1676 年，博热（Beaujeu）骑士带领的勇猛号（Intrépide）搁浅在海湾的一个浅滩上。1691 年，暴躁号（Fougueux）撞上韦热鲁（Vergeroux）处的岩石后沉船了。遭遇不幸的船实在太多，蓬查特兰规定罗什福尔港口仅能配备四类和五类船舶。勒阿弗尔也有相同的问题。1670 年，全新的鲁昂号首次出航就在锚地沉没。此后不久，拯救者号（Sauveur）在靠近锚地时搁浅了。敦刻尔克港口也未能幸免。因此，1680 年，即将接受君王检阅的进取号（Entreprenant）从布雷斯特驶向敦刻尔克，进入港口需要进行整修，莫莱夫里耶掩盖了行驶过程中的荒谬和复杂。科尔贝尔心中的大石终于落下，王室更不会担心了。

显然，选择敦刻尔克港口和进取号展示"新"海军雄风并非明智之举。敦刻尔克港的海岸线平坦，随洋流移动的浅滩不断延伸了海岸线，与北海通过一条即将面临封锁的航道相连。在这些水域航行总是很棘手，需要训练有素的船员。驶入敦刻尔克港也是如履薄冰：考虑到船的吃水量，船体本身不能太大。因此，一类船将被禁止驶入。而其他类的船舶则尝试通过卸货减轻重量。沃邦的军事工程旨在加固港口和保护入口，马尔迪克（Mardicq）的工程可以改进这些问题。1674 年，港口情况因钻探工程暂时恶化，因为承包商将挖掘物倒在海岸上。涨潮将这些杂物冲入航道和锚地，填满了这些地方，导致吃水量减少了 1.5 英尺（0.5 米）！海洋本身、港口工程、进入港口前需抛出压舱物的船只，种种一切都阻碍了（港口的）使用。只有"吃水浅"（吃水量小）的平底船才能避免搁浅。因此，1680 年，君主检阅进取号一事令组织者烦恼不已。路易十四在检阅结束后喜笑颜开，若他知道此前经历的磨难呢？

　　实际上，船只进入（港口）并未满足科尔贝尔对于效率的追求。1680 年 3 月至同年 8 月，治理敦刻尔克港口的德克洛佐（Desclouzaux）和塞涅莱就船舶入港问题通信。塞涅莱认为该事件对其父亲和其自身都至关重要。在完成首次探测后，鉴定意见和复核意见都是正面的，直至人们意识到进取号被"裁剪"了，搁浅对其造成了不可逆转的损害。有一段时间，有些人甚至说这艘船的吃水量超过了港口的容纳量。经多次测量，专家们认为只要尽可能减轻船只的重量，通航是可行的。由此，人们从船上卸下了大炮、武器、火药、粮食，如果还不够的话，压舱物也要卸载一部分！塞涅莱了解到国王希望看到锚地开闸和船只演习，担心不已：一艘仅剩下船体的船怎么能演习呢？6 月底，德克洛佐给塞涅莱带来了坏消息——进取号空着也无法驶入港口。塞涅莱下令用商船将进取号拖进来！同时，又涌现了新的焦虑：若英国船来到港口并要求救援，又该如何处理呢？形势迫在眉睫。由于事关法国的荣誉，德克洛佐和进取号指挥官莱里毫不犹豫地表示会将水手遣送上岸，拒绝英国船只的求救。船长、船员以及船只本身只能沦为牺牲品。幸运的是，英国人从未来过，这也使他们免于壮烈地沉没。

7月11日，进取号在两艘军需品运输舰的拉动下出行，尽管船底碰到了水底，但并未磨损过多。船员们终于松了口气，他们请求莱里写明豁免他们的责任。为确保君主顺利检阅船舶，他们整整努力了5个月。这段插曲将王室船舶的弱点暴露无遗。此前，这些缺陷都被小心谨慎掩盖了：路易十四仅对船的外观和水手的敏捷有印象。被特技表演吸引的路易十四赐给船员25000里弗尔。然而，船员们并未好好利用。他们反对的声音传到了君王耳中，致使龙颜大怒。宴会结束后，层级翻开了新的一页：船员都很谨慎了。8月底，进取号返回登记港布雷斯特。然而，离开并不比进入（港口）简单：船离开码头时空空如也，因为会在锚地重新装入炮弹、武器、粮草和船具（绳索、滑轮、钩子等）。来来往往的小船保障了物资转移。我们甚至可以想象，当敌人进攻时，无法动弹的船舶将招致怎样的后果：若无法尽快起锚，便失败了，甚至无法战斗。除了运输导致的延误，运输的花销也十分高昂，因租赁费用还包括进取号带来的损失，但仍比货船和牵引船的花费低。

最强的一类、二类船的装潢暴露了更多矛盾。首先，船舶装饰增加了开支、延长了建造时间，而此类情况在科尔贝尔力主发展经济和提高效率的背景下显得不能理解。其次，它导致的超载埋下了隐患，尤其是船尾和船头，并造成龙骨变形。此外，指挥舰力图彰显浩荡君威，因而船体尺寸和饰品不断增加，导致这场军备竞赛以失败告终。王室太阳号由洛朗·于巴克设计，在布雷斯特建造（1669~1671年）。这艘船因为出海问题很多，仍滞留码头。二十年后，奥格斯堡战役（1688~1697年）开始时，负责检阅船体状态的视察员更倾向于重建船舶，而不是改装。拆除和重建的费用共计 228000 里弗尔。这艘船于 1690 年投入使用，进行了第一次也是最后一次战役：它在巴夫勒尔遭遇不幸，1692 年在拉乌格结束使命。由鲁道夫·热代翁（Rodolphe Gédéon）设计的王室路易号于 1666 年至 1670 年在土伦建造，1677 年正式下海。然而此次试航后再没出海过。王室路易号属于黎凡特舰队，于 1694 年被抛售。它的失败也预示着胜利号（Victorieux）多舛的命运：胜利号于 1673 年在罗什福尔完工，然而没有出过海便在 1685 年被拆解了。

　　总体看来，法国海军舰队保持随时有至少 120 艘船，足以超过英国和荷兰的舰队，更不用说西班牙舰队。然而法国船舶的性能却成为船只过多的幻想的牺牲品。1671 年，终于意识到错误的当局派遣塞涅莱和皮埃尔·阿努尔刺探竞争对手的造船厂。他们带回了国外的技术和海军对比资料，这些数据将法国军舰的缺点暴露无遗。然而此时，军舰要么已完成，要么正在计划中。科尔贝尔设想的港口军火库运行状况令不少人失望不已，首先就是他的儿子——图维尔失误造成的船舶失事加重了这种情绪，公布后马上招致了批判。

　　1679 年秋天，图维尔骑士率领 4 艘在土伦武装起来的船只返回布雷斯特。4 艘战舰均由经验丰富的水手掌舵，包括图维尔亲自指挥的无可比拟号（Sans-Pareil），沙贝尔（Chabert）的征服者号（Conquérant），德安夫勒维尔（d'Amfreville）的满意号（Content）和科埃特洛贡（Coëtlogon）的彩虹号（Arc-en-Ciel）。当海军舰队行驶至菲尼斯特雷角附近时，暴风骤雨来袭，在场的目击者如此描述：无可比拟号的船头桅杆断了，摇摇欲坠的前帆又撞上了船体。船身在 1679 年 10 月 21 日深夜裂开了，这艘船完蛋了。图维尔疏散了部分彩虹号的船员，并宣布无可比拟号已遇难，邀请其余留在船上的人跟他一起跳海，这是唯一（活下来）的机会。许多人都不敢，因为他们不识水性。而满意号和征服者号均遭受了严重的损坏：尽管有水泵抵挡，水还是不断涌入。彼时巨浪滔天，两艘船根本看不见彼此。满意号将船上的炮弹扔进海里，试图到达美丽岛。然而不幸的是，它最终在莫尔比昂河搁浅了。征服者号也陷入了悲惨的境地。船员努力让其浮起来。船长下令须使出最后一点劲，称假如坚持到天亮，则可以顺利抵达美丽岛。可惜征服者号在韦桑岛偏航了。黎明时分，船员们已筋疲力尽，然而水位持续上升。此时沙贝尔发现了一艘小船——一艘英国商船——接收到了他发出的遇难求救信号。尽管沙贝尔下令救援，但大多数人都不敢跳海。与此同时，沙贝尔把自己和牧师紧锁在船舱里，与船一起沉入海中。400 名船员仅存活了 28 人。继 6 个月前阿韦斯群岛发生的灾难后，征服者号沉船事件无疑也引发了轩然大波。

　　1678 年春，法国继在卡宴和多巴哥的战役中取得胜利后，海军副司令让·德埃斯特雷打算乘胜追击，攻打库拉索岛，从而给荷兰人致命一击，这里是荷兰人在加勒比海地区最重要的基地。于是，他决定于 1678 年 5 月 6 日至 7 日的夜间起航。该舰队包含 12 艘军舰、3 艘放火小船、2 艘货船，1 艘医船和由 12 名盗贼组成的一支先锋队。根据一份一手报告，德埃斯特雷意图速战速决，他一意孤行，甚至不听对当地和潜在危险了如指掌的船员的建议。5 月 11 日晚，对自己的技能和运气充满自信的德埃斯特雷催促舰队在阿韦斯群岛的礁石区加速前进。然而，悲剧没多久便降临了，7 艘军舰和两艘辅助船挣扎了数个小时后葬身海底。此次沉船引发了巨大轰动，也波及了科尔贝尔：7 艘沉船相当于一次海军战役失败。国王听闻此事后勃然大怒。但若不是心怀鬼胎之人在旁煽风点火，国王的怒火本应自行平息。这些人向国王透露了军官之间的不合，称德埃斯特雷与他们之间的关系剑拔弩张。他们所言并非空穴来风，海军早已习惯了指挥官之间的竞争。德埃斯特雷出身陆军，在王室军官眼里就不够格。此外，德埃斯特雷专横跋扈，在部下那里也口碑尽失。

国务秘书对失事发生的原因、事件顺序和每一方的责任都进行了彻底调查。德埃斯特雷的嫌疑被排除，缺少熟悉海域的士兵被当成主要原因。虽然仅损失了两支队伍，但图维尔分队的罹难仍轰动一时。而在阿韦斯群岛悲剧后，此次人员的损失更是吸引眼球：800人失踪，比索尔湾和贝济耶两场惨烈的海战失去的人更多。科尔贝尔父子在海军部门施行的政策再一次受到批判。他们的政敌将无可比拟号和征服者号的沉没都归咎于平日船舶缺少维护。鉴于这些船都停泊在土伦，因此他们将矛头指向了皮埃尔·阿努尔，其身后就是科尔贝尔家族。

显然，法国财政总监和国务秘书都深陷这场风波：前者的侄子兼后者的表哥夏尔·德马雷就在征服者号上，是失踪者之一。因此，塞涅莱尖酸刻薄地讽刺阿努尔：

259

> 我知道这么可怕的灾难到底从何而来，我将不得不终生悔恨自己未能成功阻止。你这两年来的所作所为让我明白你不能胜任这样的职务，无法为陛下效忠。假如我曾提醒陛下，两艘船和那么多训练有素的船员就不至于葬身大海，这是你在离开国王的船时无法理解的疏忽造成的，这是我听过的最不可耻的失职。

种种证据汇集起来，递交到了科尔贝尔手中。受命检阅满意号的布雷斯特木匠大师解释说，船身损坏是源于改装不当。幸存者也提到船在触礁前就漏水了，撞上礁石后，进水的漏洞增加了很多。怀恨在心的迪凯纳回忆道，1678 年在土伦开展的维修工程的质量仅仅过及格线。虽然没有指名道姓，但他故意说皮埃尔·阿努尔的坏话，回击此前尖酸刻薄的言论。一向不喜欢阿努尔的德安夫勒维尔也很严厉。无可比拟号断桅让人认为是总督玩忽职守：该船近期刚刚经历一起桅杆事故，为何不下令调查呢？为何不彻查其他桅杆呢？马赛的双桅战船督办官布罗达尔被派往土伦进行调查。船只的桅杆负责人和木匠主管被捕后都尽力回答问题。在接受询问时，皮埃尔·阿努尔否认有任何失职行为，也否认了失职导致沉船的可能性。然而，作为正直的人，皮埃尔·阿努尔愿意承担责任，并辞去了官职。1679 年 12 月，塞涅莱命吉拉尔丹·德·沃雷接替了他的职位。皮埃尔·阿努尔只是个导火索。

免去皮埃尔·阿努尔的官职后，科尔贝尔父子将海难的起因简化为管理者海军督办官皮埃尔·阿努尔的失职，他长久以来都是科尔贝尔阵营的一员。解雇他是为了向君主和公众舆论表明，财政总监和国务秘书并不会在公务需要之处"动手脚"，为君王效忠远在家庭和友谊之前。此后该如何评判他们呢？但假如仔细审视幸存者的证词、船员的审讯记录、调查人员的陈述声明、图维尔提供的细节说明及迪凯纳随后混淆视听的言论，我们就会发现，上述种种证据都表明皮埃尔·阿努尔是清白的。几个月后，皮埃尔·阿努尔被任命为勒阿弗尔的海军督办官，这是王室海军前途最光明的官职之一，无异于为皮埃尔·阿努尔平反昭雪。显然，无可比拟号和满意号沉没是风暴导致的悲剧。而另一明显但几乎无人提及的原因则是船舶的维护困难重重，尤其当作战装备吞掉无数金钱、资源和能源时。科尔贝尔父子对此再清楚不过：实际上，王室海军士兵人数早已超过了王国的后勤、物质和商业能够负担的极限。

五年前，即 1674 年，皮埃尔·阿努尔接替了其父亲的官职。从此，这个 23 岁的年轻人便接管了土伦这个对法国战略至关重要的停靠港口。实际上，土伦在法荷战争中很关键，因为当时的交战重心在大西洋和北海之间摇摆后逐渐转向了地中海地区。而西西里岛战役迫使停泊了将近 40 艘战舰的港口提高军备武器供给速度和数量。1675 年至 1677 年，这强迫海军督办官让新船下水、维持现有舰队、检修现有船只并给它们配备武器。在几位特派员和官吏的协助下，海军督办官还要指导技术人员，即木匠和桅杆师傅，这些工匠极其重视手头的例行工作，对上级指令相当敏感。他还要安抚那些总是担心船舶没准备好的将领，平息因漂流在海上好几个月而加重的内部争吵。海军督办官要招募新成员、挽留老成员，无论是兵工厂工人还是与分类体系相关的人员。然而，经费有限导致招募过程困难重重，且大家基本不想参军。最后，海军督办官不得不面对供应短缺的问题，这个反复出现的问题因为港口兵工厂与供应区之间相距甚远而更严重了。

木条、沥青、帆布、武器、火药和粮食等所有材料大部分都由被课税的供应商供货，如萨米埃尔·达利耶斯。这些货物由他们横跨全国亲自运送。然而，长距离令人生畏，但无法回避。海军军队所需木材多来自勃艮第和弗朗什-孔泰的森林；桅杆的木材则来自多菲内和奥弗涅；炮弹和火枪则由多菲内和尼韦内的锻造厂提供。大部分运输走水路，主要线路是索恩河-罗讷河，但河流和支流并不规律：冬天，河面结冰；夏天，河流水量不足；春天，河流湍急，将本应送达的资源带至遥远的内陆。一些河流流段被安装的水磨坊阻断。此外，包括罗讷河在内的重要河流有许多过桥税收费站，这拖慢了运输速度。海运物资的确可以豁免关税，但护照检查仍要很长时间。在河岸边停留也是一大难题，遗失或被转移的物资永远不会到达终点。当船舶抵达阿尔勒后，船上物资将被移至货船运往土伦，成型产品沿海运输，橡木原木和桅杆则顺流而下。

英国与荷兰的港口为商港综合体，毗邻决策中心。法国的情况则相反：港口军工厂远离法国政治和军事中心巴黎。港口军工厂由此陷入尴尬境地，尤其在物流运输方面。战乱时期，海军督办官游刃有余地处理各类任务，在科尔贝尔父子的眼皮子底下维持平衡：他们没有耐心又吹毛求疵，会仔细检查督办官做的每一个决定。地缘战略分析、集中化管理、规范性立法等决定都要符合科尔贝尔父子对海事领域十分抽象，甚至过于简单化的观点。他们不知道海港人口、区域经济和领土规划的实际情况。法国海军坐拥 120 艘军舰，但建造、维护和部署等问题压制了科尔贝尔的野心。科尔贝尔采取的方法经常与理念背道而驰。准备已久的塞涅莱必须将理论和行动协调起来。实际上，科尔贝尔在海上事务中取得的成就主要归功于他儿子的倡议。我们可以注意到，残酷的现实是科尔贝尔这位前私人行政官在为君主效力时并非毫无失误。这与科尔贝尔积累财富和提拔家族成员的情况很不一样，家族使他忙得不可开交。

第十二章
权力之红利

在对富凯的整个审判过程中，科尔贝尔反复强调这位最高财政总督的巨额财富是其腐败的证明。与之对立的"秩序准则"则标志着廉洁，他个人的廉洁。这也是他希望留给同时代的人和后人的形象。由此，他塑造了一个股肱之臣的形象，品德高尚且把身体和灵魂都献给了国家，谦逊克己，甚至不惜牺牲自我。从他执政开始，这种范本使法国逐步成为后世不可逾越的参照系。和他一样，大臣应该有一个纯粹的灵魂，完全沉浸于职责中，不关心世俗的突发情况。

然而，旧制度时期的历史学家认为，在 17 世纪，一个事业有成的人按自己的章法行事似乎很正常。得益于这种观念，在为王室服务之外，苏利、黎塞留和马扎然等从没有被认为是为了发家致富而滥用权力。按照人们看待他们的方式，一般不会想到他们和金钱的联系。换一种方式看就会觉得有些零碎，甚至不雅。答案自然是：这些家族为王国和君主更大的荣耀而鞠躬尽瘁，君王公正地给予他们奖励。这种说法是科尔贝尔和马扎然想出来以证明他们的财富规模和可疑的财富来源是合理的。尽管在当时这种说辞显得顺理成章，但无人质疑也很奇怪。一旦掌权，政治家便可以尝到甜头。

然而，有的倒霉鬼并没能从这种普适的宽容中受益：富凯失宠后备受谴责，这在很大程度上是因为科尔贝尔的说辞，其中也有历史上随波逐流的原因。

事实上，权力和金钱关系紧密，不容忽视。研究一个苏利、一个黎塞留、一个马扎然、一个富凯或一个科尔贝尔的命运能反映国家社会结构的运行，至少不会比研究他们的政治或经济概念和实践得到的结果少。揭开前者的面纱就可以看到后者隐藏的那一面。和其他时期一样，旧制度时期的人们透露其宗教、精神、亲密关系甚至性方面的秘密比透露其财务方面的秘密要容易得多！似乎每个人都与金牛犊①有神秘关系。科尔贝尔正是从这个角度攻击富凯：一笔数额巨大、迅速增长、来历不明的横财。富凯刚入职时一穷二白，在被捕的那天却富得流油。但如果用相同的标准要求科尔贝尔，会发生什么呢？长期以来，那些科尔贝尔传奇的支持者都极力回避这一类调查。

* *

科尔贝尔很早就为自己画了一幅肖像，画里的他谦逊又谨慎。诚然，在 17 世纪 40 年代，年薪 600 里弗尔的战争特派员算不上报酬丰厚的职位。同与战争财政有联系的嫁妆丰厚的女孩结婚获利更多，但科尔贝尔并没有这样光明的前景。众所周知，他的未婚妻只拿到了 10 万里弗尔嫁妆的一半，他自己的父母也没有筹集到承诺的 6 万里弗尔。最后，这位年轻的新郎不得不动用他 5 万里弗尔的积蓄，这笔钱相当可观，很难在七、八年之内攒起来，除非他在工

---

① 圣经中金牛犊（le Veau d'Or）代表狂热崇拜。——译者注

资之外还有隐蔽的收入。从一开始，让-巴蒂斯特·科尔贝尔就表现出他有储蓄大笔钱财而不透露其来源的能力。因为他在经济上独立于米歇尔·勒泰利耶，也独立于马扎然。1651 年 4 月，科尔贝尔就这个问题致信马扎然。

> 关于阁下给我写信让我拿 1000 埃居军队役附加税的事，请允许我禀明，阁下相信我以这种方式为阁下服务，一定会对我有更高的评价。阁下知道我出差一年，花销甚大，却从来没有惊扰过阁下清净。我可以如实向阁下据理力争，整整三年来，我只从国王那里得到了 8000 里弗尔，这是国王让我在波尔多给阁下的。感谢上帝，作为一个有地位的人，我有足够的钱来生活，而且没期望过有更多钱。既然三年来我一直自费为国王服务，没有打扰任何人，也没有抱怨，那么阁下完全可以相信，我不会因此开始毁掉阁下那点生活费。我谦卑地请求阁下相信，您永远不会发现我为您服务的目的是满足我对您一贯的热忱和爱戴，阁下不会发现其中有任何卑劣的成分……

这番话让马扎然很高兴，使这个吝啬鬼心满意足。马扎然觉得科尔贝尔和他是同类。觉得臭味相投之后，两人很快就达成了共识：他们是假装谦逊和实际贪婪的混合体，崇拜金钱并且喜欢敛财，最重要的是恰到好处的虚伪和不诚实。各种证明材料都是二人伪造的。这对组合配合默契。马扎然用颇具讽刺意味的话总结道："我回答说，科尔贝尔是我的人，做着体面的专业工作；他听从我的吩咐，假装通过推进我的生意来做他自己的生意。"因此，"鲨鱼和印头鱼"的合作很互补。科尔贝尔在投石党运动结束（1652年）和马扎然去世（1661 年）之间的这段时期开始了他人生的第二个阶段，在这几年里，他开始积攒"小"金库。

1651 年，科尔贝尔以 35000 里弗尔的价格买下了"安茹公爵的府邸、领地和财库"督办官的职位。这个职位是在马扎然的支持下获得的，马扎然是卖官的大专家，特别擅长给法兰西王室的王子和公主的宫殿安排仆役。职位是编造的，国王唯一的弟弟还是未成年人，不可能有一个宫殿！1653 年，一个机会出现了：巴黎财政区财政署国家财务官①雅克·德·梅姆（Jacques de Mesmes）以 39000 里弗尔和 50 金路易（合 550 里弗尔）"代链"（pour la chaîne，即贿赂）的方式从他手中买下了这个职位。这个官职在三年内的增值十分可观，尽管与下面的例子相比算不上什么。因为转让这个职位是基于马扎然承诺为他争取到未来法国王后诚命秘书的职位。这个职位同样也是瞎编的：国王在七年内不会结婚。马扎然这次也很慷慨：他没有支付任何费用。

1655 年，科尔贝尔收到了国王的特许文书（lettres de provision），以及价值 25 万里弗尔的保留敕书。这笔交易的魅力就在这里。简而言之，马扎然授予科尔贝尔（他也不支付任何费用）一个售价 25 万里弗尔甚至更高的职位，而一切费用都由王室承担。最后，这笔交易给科尔贝尔带来的好处甚至超过了他的预期。因为在 1661 年 2 月，路易和玛丽-泰雷兹结婚后开始生效的这个职位被交还给了吉约姆·布里萨西耶（Guillaume Brisacier），他是会计主管、布里耶纳的高级官吏兼外交事务国务秘书。布里萨西耶为"科尔贝尔夫人的链条"支付了 50 万里弗尔和 6000 里弗尔。这是马扎然编造的官职卖价最高的一次。这种靠国家谋私利的行为是他使用特权致

---

① 当时法国每个财政区会设立一个财政署（Bureau des Finances），每个财政署设 4 名国家财务官（trésoriers de France）和 4 名财政主管（généraux des finances）。参见黄艳红《法国旧制度末期的税收、特权和政治》，第 47 页。

富的源头之一。这不是存钱的问题，而是滥用影响力的问题。1655年，科尔贝尔以 32000 里弗尔的价格买下了国王秘书一职，这是一个"平民的肥皂"，任职者工作二十年后可被册封为贵族，如果在职期间死亡，其继承人也可成为贵族。

科尔贝尔不仅参与了卖官，他也抓住每一个机会向他的老板索取职位或捐赠。因此，在 1652 年，他已经拥有了两个教会特权，但他又看中了第三个。有传言说南特的主教刚刚去世，科尔贝尔趁火打劫，就一个依附于该主教区的修道院与马扎然进行了交涉。这个修道院每年可以带来 4000 里弗尔的收入。为了把事情说清楚，他把自己的想法告诉马扎然："如果这个传言是真的或情况差不多，（请求您）给我一些跟这个差不多的好处。"1656 年，让-巴蒂斯特·科尔贝尔还清了欠马扎然的 4 万里弗尔债务，是通过乌当省的补助，在五年内偿还。因此，马扎然通过动用公共资金来清理他的私人账户。至于科尔贝尔，他轻率地违反了自己的原则，因为他知道要求的礼物是以王室财库为代价获得的。此外，当他觊觎一块无法负担的土地时，他邀请马扎然补上缺少的 6 万里弗尔，这都要感谢君主。他现在要做选择：或者提前支付他作为王后诚命秘书的工资（目前还不存在），或者支付他虚构的剩余工资或同样虚构的出差费用。人们钦佩其泰然自若，却忽视了这样做的后果。

科尔贝尔继续为自己和亲人谋利。例如，他给他的一个兄弟买下了诺让勒罗特鲁教区的修道院院长一职，这个教区的修道院院长因不称职而被解雇。科尔贝尔能买下这个职位是因为一位信徒替他出了面，好让他的一个孩子可以成为教士。为马扎然工作还有其他好处。科尔贝尔分到的工作宿舍在与马扎然府邸相邻的一座房子里，这里离工作地点很近，而且免费。他巧妙地将自己的费用与马扎然的费用混在一起，马扎然保证会保护他。像他一样，科尔贝尔哭穷并重复说其官职"对于一个财产微薄的人来说"意义重大。如果他没有这些职位，就只能以"很少的存款"维生。这样，他塑造了一个无私的仆人形象，准备牺牲一切来拯救他的主人。因此，在 1656 年，当蒂雷纳不得不放弃围困瓦朗谢讷时，科尔贝尔摆出了爱国者的姿态，提供了 4000 个金路易（合 44000 里弗尔）。在一个货币极为短缺的王国里，他献出了一个小额储户省吃俭用攒下的钱，并添油加醋地发表圣叙尔皮斯式的评论：鉴于现状，"陛下庇护的生灵万物必须做出贡献，每个人都要献出自己的力量，让祖国光荣地走出这苦难的意外"。

马扎然在遗嘱中也没有忘记感谢他的管家，合理但略显隆重：他将主教府附近的房子和花园遗赠给了科尔贝尔。科尔贝尔热情地感谢他："感恩阁下，我和我整个家族的财富得以延续到现在。只要阁下还在，我们提供的服务和感恩就永远无法与阁下的善行相提并论。"由此，他表态说恩人使他发财。然而这与事实相差甚远，这位管家有许多其他的钱财来源。

据科尔贝尔所说，他在 1652 年之前一直过得很糟糕。只要对他为马扎然工作的十年稍做考察便可知道，他对自己的生活多少有些遗忘或欺瞒。随着马扎然财富的增长，他的财富也在增长，众所周知，马扎然用一句厚颜无耻的话概括了这种情况。像任何一个在 17 世纪取得成功的青年一样，科尔贝尔走的是最为寻常之路：一个战争特派员成为首相的管家，购置土地标志着他的成功，随后融入了第二等级。1657 年，科尔贝尔以 18 万里弗尔的价格买下了位于勃艮第的塞涅莱庄园，这标志着他开始打入外省。从那时起，他投资了很多地方，从大型房产到小块土地。其目的是什么？打造一方"尊贵的土地"（terre de dignité）。这一点在 1668 年实现了：塞涅莱成为一个侯爵领地。科尔贝尔不断装饰这个地方。这片土地是他遗产的核心，反映了他在物质、政治和社会方面的成功。他在自己大儿子结婚时把这块地遗赠给了儿子。十年前，为了扩大庄园，他加购了很多小块土地，总计 14000 里弗尔。1659 年，科尔贝尔以 7500 里弗尔的价格买下了小莫内斯托（Petit Monesteau）。1660年，他花了 21000 里弗尔获得了几块土地。在塞涅莱周边，他用 8万里弗尔买下博蒙-拉费里耶尔领地（Beaumont-la-Ferrière），用 54000 里弗尔买下欧特里沃领地。1657 年至 1672 年，科尔贝尔整合了 276 块土地，共计 187 英亩（合 90 公顷）。

同时，他还从国家债务中谋利，国家承诺将其领地收入给予债权人作担保，科尔贝尔因此假借贝里耶之名获得了王室权利和森林。他们的协议是长期、坚实而富有成效的，尽管（这些协议）经常处于法律边缘。1658 年，科尔贝尔以 33000 里弗尔的价格买下了佩库（Pescoux）和孔蒂伊（Contilly）的一整块地。他选择卡昂地区可能令人惊讶，因为他的家族在那里没有任何人脉。这里应该是因为贝里耶而出名，他在该地区非常活跃。继勃艮第之后，诺曼底是其第二大资产所在地。1657 年至 1660 年，科尔贝尔总共有 5 万里弗尔，他的妻子还有 5 万里弗尔，但可能没有拿到，但他在土地和相关权利方面投资了 50 万里弗尔。他仅用四年的时间就完成了这项壮举。科尔贝尔模仿了他老板的做法，他的致富似乎是个奇迹。

像其他同时代的人一样，科尔贝尔是一个每年都有收入的食利者，他把这些钱借给不同的人收利息。借款人的范围很广泛：梅斯家族、隆格伊（Longueuil）家族、巴朗坦（Barentin）家族、科马丹（Caumartin）家族、波捷（Potier）家族等穿袍贵族的名流；贵族，甚至公主，如玛丽·德·洛兰或"法国最富有的结婚对象"玛丽·德·蒙彭西埃（Marie de Montpensier）大小姐。科尔贝尔在

1658 年和 1660 年两次给她预支了 78000 里弗尔。他放出去的贷款总额十分震撼：1655 年 46000 里弗尔，1656 年 126000 里弗尔，1657 年 81000 里弗尔，1658 年 8 万里弗尔，1659 年 54000 里弗尔，1660 年 4 万里弗尔，1661 年 84000 里弗尔。总计 511000 里弗尔！显然，这些外借的资金都是他未使用的现金流，尽管在 1656 年至 1660 年只收回 25 万里弗尔还款，也就是说，几乎没有超过被占用资金的一半。所以他很大一部分资本在中期或长期被冻结。除此之外，还必须加上他对马扎然的财政支持：数万里弗尔。即使公证处的档案没有记录全部情况，但在王国和王室国库资金短缺之际，科尔贝尔又该如何解释这么一大笔钱呢？

像所有收税员一样，科尔贝尔也是一个找水源的人，只不过他找的不是水，而是金子。1648 年，他为结婚花了 5 万里弗尔。1657 年，他在瓦朗谢讷战败的第二天献出 4000 个稀缺的金路易。最后，用数万甚至数十万里弗尔来购置土地。根据他的理论，迅速大量积累金钱是很可疑的。那他怎么解释自己的情况？他收到或承认的薪俸总额与他购置土地的花费总额差距过大。研究科尔贝尔财富的历史学家让·维兰注意到了这种差异，他"不得不指出，这一时期的支出大大超过了已知的收入来源。这个差距太大，不是几个修道院的收入或特殊奖金能填补的。因此，只能假设科尔贝尔还有列举出的收入以外的收入。他同时代的一些人也发现了这个问题，不怀好意的人也毫不犹豫地说他为了敛财使用了不光彩的手段。"说坏话的人有时也是对的：马扎然有次讲出了科尔贝尔通过自己的生意来做买卖的实话，因为他的生意有问题，科尔贝尔发家致富不是绝对纯洁的……

富凯在审判中指控马扎然从科尔贝尔的腐败中获利。他反诉科尔贝尔，列举其挪用款项的行为：据说科尔贝尔既没有提供账目，也没有从国库中提款的收据。马扎然保护了科尔贝尔，他收回王室财产和权利，参与收款和供应条约，并鼓励由他人出面买卖储蓄券、年金和包税租约一类的投机活动。科尔贝尔既非复仇天使也不是清廉先生，他可能是贪污之王。这些指控来自一个消息灵通的人，但此人被监禁起来了。如果没有查阅他和马扎然的文件，怎么来验证事实呢？富凯不是唯一一个发表这种言论的人。桑德拉·德库尔蒂在他的《科尔贝尔史》中提到了科尔贝尔高回报的投机活动：克洛德·吉拉尔丹比之前的租约少付 5 万里弗尔就能得到间接税总包税所，其中的差价则落入科尔贝尔手中。桑德拉·德库尔蒂和富凯一样提到了储蓄银行的票据倒卖：可以用这笔钱支付塞涅莱领地的购置费。据他说，科尔贝尔一直如此，他用这笔钱购买了布兰维尔和索镇的房产。

科尔贝尔还有一件事值得怀疑。这一次，有力的推测增加了反诉的真实性。1655 年，皮埃尔·阿尔芒收回了在诺曼底的领地地契，金额为 180 万里弗尔，其中 110 万里弗尔给了国库，40 万里弗尔用于偿还被撤销的鲁昂高等法院的职位，30 万里弗尔用于偿还被撤销的该省水域和森林的职位。此外，他还倒卖砍伐的木材长达十五年，收入高达 10 万里弗尔。皮埃尔·阿尔芒隐瞒了以诺曼底水域和森林总管路易·贝里耶为首的一群商人：夏尔·贝沙梅伊，该省森林的收税官；他的兄弟路易·贝沙梅伊，奥尔良的省级总征税官；尼古拉·米尼奥，国王秘书；一个叫莫朗（Morant）的人，国王弟弟的管家。由于这份合约，贝里耶和夏尔·贝沙梅伊过度开发了王室森林。这些滥用职权的行为本应让他们在正义法庭上走一遭，但两人都与科尔贝尔有合作，1661 年的动荡丝毫没有影响到他们，这说明了他们建立关系的时间之早。

路易·贝里耶来自勒芒，是一个省会城市书记员的儿子，他最初只是一个庭吏。1648年，他开始在该地区经营众多锻造厂。掌握了炼钢和林业方面的技能后，他遇到了科尔贝尔，开始为马扎然服务，并加入了安茹公爵府，成为一名管家。他管理着马延公国，这是安茹公爵第一个重要的收购项目。科尔贝尔很欣赏他，委托他监管马扎然的许多财产。1661年，他升任财政参事会秘书。同时，贝里耶从商，因此签订了阿尔芒合约。科尔贝尔死后，这份合同让他损失不少。因为在那之前和富凯倒台后，科尔贝尔一直在保护他免受伤害。一个重要的因素是，贝里耶参与了一场针对富凯的阴谋。他这么做的回报是什么呢？秘书委员会。他后来甚至以一个非常好的价格买下了这个职位，之前的出售合同已被撤销。1662年，他成了国王秘书。1680年，他成为王后诚命秘书。他是"科尔贝尔王国"的主角，他是献给波兰国王卡西米尔的修道院的收入的总管，并在1665年成为西印度公司的经理之一。

路易·贝沙梅伊是路易·贝里耶在皮埃尔·阿尔芒条约中的密友，两人的发展轨迹很相似。路易·贝沙梅伊的事业起步于与玛丽·科尔贝尔的联姻，后者是财政家尼古拉·科尔贝尔的女儿，就是让-巴蒂斯特·科尔贝尔的表妹。自1648年以来，他的未来就仰仗于此。还是马扎然管家的科尔贝尔支持他；后来成为财政总监的科尔贝尔仍然支持他。1655年至1660年，路易·贝沙梅伊是诺曼底森林的承包商之一。1657年，他被特派为奥尔良财政区的收税官，并成为参议会秘书；他能得到这个职位多亏了科尔贝尔，但与贝里耶一样，当时是在很可疑的情况下买下这个职位；他为科尔贝尔的经济政策做出了贡献；他投资了西印度公司，他的兄弟夏尔·贝沙梅伊是该公司的经理。他的一个女儿嫁给了科尔贝尔心爱的侄子尼古拉·德马雷，从而加强了与科尔贝尔家族的关系。和对待贝里耶一样，科尔贝尔保护他逃脱了正义法庭的制裁。科尔贝尔掩盖

了他们在皮埃尔·阿尔芒合约中的作用，他本是签署合约的一方。　275
夏尔·贝沙梅伊有时会替路易·贝沙梅伊出面签约；这两人中的另
一人则替科尔贝尔出面签约，例如在科尔贝尔购置邻近塞涅莱的领
地时。事实上，这三人在勃艮第和诺曼底一起打过猎。

　　1662年6月，在公证员面前，参议会秘书弗朗索瓦·波舒哀
严肃抗议了他们的非法行为。他自称被迫以1125000里弗尔的价格
将他的职位和相关官职让给了克洛德·沙特莱恩。他在1660年12
月又说到此事。

　　　　……富凯召集了他和买入他官职的人，告诉他们两人
　　（波舒哀和沙特莱恩）必须停止这次官职买卖，波舒哀需以大
　　约90万里弗尔的价格将他的职位卖给贝里耶先生，否则他将
　　通过高等参事会将定价降到一个更低的数额。因波舒哀不能冒
　　险反抗富凯，于是不得不在1661年1月18日撤回抗议，同时
　　以1050000里弗尔的价格把官职卖给贝里耶先生，这比卖给沙
　　特莱恩先生的价格少了75000里弗尔。

　　在富凯案的审判中，如果没有牵扯到原告的领导科尔贝尔，检
方就会把这个证词当作圣餐来接受。事实上，波舒哀还谈到富凯：

　　　　……告诉他们，马扎然绝对希望他们两人退出这桩买卖，
　　而且波舒哀以贝里耶的名义将他的职位卖给了科尔贝尔先生，
　　价格约为90万里弗尔，如果不是阁下通过高等参事会的法令
　　降低了价格，波舒哀就不会因无法冒险抗议当权者而不得不在
　　1661年1月18日放弃。

这份材料十分珍贵，有以下几个原因。首先，它揭示了科尔贝尔与贝里耶之间的勾结。其次，它解释了为什么科尔贝尔要把马扎然为他免费获得的王后诚命秘书一职谈到 50 万里弗尔：这 50 万里弗尔是为参议会秘书一职支付的，或者更准确地说，科尔贝尔买下了半个职位，贝里耶持有另一半。最后，他解释了科尔贝尔是如何在被特派为财政督办官后迅速爬上权力的最后台阶的：取消转让这一职位能够收回一些现金，同时用另一个由正义法庭特派授予的参议会秘书职位来补偿贝里耶。他后来用比以前更好的价格买下了这个职位。

所有这些都表明，这两个帮马扎然打理事务的合伙人相互勾结：马扎然死后，他们合作确保生意兴旺。贝里耶寻找那些周围有铁厂的林场。而科尔贝尔在勃艮第、诺曼底和贝里买下了既有木材又有铁矿的地产，这是冶金工业必需的组合。作为一个商业新贵，科尔贝尔进行了宣传：他们为正在建设的军事工业综合体提供了物资。富凯的指控可能是有根据的：在贝里耶的掩护下，科尔贝尔与他的同伙贝里耶和贝沙梅伊一起开采诺曼底的森林。从那时起，正义法庭就不能再挖下去了，一挖就可能揭开被隐藏的东西。

作为一名大臣，科尔贝尔为他阵营的公职人员辩护，部分原因是下属的忠诚，但有很大一部分是出于利益，这种混杂的感情在其他涉及钱的事情中也可窥见一斑。17 世纪 30 年代，跟随马扎然的几位科尔贝尔家族成员——尼古拉·科尔贝尔、尼古拉·勒加缪、德尼·马兰、夏尔·科尔贝尔、泰龙的夏尔·科尔贝尔、科尔贝尔本人——为西南地区（从普瓦图到吉耶讷）的财政金融开发做出了贡献。他们的名字出现在与法国盐税、波尔多运输税、布鲁阿日 35 索尔和夏朗德贸易等事务有关的租约中。然而，他们本人及其继承人都无须在正义法庭出庭。此外，马扎然遗嘱中的一个条款也

对他们有利，该条款将他的文件托付给了科尔贝尔。然而，1660
年，科尔贝尔注意到马扎然健康恶化，马扎然去世后，他们也会面
临巨大的风险，于是科尔贝尔要求他的兄弟夏尔和堂弟泰龙销毁所
有协议的痕迹，特别是在欧尼斯签订的协议。这是为了抹去他参与
的证据。然而，科尔贝尔还是在一个小细节上失败了——这从其他
的操作上可以看出来。

事实上，他与黎塞留、马扎然和国王的弟弟等显赫人物一起掌
握着对布鲁阿日盐征收的 13 德尼税，并以马扎然的名义收取欧尼
斯的军役税和布鲁阿日的 35 索尔包税所的收入。这样以私人身份
和红衣主教名义进行的双重参与可能对他不利。因此，他在马扎然
最后的日子里阻止开展任何针对马扎然遗产的调查和评估，这些钱
毕竟是通过不当管理公款得来的。因此，正义法庭所谓的财政道德
为政治造谣提供了便利：地方法官通过掩盖勃艮第和诺曼底的事务
使违规的受益者免于被罚。事实上，君主对外宣称的意愿只是表
象，目的是方便遮掩。那些以为自己在主导别人的人就像被操纵的
木偶一样！在君主权力和社会财政权力之间，权力的平衡十分清
晰：它很少向前者倾斜。

* *

对富凯的攻击基于所谓的贪污敛财。但这是一把双刃剑，很容
易将矛头指向自己。富凯看到了这个漏洞，因为他很清楚马扎然的
秘密和科尔贝尔的谎言。所以他要求清点这两人和他自己的财产。
这对马扎然很容易——他的遗嘱执行人（富凯是其中之一）已经
盘点了一遍：只要估计列出的资产并将其价值相加就可以得到总
数。对富凯来说也很容易：他提供了一份资产报表；我们可以询问

他的亲戚、朋友；我们可以像调查其他包税人一样调查他的公证人。他的文件不可能被隐藏起来，因为他的土地和财产已经被查封了。还剩下科尔贝尔。他可以拟定一份他的财产清单。我们可以听取证人的发言，无论他们是熟悉他的人——亲戚、朋友、伙伴或心腹，还是反对他的人，如可怜人弗朗索瓦·波舒哀。是的，我们可以……但我们没有，即使富凯一直这么要求。

审判结束 3 个世纪后，档案被全部或部分销毁，但这并不妨碍历史学家研究马扎然和富凯的财富来源和总额；但奇怪的是，他们没有对科尔贝尔做同样的研究：皮埃尔·克莱芒和其他科尔贝尔的传记作者都没有想到这一点。至于一丝不苟的让·维兰，他研究了这笔财富，但并不是科尔贝尔的老板去世时，也就是科尔贝尔崛起之初的财产。然而，审查是可以做到的。基本上，考虑到马扎然真实的财富和富凯假定的财富，科尔贝尔和正义法庭都不想揭露真相：一个首相的巨额财富和热情但挥霍的最高财政总督的破产。我们知道他们的缘由。但我们不太理解今天的历史学家，只能说触碰黎塞留、马扎然、科尔贝尔和路易十四这些国家的荣耀是一种亵渎。科尔贝尔，一个渎职者的管家和一个著名君主的大臣，他能够说服别人。他写了很多东西，他的文字被认为是有价值的。因此，他欺骗了他的主人，创造了他的神话。然而，他对"出于纯粹的喜好"而服务和工作的渴望完全是假的！科尔贝尔扮演了一个不沾金钱的智者："感谢上帝，像我这样一个人能够靠自己生活，没想要得到更多。"现实却截然不同。科尔贝尔是一个无情的新贵，他把精力投入到获得权力和享受成果中。

1661 年，他的个人财产被小心地隐藏起来，这些钱体现了他官场生涯开始前夕的性格。诚然，在这一时期，他的家具、书籍——科尔贝尔当时已经是一个藏品可观的藏书家——和现金的总价值尚不可知，他的"小金库"仍然很可观。相反，购买地产和官职的收据留存了下来。第一项是土地，包括勃艮第的塞涅莱领地和诺曼底的土地。这些土地总价 494500 里弗尔。第二项是官职，包括国王秘书和一半的参议会秘书，另一半属于贝里耶。这些花了543500 里弗尔，如果科尔贝尔像波舒哀认为的那样拥有全部职权，就需要 993500 里弗尔。最后一项是各种票据和证券，包括国王（各种权力）和个人（年金）的债券。前者价值高达 17 万里弗尔（乌当的间接税和布鲁阿日的盐的各种税），后者价值 378000 里弗尔，也就是总共 548000 里弗尔，总价值肯定被低估了，公证人的调查并没有公布所有的年金构成。

这么算的话，科尔贝尔的资产有 1585000 里弗尔；负债 65500里弗尔，即尚待支付的土地款。加上家具、书籍、银器和现金，其家产轻轻松松达到 160 万里弗尔，如果科尔贝尔持有参议会秘书的整个官职，他的家产将超过 200 万里弗尔。这还没有算上假设他参与了资信公司和贸易公司。从这时起，科尔贝尔已然成为法国最富有的人之一。与财政家的财产相比，他的财富处于上游：所有财政家的前 20%。与其他大财政家的财产相比，他跟阿贝尔·塞尔维安的财产差不多：230 万里弗尔，但这是在他漫长的职业生涯——担任战争国务秘书六年，担任最高财政总督和国务大臣六年——结束时的成果。与首席贵族的财产相比，除了主教-大臣、血亲亲王和外国亲王，科尔贝尔的财产大约算是处于平均水平，而且非常均衡：三分之一是土地，三分之一是官职，最后三分之一是票据和证券，这与红衣主教-大臣时代包税人的财产（构成）相当吻合。

科尔贝尔的财产之多让人对其来源和结构提出了问题。1648年，科尔贝尔夫妇拥有 91000 里弗尔现金和价值大约 9000 里弗尔的房产。1650 年，在投石党运动时期，科尔贝尔开始为马扎然工作，但他的财产并没有增加多少。一切都随着马扎然的胜利而改变了。科尔贝尔的财产在十年间增加了 15 倍：1651 年为 10 万里弗尔，1661 年为 160 万里弗尔。这种速度是无法用正常收入解释的。科尔贝尔到手的工资并不高。是由于王室赠送的财物吗？还是仅仅几千里弗尔的圣俸收入？又或是拿到了乌当的间接税补上了从国库预支的钱？当然不是。因为卖掉两个职位（安茹公爵的府邸、领地和财库的督办官，王后诚命秘书）收到的钱还不到他财产的三分之一。那么，多出来的钱从何而来？100 万里弗尔并不是一个小数目。

实际上，科尔贝尔的财产让人想起马扎然的财产：数额庞大、积累迅速且不透明。这可以从科尔贝尔家族三十年来的日常花销中找到答案：财政金融剥削。从 1661 年起，作为财政主管，科尔贝尔买官的同时获得政治升迁。1664 年，建筑最高总督的职位花了他 242500 里弗尔：其中 8 万里弗尔以现金支付，剩下的 162500 里弗尔在一年内付清。1665 年，他付出了更多，国王（圣米歇尔和圣灵）骑士团勋章①司库一职花费了 40 万里弗尔。1669 年，国务秘书和国王内务总管的职位花了 60 万里弗尔，这让价值 16000 里弗尔的法兰西矿务矿业最高总督的这个大总管职位变得不值钱了。科尔贝尔因此冻结了很多钱。但是，对他来说，买官和收购房地产是并行不悖的。

在勃艮第北部，塞涅莱的领地仍然享有特权。1664 年，他以 8 万里弗尔的价格买下了奥尔穆瓦（Ormoy）的封地，两年后，又以 18 万里弗尔的价格买下了谢尼、下博纳尔（Le Bas-de-Bonnard）

---

① 这里提到的圣米歇尔骑士团勋章（l'ordre de Saint-Michel）和圣灵骑士团勋章（l'ordre du Saint-Esprit）是国王授予的最高等级的荣誉勋位。

和马尔迈松（La Malmaison）的房产，马尔迈松的房子在 1671 年以 6000 里弗尔的价格成交。1667 年至 1670 年，科尔贝尔花费 75000 里弗尔买下了圣萨尔夫新城（Villeneuve-Saint-Salve）和佩里尼两块地。1668 年，他用 16000 里弗尔在布伊勒维耶尔（Bouy-le-Viel）买了一些地。1661 年至 1662 年，他用 11000 里弗尔买到了欧塞尔的各种税，比如"小块地"（menus sens）。1667 年，他又用 3 万里弗尔买下了博蒙特的间接税。除了这些款项，还必须加上修理和维护城堡和豪宅等建筑物的费用。1672 年，科尔贝尔已经拥有了 3200 英亩（合 1670 公顷）土地。他的长子让·巴蒂斯特得到了塞涅莱的领地，他的幼子儒勒-阿尔芒在签订婚书当日得到了奥尔穆瓦的领地，这是他引以为豪的事情。科尔贝尔家族根基由此愈发稳定。科尔贝尔模仿贵族，但他还是工业家的思维：通过委托给商业伙伴的工厂收取投资回报。这增加了他们在当地的影响力。最后，该省在政治和经济上依赖于科尔贝尔家族，在宗教上也是如此。1671 年，他的兄弟尼古拉离开吕松主教区前往欧塞尔主教区，给人留下了一位改革和慈善教士的印象。

在诺曼底，科尔贝尔扩大了他的根基。1672 年，他以 20 万里弗尔的价格买下了埃鲁维尔（Hérouville）的领地，而且在接下来的几年里不断扩张该领地。另外，1677 年，他以 4 万里弗尔的价格抛售了拉里维耶尔的领地，这是他放弃的唯一一块重要土地。1675 年，他以 108000 里弗尔的价格买下了布兰维尔的领地。1682 年，他以 17 万里弗尔的价格买到了克勒伊（Creuilly）的男爵领地。他还第一次在外省买下了一块地：1678 年，他以 16000 里弗尔的价格买下了萨尔特河畔圣朱利安（Saint-Julien-sur-Sarthe）的领地。这些诺曼底的房产总共花了他 59 万里弗尔，另外还有整修和维护建筑的费用。如同在北勃艮第一样，科尔贝尔将经济影响与精神影响相结合。1680 年，他的儿子雅克·尼古拉成为鲁昂大主教的副手，将继承大主教的位子。

刚被任命为海军国务秘书和国王国务秘书的科尔贝尔在巴黎附近找到了一处著名的住所。17 世纪上半叶，政治家通过建造奢华的城堡来彰显他们的成功：法国司法大臣西耶里侯爵布吕拉尔建造了贝尔尼城堡；最高财政总督隆格伊建造了最高财政总督府；黎塞留、吕埃尔、塞尔维安，然后是勒泰利耶、默东（Meudon）、富凯，陆续建造了沃子爵城堡。科尔贝尔把目光投向了索镇男爵领地，该领地属于波捷家族，距离巴黎和凡尔赛只有 3 法里（指古法里——编注）。1670 年，他以 135000 里弗尔的价格买到了这块地，并在 1679 年用 111000 里弗尔、1682 年用 14 万里弗尔买下了索镇、王后堡（Bourg-la-Reine）、沙蒂永和勒普莱西皮盖（Le Plessis-Piquet），从而扩张了这块领地。主要是为了扩建花园并改善供水问题，最后，这片地的面积扩大到 1000 英亩（合 375 公顷）。科尔贝尔整修了官邸：花园很宏伟，建筑装饰得很朴素，总共花了 466000 里弗尔。1677 年 7 月，他邀请国王前来参观。《风雅信使》（Le Mercure galant）对此进行了恶意的报道。这其实与那些"过度开销往往只会招致混乱，更多在于满足宴请人的野心而不在于给宾客带来欢愉"的奢华宴席大相径庭。因此，科尔贝尔吸取了尼伊·德沃（Nuits de Vaux）的教训：住所和接待处都表现出他本人坚实而谦逊的形象。虽然感到荣幸但没有被冲昏头脑，路易十四也很高兴，并将其公之于众。在吃饭的时候，他难道没有看到天花板上的画：黎明宣布太阳的到来？这个寓意画很明显：大臣为国王工作，但他谨小慎微不露锋芒。

索镇因其城堡和绘画、公园和雕塑，仍是科尔贝尔最喜欢的住所，是最能体现他作为最高建筑总督职能的地方。正如诗人基诺所写，它成功地"让世人明了大总管的智慧、谦逊和伟大"。

继勃艮第、诺曼底和法兰西岛之后，科尔贝尔建立了第四个也是最后一个地产中心：贝里。1679 年，他以 165000 里弗尔的价格买下了谢尔河畔新堡的领地，以及布尔热的地块和房屋，包括一栋破旧的建筑雅克·柯尔府！历史只是弹指一挥间：新财政大臣在各方面都取得了胜利，重建了这座很久以前的财政大臣的宅子，后者失去了一切。最后，在他去世前一周，他用 312000 里弗尔的价格买下了利涅尔男爵领地。这个爵位原本属于选侯的遗孀安妮·德·贡扎加·德·克莱夫。这笔交易非常巧妙：十四年前，公主以 45 万里弗尔的价格买下了这个爵位。科尔贝尔模仿马扎然，陆续买回了曼托瓦家族在法国的财产，如马延公国和尼韦内公国。无疑还有另一个原因。利涅尔是一个重要的森林庄园，总占地 2200 英亩（1250 公顷），每年砍掉 75 英亩的树（1685 年）。由此，科尔贝尔再次表露了自己对开发林业的兴趣。

在经商有了成绩之前，科尔贝尔在巴黎没有自己的住所。起初，他与父母住在格勒尼耶-圣拉扎尔街（Grenier-Saint-Lazare），后来又搬家到蒙马特尔街、科克-埃龙街（Coq-Héron）和石膏厂街（Plâtrière）。由于经常去圣厄斯塔什教区，马扎然给他提供了位于新小场街（Neuve-des-Petits-Champs）的住所，这是马扎然遗赠给他的房子，与马扎然府相邻。在继承人的要求下，他用这处住所换取了马扎然府后面维维恩街（Vivienne）的一块土地。同时，他的舅舅安托万·马丁·皮索尔将库尔托维兰街（Courtauvillain）的一栋房子和贝里街相邻的两栋房子遗赠给他。1665 年，他住在卢浮宫分给最高总督的套房里，后来住在维维恩街的房子里，他以 22 万里弗尔买下了位于新小场街的巴乌特吕（Baoutru）府，这就是后来的科尔贝尔府。十三年后（1678 年），他买下了瓦内尔府

（Vanel），又称小科尔贝尔府。同时，他继续投资：在维维恩街，他把马扎然侄子给的那块地纳入自己的一块土地，建了一栋三层的楼；他还在这条街上买了另外两栋房子。

跟他同时代的人一样，尽管科尔贝尔谴责"食利者"，但他在公开场合和私下里都很推崇年金。1681 年至 1683 年，他认购了市政厅、总包税所和贷款银行的公债。1680 年，他买了 38 万里弗尔；1682 年，28 万里弗尔；1683 年，10 万里弗尔。他总共买下了 76 万里弗尔。在这些年里，科尔贝尔还向个人提供贷款。在他去世时，他持有自 1657 年以来的 2 万里弗尔债权，自 1659 年以来的 5000 里弗尔债权，自 1661 年以来的 84000 里弗尔债权，自 1662 年以来的 68000 里弗尔债权，自 1663 年以来的 109000 里弗尔债权，自 1669 年以来的 96000 里弗尔债权，自 1671 年以来的 96000 里弗尔债权，自 1675 年以来的 5 万里弗尔债权，自 1676 年以来的 1 万里弗尔债权，自 1678 年以来的 45000 里弗尔债权和自 1681 年以来的 6 万里弗尔债权。这相当于 666000 里弗尔的债权承诺，其中 10%无法收回了。据他的遗嘱执行人皮索尔舅舅说，这个比率很低：债权人知道如何选择他的债务人。因此，督办官科尔贝尔和大臣科尔贝尔之间不存在割裂，他在马扎然和君主身后都在一点一点积攒财产。

* *

按照科尔贝尔的标准衡量，他的财富构成在 1661 年至 1683 年都没变，但其规模和增长速度不禁让人注意到权力和金钱之间的关系。对于旧制度时期的历史学家来说，了解和评估一笔财富总是一个微妙的问题。这就把比较纳入了视野，没错，否则某些问题就不会出现。在这方面，考察大臣的财力对于理解致富的社会政治机制至关重要，但是在考察科尔贝尔的财产时却颇为坎坷。在深度调查结束后，让·维兰列出了财产的构成部分，其中的误差可归因于档案的空白。但这些部分的总和并不能完全衡量这笔财产的规模，尽管由科尔贝尔的舅舅兼遗嘱执行人亨利·皮索尔签署的遗产结算书得到了继承人的认可。

让·维兰列出了（科尔贝尔财产的）第一项：222000 里弗尔。这里包括现金（11000 里弗尔）、家具、宝石、珠宝、银器或镀金餐具等贵重物品（132000 里弗尔）、绘画、雕塑等艺术品，还有图书馆里的作品和奖章。第二项有 1438400 里弗尔，包括仅限于国王秘书的职位（665000 里弗尔），以及票据证券——国家年金、私人年金以及参与的总包税所和贷款银行票据。第三项价值 1900400 里弗尔，其中包括巴黎的房产——科尔贝尔府和小科尔贝尔府、维维恩街的房屋、新马扎然街的未建土地、库尔托维兰街的房屋和贝里街的另外两处房屋（917100 里弗尔），还有外省的土地，特别是埃鲁维尔、布兰维尔和克勒伊的领地（67 万里弗尔）、沙托纳夫的领地（245000 里弗尔）、利涅尔的男爵领地（31 万里弗尔）、索镇的领地（666000 里弗尔）和其他一些封地（19000 里弗尔）。因此，总额为 4955000 里弗尔，这个数字经常与实际财力相混淆。错了！因为这只列出了资产。但科尔贝尔也欠利涅尔男爵 511000 里弗尔：科尔贝尔在购买后不久去世，这使他无法支付剩余的款项，以及其他土地的剩余款项。因此，真正的财产是资产减去负债后的 450 万里弗尔。

然而，清算与财产清单之间存在细微的差异，遗嘱执行人披露的发票和收据现在已经消失了：第一项是 1173000 里弗尔；第二项是 1357000 里弗尔；第三项是 3297000 里弗尔，这几项加在一起的资产高达 5827000 里弗尔，而不是 4955000 万里弗尔，负债保持不变，约为 50 万里弗尔。那么，科尔贝尔的确切财产将是 530 万里弗尔。80 万里弗尔的差额来自索镇，因为改善了其内部装饰、花园的形状及其供水而增值了 40 万里弗尔，也因为某些年金的资本减少了。因此，继承人将拥有 530 万里弗尔。遗憾的是，所有的部分相加得不出这个数额：官方文件确实经常误导读者，特别是死后的清册。但在这里，土地、房屋和款项都消失了，大多数历史学家却不为所动。

科尔贝尔怎么可能直到临死时（1683 年）只担任了国务秘书这一个职务呢？他一直担任国务秘书、最高建筑总督、法兰西矿产矿业最高总督大总管以及国王骑士团勋章的总司库。诚然，他的长子塞涅莱作为国务秘书幸存下来，并继承了国王骑士团勋章的总司库的职务，他的小儿子奥尔穆瓦也继承了最高建筑总督、法兰西矿产矿业最高总督大总管的职务。但科尔贝尔用自己的钱支付了这些费用，因此这些也算他财富的一部分。塞涅莱侯爵府和他 5 个孩子的情况也是如此。

1667 年，科尔贝尔赠予吕讷和谢弗勒斯公爵夏尔-奥诺雷·阿尔贝的妻子让娜·玛丽-泰雷兹 384000 里弗尔（价值 369000 里弗尔的白银，价值 15000 里弗尔的宝石）。1671 年，他将 40 万里弗尔作为遗产于生前赠予保罗·德·博维莱尔（Paul de Beauvillers）的妻子亨丽特-路易丝（21 万里弗尔现金，价值 17 万里弗尔的年金，剩余部分用于偿还岳父母的债务）。1679 年，他将 40 万里弗尔作为遗产于生前赠予路易·德·罗什舒阿尔的妻子安妮-玛丽。他的两个儿子和 3 个女儿一样受到了良好的待遇。科尔贝尔指定长子让-巴蒂斯特为其所有财产的受遗赠人以及府邸的主人：除了塞涅莱侯爵府外，他还将接任国务秘书和国王骑士团勋章总司库的职务。但由于遗嘱在科尔贝尔死后才会生效，科尔贝尔给了长子 10 万里弗尔的年金，这相当于 200 万里弗尔的资金。他届时大约将得到国务秘书的职位（70 万里弗尔）、国王骑士团勋章总司库的职位（购买时为 40 万里弗尔，1683 年价值更高）、塞涅莱的土地（70 万里弗尔）。科尔贝尔安排了他最小的孩子儒勒-阿尔芒于 1682 年结婚，除了奥尔穆瓦和布兰维尔侯爵府外，还提前给了他 40 万里弗尔的继承权，其中包括 15 万里弗尔现金、价值 10 万里弗尔的法兰西矿产矿业最高总督大总管一职、价值 15 万里弗尔的萨尔特河畔圣朱利安和蒙古贝尔（Montgoubert）、尚索、佩库和孔蒂利（经过卢泽斯）的领地。所有这些都应算入财产中，还有儒勒-阿尔芒担任的最高建筑总督职务（50 万里弗尔）。

将所有部分整合起来看，科尔贝尔的财力相当可观。家具和其他贵重物品价值 1173000 里弗尔；职务价值 1706000 里弗尔；土地价值 3357000 里弗尔，其中索镇 1035000 里弗尔、塞涅莱 71 万里弗尔；巴黎的房产达 939000 里弗尔；票据证券达 1357000 里弗尔。还要加上价值 1363000 里弗尔的包含现金、宝石和年金的嫁妆。资产攀升至 9882000 里弗尔，负债保持不变：511000 里弗尔。因此，在科尔贝尔死的时候，他的财产有 9371000 里弗尔！在现实和财产清单之间，不单单是简单的差异。事实上，大臣的财富是根据嫁妆和遗产的流入或流出而人为增加或减少的。就科尔贝尔而言，这可能是两倍之多。此外，还有许多灰色地带。令人惊讶的是，重商主义英雄并未持有任何商业、海事或殖民投资。科尔贝尔私下里听不到公共的言论吗？另一个奇怪之处是，科尔贝尔作为一个庞大的压力集团（groupe de pression）的保护人，一个之前的包税人，他除了在总包税所和贷款银行有存款外，并不拥有对国王的任何公债，这实在令人称奇。如何相信他与财政划清了界限，竟能巧妙避免任何对"他的"资金来源的尴尬调查。

这笔财富十分惊人。不管是作为督办官还是大臣，科尔贝尔都创造了奇迹！除了主教-大臣的财产外，这也是君主的仆人能积攒到的最可观的数目。这笔钱超过了卢瓦的财富，他的资产不到 900万里弗尔，负债情况不明。这笔钱使苏利、塞吉耶或勒泰利耶的财富都黯然失色，他们的财富大概在 400 万里弗尔和 500 万里弗尔左右。这种比较是一目了然的，因为卢瓦并不是白手起家，他是米歇尔·勒泰利耶的儿子，当了三十二年的战争国务秘书和八年的法国首相。他的父亲已经留下了一份殷实的遗产。卢瓦担任了三十年的战争国务秘书，国王任命他时，他才 23 岁。在那个年代，科尔贝尔是一个小小的战争特派员，成为大臣之后，他在大臣位置上的时间只有他对手的一半……毫无疑问，科尔贝尔是个优秀的人，他创造了他们这一阶层数目最大的两笔财产：在首相中，是马扎然的财产；在大臣级别的高级官吏中，是他自己的财产。

诚然，科尔贝尔在其事业的巅峰时期行动并不那么迅速。在为马扎然服务的十年中，他的财富增长到最初的 16 或 20 倍（1648年是 10 万里弗尔；1661 年是 1600000 里弗尔至 200 万里弗尔）；在为君主服务的二十二年里，他的财富只增长为最初的 5 倍。增长的速度在下降。然而，在路易十四时期观察到的增长与前一个时期同样单一。仅在 17 世纪 70 年代初的短短十几年，他集中了所有的职能（以及与之相关的资金来源）。那么，我们是否应该在一系列奇迹般的遗产中寻找巨富的原因？

1661 年至 1663 年，科尔贝尔拿到了他结婚时父亲承诺给的 6万里弗尔和 43000 里弗尔的利息；从母亲那儿拿到了几万里弗尔。1669 年，他从他的姨妈皮索尔那里拿到了 4 万里弗尔。至于他的妻子，她那时的积蓄少得可怜，不到 3 万里弗尔。因此，必须找到他致富的其他原因，特别是他兄弟克鲁瓦西的夏尔·科尔贝尔于1696 年去世后的财产清单。夏尔·科尔贝尔为管理和外交贡献了二十五年光阴，在 1680 年，他成为国务大臣和外交事务国务秘书，后来便一直担任这一职务直到去世。他没有担任很多职务，但在十六年的大臣生涯中，他的资产达到了 1232000 里弗尔——加上他接替他侄子塞涅莱担任骑士团勋章总司库的 40 万里弗尔；他的负债情况不详。因此他的财产接近 150 万里弗尔。如何解释这种不一致，他们的职业生涯相当类似：哥哥 9371000 里弗尔；弟弟 150 万里弗尔，后者同样节俭得很。

这样巨额的财富很难用理财有道来解释。诚然，科尔贝尔能拿到一份舒适的薪水，而且随着他职位的增加而不断上涨。1661 年，作为财政参事会的成员，他拿到了 31000 里弗尔的年薪。1664 年，他作为最高建筑总督，薪水是 48000 里弗尔，作为国务大臣的年薪是 2 万里弗尔，作为财政总监的年薪是 4 万里弗尔，作为骑士团勋章总司库的年薪为 15000 里弗尔。1669 年，作为海军国务秘书的年薪是 48000 里弗尔。每年的总年薪为 20 万里弗尔。此外，他还有每年总计大约 155000 里弗尔的土地租约、房租和年金利息。扣除他自 1675 年以来支付给塞涅莱的 10 万里弗尔，他的可支配收入大致为每年 255000 里弗尔。在二十二年的经营中，考虑到收入的递增和与生活方式有关的支出，科尔贝尔在来到国王身边时，通过整合他的资产，可以获得 450 万里弗尔，最高甚至可达到 600 万里弗尔。从他的财产来看，这意味着他三分之一的财产仍然是神秘的。他生活中不变的一个特点是，拥有的财产或收入的来源是匪夷所思的。如果我们按照他谴责尼古拉·富凯的所谓财富标准，那他自己的财产也非常值得怀疑。丑闻在科尔贝尔下葬后立即爆发，并使他的许多合作者蒙受损失，这让人们对他的钱是否干净产生了更深切的怀疑。

这些类似黑手党的做法对政府来说并不新鲜，但在黎塞留、马扎然和科尔贝尔执政时期，这些做法嚣张到占据了公共权力。这些做法给那些声称要服务国家的掌权者带来金钱。通过像他老板那样利用财政金融体系，科尔贝尔充分利用了其影响。幻想改革和把控财政拨款的年轻君主却没有改变任何现状：这个机制继续运作着，并使同样的受益者获利。因此，被战争扭曲的制度不是靠王室的一厢情愿或优质管理就能改变的。在这方面，科尔贝尔依旧是个财产管理者。他的成功超出了所有人对他的预期，也超过了马扎然、他自己的亲戚和整个科尔贝尔家族对他的期望。相反，说服君主像管理私人财产一样去管理公共财政是十分不可取的行为。但在 1683 年，路易十四已经不再是那个自以为是的年轻人了：某些真相开始显现，这是一种迟来的自我意识觉醒——除非科尔贝尔的对手们没能给他提供帮助……

尾 声

让-巴蒂斯特·科尔贝无疑是孕育了绝对主义君主制的"三主神"（la triade capitoline）中的最后一位。他延续并发扬了黎塞留和马扎然的工作，但科尔贝尔的政坛地位比前两位要低一些。黎塞留和马扎然一个与王室有血缘关系，另一个则得益于与摄政王太后的情谊。而让-巴蒂斯特·科尔贝尔效忠的是一个骄傲的君王。这位极度渴望权力的君王甚至嫉妒科尔贝尔手握的权力，一度想自己独掌首相大权。但路易十四和科尔贝尔秉持着共同的信念：建立一个绝对主义的国家。一言以蔽之："一切为了国王，一切通过国王而实现，没有国王就没有一切。"红衣主教们以外交事务为例对此进行了辩护：对外政策的目的是借由武力和战争巩固、增强君主至高无上的地位。这两位红衣主教，无情如黎塞留臣，圆滑如马扎然，均为了王权的崇高（grandeur）牺牲了一切，这在17世纪是一个很重要的概念。与此同时，他们也从君主的权威中受益：君主权威使一切行为都有了理由，由此衍生了夸张的服从，借此掩盖政治沦为工具的现实。哪个君主会向陆上霸权说不呢？毕竟，一统大陆就意味着他将领导一个集行政、财政和庞大且多样化的军事为一体的组织，其运作取决于红衣主教及其领导的机构。而这一切均以国王的名义和国王的权威决定，无论是"黎塞留王国"还是后来的"马扎然王国"。

正如我们所知，主教-大臣倡导的好战政策为财政金融体系的发展提供了沃土，在加强公共权力（la puissance publique）的同时又使公共权力服从命令。由于高度集中的权力、复杂的各部门以及畸形发展的军队，技术专家体制最终失去了控制。注入新的力量才能保证其发展。这些新的力量并非来自传统的贵族，而是来自第三等级，即法律人士、批发商和金融实业家，因为贵族受限于他们的天职——战争。他们通过为国家服务来满足自身的野心。长袍贵族已从事商业贸易许久，司法和财政事务更是让他们在商业领域如鱼得水。因此，君主便可从这些相关的家族中选择政治合作者。在路易十二和弗朗索瓦一世执政期间，君主都曾向血统显赫的家族求助，如安布瓦兹（Amboise）家族、古菲耶（Gouffier）家族以及蒙莫朗西家族；在此基础上，亨利二世的子嗣们又增加了洛兰-吉斯（Lorraine-Guise）家族。这些老牌贵族为军队、教会等培养了如红衣主教乔治·德·安布瓦兹和宠儿安妮·德·蒙莫朗西等人才。但从16世纪开始，逐渐有来自商贾之家或家里负责管理封地财产的平民通过自己的官职跻身第二等级。这整整一百年间，随着行政机构的扩张和中央集权的巩固，法学世家逐渐涌现，越来越多的法官通过培训熟悉业务。

总而言之，这一切都构成了在事实上独揽大权的"小团体"。在这个小团体中，一些人逐渐冒头。他们为了家族和拥护者的利益逐步垄断权力。从而在间接层面引发了层出不穷的争斗。最能展现全貌的例子莫过于与洛兰-吉斯针锋相对的蒙莫朗西家族。在面对这些臣子之间的竞争时，君主的裁决需要十分精妙，因为任何错误都可能对他们造成伤害，尤其是在他们年纪尚轻、经验匮乏、易受影响的时候。如弗朗西斯二世和查理九世在他们野心勃勃的母亲凯瑟琳·德·美第奇的指使下更是如此。而当政坛精英因宗教分歧对王室合法性提出质疑时也是如此，如亨利三世和亨利四世在16世纪下半叶的经历。宗教战争并未消除政局中不可告人的想法：胜利的一派开始掌控权力。

该情况持续至17世纪，路易十三和路易十四执政时期相继掌权的均为少数派，由此出现了新人，如迪普莱西·德·黎塞留等新贵，又如效忠玛丽·德·美第奇的孔奇尼以及曾为黎塞留工作的马扎然等来自意大利的外国人。马扎然这位独树一帜的红衣主教建立了一个围绕家族的"王国"，取代了"蒙莫朗西王国"。彼时，波旁王朝和哈布斯堡王朝交战已久，进而催生了财政金融体系的畸形发展，这种以宗族为单位建立的小团体也随之萌发。很快，王权的威信力逐渐倚靠那些推动其发展的人，即佩剑贵族、长袍贵族或公职贵族。在"黎塞留王国"中，红衣主教的敌人必然是君主的敌人，换言之，这些人也与王国为敌。黎塞留进而在政坛布下"天罗地网"，在政治领域，他在一些大臣职位上安插了亲友，如让-博沙尔、布蒂利耶和他的儿子沙维尼、叙布莱·德·努瓦耶；而在军事领域，许多元帅都听命于黎塞留，如他的姐夫马耶、德埃菲亚或朔姆贝格；而财政领域的所有人都如比利翁一样掌控着国家是否能够良好运行的命脉。无论在军队、海上贸易或还是殖民企业领域，黎塞留都得到了来自实业家、工业家和从事大宗商品买卖的商人的支持，这群人对黎塞留忠心耿耿。例如，在盐税总包税所和包税所分所都颇具影响力的博诺兄弟及其合伙人为黎塞留吸引了大量资本，即为君主制的发展提供了现金流。这些资本为陷入战争的国家提供了足够的资金。

17世纪上半叶，这些活动为新贵家庭打开了机会的大门。科尔贝尔家族便是最好的例证。在短短几十年内，他们从大宗买卖和工业领域发展至银行和财政界，他们正是通过财政金融活动成功进入政界。科尔贝尔家族成员众多、性格各异。通过巧妙地选择姻亲，他们成功打入大臣家族的小圈子，如布吕拉尔家族、帕尔蒂切利·德·埃默里家族、费利波·德·拉维里利埃家族和勒泰利耶家族。在马扎然时期，这位来自"黎塞留王国"的罗马人更是见证了这种发展的趋势。科尔贝尔家族向最高财政总督帕尔蒂切利·德·埃默里和最高建筑总督艾蒂安·（勒）加缪看齐，晋升到权力的最高层；严格意义上说，科尔贝尔整个家族均追随着他的叔父、父亲及他本人，科尔贝尔本人也是战争国务秘书、莱扎尔（Lézard）家族的首领、"马扎然王国"的支柱米歇尔·勒泰利耶的追随者。尽管这个兰斯人常以"新人"面目示人，但他实际上是高门子弟。

正如让-路易·布尔容所称，科尔贝尔家族成就了科尔贝尔，而非他一人成就了整个家族。从科尔贝尔的教育经历和学徒经历来看，他是纯粹的"黎塞留王国"产物。此外，他还从伟大的阿尔芒人黎塞留处习得多种方法，黎塞留是他迫使路易十四接受的理念的来源。科尔贝尔翻新了黎塞留提倡的重商主义，但并没有提出任何创新的理念，只是将其系统化了。然而，科尔贝尔对法国历史的重要性并不在于他是否有经济方面的原创，而在于随着路易十四重新掌权后发生的种种情况。与表象相反，路易十四亲政并非仅仅是太子登基那么简单，而是一种"双重登基"（double avènement）：一方面，年轻的君主希望独掌大权；另一方面，这种新形式的权力完全被科尔贝尔工具化了。尽管后者扮演的只是家务总管的角色，但权力的天平实际上向他倾斜，并为他掌管的各部门创造利益。

实际上，"夺取权力"这一表达虽与路易十四捆绑但错漏百出。它并没有传说中那么光荣，也没有太阳王在其回忆录中声称的那么引以为傲。诚然，路易十四急于执政，但他对如何治理国家一无所知。首相马扎然作为路易十四的教父、导师，在生命的最后几周内仍想要启发这位年轻的君主。这也是为何马扎然在临死前都是国家事实上的"主人"。1661 年 3 月马扎然逝世之际，他的私人秘书图桑·罗泽（后又任路易十四的私人秘书）全程见证了这位年轻人的精神状态。正是罗泽誊写了马扎然临终前对年轻君王的谆谆教诲。路易十四像个新手一样记下老师的珍贵话语，这正是他政治上不成熟的表现。弗雷亚尔·德·尚特卢（Fréart de Chanteloup）记录了与图桑针对该问题的对话：

> 罗泽先生证实了这一点，在主教大人马扎然逝世当日，所有人远离后，他独自一人回到了马扎然的房间，拿着一只有墨水的羽毛笔，从口袋中抽出一张写下马扎然关于王国三个等级的最后嘱咐的纸，马扎然还告知年轻的君王要扩大阶层。路易十四记录了半张纸之多，马扎然过目后说："这个范围还可以再扩大一些，把这些、这些都加进去。"加入了这些内容后足足有一页纸，马扎然将其读给国王陛下听。而路易十四对马扎然说："这目标太低了，还需进一步提高。"马扎然对此感到十分惊讶，甚至无法理解。在他看来，路易十四仍未经手过任何政务。

年轻的国王深知自己缺乏经验。因此，在下令逮捕前最高财政总督富凯的前 6 个月里，他悉心听取时任财政督办官科尔贝尔的意见，仔细研读他的备忘录和计划。而科尔贝尔写下的这些文字主要涉及财务问题，目的是利用君王对政务的不熟悉来诋毁富凯。假若国王承认新导师所言均令其十分受益，那是因为他对财政"一窍不通”，正如国王在给王太后的信中承认的那样。总的说来，路易十四有缺陷，并缺乏系统的培养。可以说，他几乎不可能像博学的勒泰利耶或利奥纳，像老练的战略家孔代亲王或蒂雷纳一样。正是因为缺乏政治家的魄力和见识，路易十四本人并非权力的化身，而只是扮演着行使权力之人的角色：外表的光鲜亮丽掩盖了日常生活的真实性。在即位之初，眼花缭乱的骑兵竞技表演和迷人岛的欢乐会都是为了赞美君王，掩盖他的缺点。

从一开始，君王就表现出一种与发生的事件矛盾的镇定自若。1661 年，当路易十四宣布平定外省时，爆发的人民起义却将他的公告付之一炬。而当他要求正义法庭严惩富凯时，审判结果并不如其所愿。事实上，路易十四的权威一直被挑战，除了曾下令追捕包税人、假贵族、砍伐森林之人以及勒索他人的领主时近乎独裁。1671 年，路易十四要求普罗旺斯的三级会议在税收方面多做努力。但他们却充耳不闻，尽管财政总监科尔贝尔施加了压力。1672 年，君主令元帅克雷基（Créquy）和贝勒丰（Bellefonds）前往总元帅蒂雷纳手下任职。然而他们却冒着永久失宠的风险，直接拒绝了路易十四的命令。6 个月后，克雷基回归军队，贝勒丰则担任了一段时间的外交官。

而这位年轻的君王领导的军事行动更是清晰地展现了表象与现实之间的鸿沟。好战的路易十四意图成为欧洲的仲裁者。在位期间，他一直乐此不疲地扮演着击溃敌军的队长一角。谁是观众呢？显然是士兵，还有法院。此外，国王自始至终都热衷于扮演小兵：每年他都会增加阅兵次数，让各团演习。更令人糟心的是，他主动请缨担任战略家。于是，路易十四前往前线待了两三个月，带着一众朝臣为他庆功。1667 年至 1668 年的遗产战争随着法国迅速征服弗朗什-孔泰而告终。事实上，西班牙已无力防守。而路易十四却认为该战役证明了他是一位杰出的战略家!

随后的法荷战争(1672~1678 年)更是巩固了这一称号:(法国)作为欧洲人口最多、国力最强盛的国家,路易十四统领着2000 多万臣民,向一个仅有 100 多万人口的"奶酪商人的小共和国"发起进攻。外交大臣利奥纳凭借出色的技巧孤立了荷兰。决心在第三次战争中向"海贼"复仇,英国派出海军加入法国军队。主管军队三十余年的勒泰利耶家族在卢瓦精心策划下发动了进攻。这对科尔贝尔的商业政策有很大帮助,他此前一直担心与荷兰之间的商业贸易竞争。路易十四采用各种手段夺取胜利,他带领着有史以来规模最为庞大的军队(有 12 万士兵)出征,掩护他的是当时最杰出的军事家——大孔代和蒂雷纳。而对面迎战的巴达维亚人仅出动了 4 万人,且大部分军队驻扎点军备短缺。荷兰内部的人口则分崩离析:一派支持时任荷兰执政奥兰治亲王,另一派则拥护寡头政治家德·维特(De Witt)兄弟。这场打响于 1672 年 5 月的战役在法国君主眼里既新鲜又欢快:一座又一座城市沦陷。1672 年 6月,法国军队从托尔威斯(Tolhuis)涉水跨过莱茵河。这段历史常被人津津乐道。相比之下,希伯来人跨过红海是一场远洋逃亡!

接连的胜利促使刚刚负伤的孔代亲王意图进攻阿姆斯特丹,然而痴迷于攻城战的路易十四却决定继续攻坚。不久之后,原本对法国有利的条件急转直下。来自南尼德兰的入侵引发一系列的连锁反应:执政拒绝任何谈判,更不必说让他投降。同时,他也彻底孤立了德·维特兄弟。作为民众的替罪羊,他们遭到了屠杀。直至1702 年逝世,奥兰治亲王始终是路易十四不屈不挠的对手。他是一流的政治家,但在领军作战方面却资质平平,常年依靠固若金汤的防线:海洋不就是一个国家最忠实的朋友和头号敌人吗?为此,荷兰人在默伊登开闸放水,淹没低地,成功抵御了法国军队的入侵。海军方面，海军上将德·吕泰尔突袭了停泊在索尔湾的英国和法国的海军船只，此番胜利让英法无法封锁或登陆。于是，这场本应迅速取胜的战争拖了六年，再次使法国陷入财政困境。法国人民再次失望地发现，他们的国王并不是恺撒。

法荷战争同时暴露了路易十四性格中令人不快的一面。1676年5月，在瓦朗谢讷附近，路易十四终于将要与威廉三世面对面交锋。然而，令人出乎人意料的是，路易十四并未拿起武器迎战。相反，他召开了战争咨议会，放弃了战斗。谁能相信这是有"战王"之称的路易十四做的事呢？实际上，这个决定恰恰揭示了路易十四费尽心机隐藏的性格特点：面对困难，路易十四总是避而远之。圣西蒙曾不带任何恶意地提及路易十四在前线时的胆小。路易十四的岳父洛奇公爵见证了这次退缩，他告诉回忆录作者自己是当时少数愿意战斗的军官之一。圣西蒙也曾在奥格斯堡同盟战争中目睹路易十四类似的脱逃行为。1693年6月，国王正在巡视军队，1676年之景再现：在让布卢，奥兰治亲王情况十分危急，很可能会惨烈战败。而当路易十四抵达卢森堡后，元帅提议国王即刻参战，夺取此场必胜战役的胜利。路易十四再一次退缩了。令法军震惊的是，卢森堡大公双膝跪地祈求路易十四参与战斗。然而，国王拒绝了。路易十四留下军队腹背受敌，回到法国，再也没有返回前线。可以说，我们刚刚见到的不是胜者路易（Louis le Victorieux），而是懦夫路易（Louis le Poltron）。事实上，路易十四也深知自己的稳定全靠国家，也就是把控着法国社会政治小团体的杰出精英们的功劳。其中最重要的就是科尔贝尔。

1661年3月，国王在科尔贝尔身上看到了一个理想的合作者的影子：这位原红衣主教的"家仆"愿全心全意地为路易十四履行他在马扎然手下履行过的职责。路易十四并不欢迎新面孔，但他很熟悉作为马扎然重要总管的科尔贝尔。于是，科尔贝尔开始谨小慎微地服侍路易十四，正如他此前侍奉来自罗马的马扎然那样。不同的是，此次他有了毋庸置疑的权力，足以让他实现经济抱负和家族成功。科尔贝尔关于革新财政、经济和政治领域的计划，旨在让包括上层贵族和有产者在内的法国社会与君主制追求的目标一致。一切都是以他的名义、按他的心意推行的。

然而，科尔贝尔并未立即获得好处。直到富凯被淘汰后，他才被任命为财政总监和国务大臣。五年后，科尔贝尔终于成了国务秘书，也标志着他终于进入掌握政界实权的"小团体"。路易十四不断地慢慢提拔科尔贝尔，以至于科尔贝尔实际上就是非官方的首相。科尔贝尔早在 1662 年就已是海军事务的实际负责人，但直到 1669 年才正式宣布掌握海军事务的职位属于科尔贝尔。实际上，科尔贝尔早已权倾天下。可以说路易十四那句有名的"朕即国家"不是指他自己，而是指他的"管家"科尔贝尔。

而在商业领域，科尔贝尔不是依靠他的理论改变了君主制政治，而是通过实践。科尔贝尔继承了家族从采石场走向财政界的秘诀，利用了旧制度的基石，即族内通婚和世袭制。例如，尽管科尔贝尔宣布成立正义法庭，但他从没想过要废除包税制度或惩戒包税人；他只是用自己的人取代了不是自己势力范围内的人。科尔贝尔的关系网覆盖全国，不仅深刻影响着王国的财政和经济活动，而且管理这些活动的行政部门也受其影响。海军及军械库也能看到同样的行为。由他亲友担任的督办官传达科尔贝尔的命令，各个财政区也是一样的情况，他们都会核查是否认真遵守了科尔贝尔的指令。

这套运行机制效率很高：科尔贝尔根据技术挑选合作者，确保他们有接受过训练。由此，科尔贝尔的儿子塞涅莱和侄子德马雷从青少年起就接受了精心培养。随后，塞涅莱接替了科尔贝尔在王室和海军中的职责；而德马雷则继承了科尔贝尔在财政部门的职务。科尔贝尔对他派去财政部门和管理部门的个人也同样保持警惕。基本上，他只在亲友和利益共同体中寻找国家繁荣发展和权力集中所需要的能力：难道国土辽阔不会妨碍科尔贝尔指令的执行吗？

但这种治理方式也并非没有弊端：他的合作者因为与科尔贝尔相熟且受他庇护，就以为自己可以逍遥法外。科尔贝尔任执政期间也深受任人唯亲和惊人的唯利是图的困扰。科尔贝尔刚一去世，问题便爆发了，牵连了不少他身边最亲密的合作者，例如商贸总督办官贝林扎尼被控渎职、参议会秘书贝里耶和贝沙梅伊被指责在诺曼底滥伐林木、庭长迪盖（Duguay）则被指控在勃艮第贪污海军用的木材。科尔贝尔在国库的左膀右臂——财政督办官尼古拉·德马雷则被控在走私假币时与外人沆瀣一气。金钱法庭调查官普罗斯珀·巴鲁因（Prosper Baruyn）、迪雅尔丹兄弟及其表兄弟均被指控贪污了蒙托邦财政区的税收。多菲内省级总征税官萨米埃尔·达利耶斯被疑盗用公款。海洋督办官德米恩则被怀疑通敌，不久便被罢职。他的同事布罗达尔和德·瑟伊则被怀疑盗窃，被迫退休。

制订规章制度则是科尔贝尔治理的另一大特点。他笃信，一项政策成功与否取决于人们是否严格遵从定义了政策的文本，文本的每一个字都代表中央权力。因此，管理财政的财政家或官员、管理海洋事务和商贸的行政人员、领地管理人员，以及治理、司法和财政领域的督办官等专家都是很年轻时就从穿袍贵族、财政界或司法界招募而来，他们有相同的理念和社交。因此，他们的小团体与垄断权力的团体密不可分。一言以蔽之，他们给"绝对主义"赋予了意义。这便是技术专家体制（la technocratie）的开始。自科尔贝尔起，君主制的运行离不开大臣及其合作者的教育和能力。随着行政机构的迅猛发展，他们的数量和重要性也不断增长。尽管王室有微弱的愿望，但这群人的权力几乎到了可与王权抗衡的地步。先是科尔贝尔，随后是卢瓦、塞涅莱、蓬查特兰、德马雷凭借过人的知识超越了自认为是唯一主人的国王。他们掌控的权力已压君主一头。没有他们，国王就什么也不是。诚然，国王代表整个国家，但其他人行使着真正的权力，正如圣西蒙公爵的理解。

科尔贝尔历经大约十年才实现根本上的转变。然而，他与路易十四在法荷战争之前产生了矛盾。路易十四意图建造一座全新的宫殿——凡尔赛宫，计划于 1682 年搬进去住，而科尔贝尔反对此事。1664 年，科尔贝尔担任最高建筑总督，这个职位相当于"美术大臣"。该职位至关重要，因路易十四常将他的光辉形象与宏伟瑰丽的建筑联系在一起。路易十四希望处处都是"太阳王"的形象，从而使首都从中受益，而科尔贝尔深知主教府扮演的角色，认为权力的中心应位于巴黎，更确切地说是卢浮宫。这也是王国历史的一部分，因为卡佩王朝便建都于法兰西岛，在靠近圣德尼的旧吕岱斯（Lutèce）。法兰西历代国王逝世后都长眠于圣德尼大教堂。也正是在巴黎，为君王歌功颂德的文学、艺术、科学作品都蓬勃发展。天文观测台、王室花园等科学机构和生产肥皂和挂毯等奢侈品的工厂也坐落在巴黎。毫无疑问，科尔贝尔希望说服国王在巴黎建造联合体宫殿，从中世纪以来的国王居所卢浮宫延伸至玛丽·德·美第奇的杜伊勒里宫。然而这一想法遭到了大臣勒贝尔南（Le Bernin）的反对，这位自 1665 年跻身法国政坛的大臣反对他的同事。科尔贝尔支持后者与其说是出自民族主义，不如说是为了强调发展的统治特征。

路易十四选择搬进凡尔赛。当年投石党叛乱给还是幼童的路易十四留下了深深的心理创伤，特别是巴黎兵荒马乱，甚至杜伊勒里宫里他自己的住处也未能幸免。由此，路易十四不喜欢沿塞纳河畔建造新宫殿的想法。尤其是这个联合体将囊括主教府和四国学院，马扎然的陵墓恰恰就在四国学院的小教堂内。自正义法庭和审判富凯的案件之后，灰色地带的阴影逐渐落在路易十四头上，他想摆脱主教-大臣把控朝政的记忆，尽管他对黎塞留、马扎然的私人组织和巨额财富一无所知。1671 年 7 月，路易十四给安娜、于勒、马扎然三艘战舰重新命名，标志着他改变了对已故教父的态度。至此，路易十四抹去了对母亲和导师的记忆。这也证实了圣西蒙所言：君主不希望他的参议会中出现任何主教的身影，因为这会将他拖回被主教-大臣支配的日子。

17 世纪 70 年代，当科尔贝尔正式推行技术专家体制时，路易十四离开了首都，就像之前逃离战场一样。凡尔赛宫便是他搭建的主场。在科尔贝尔眼里，建造凡尔赛宫不只是钱的问题，二十年里陆续投入的 8000 万里弗尔在科尔贝尔眼里也不值一提。令科尔贝尔忧心的是，国王想要将凡尔赛宫打造成权力的象征。科尔贝尔深知，一个王国的历史首都也是它的金融、经济和行政中心，管理财政金融体系的贵族和经济精英官员都住在这里。而凡尔赛宫是个闭塞的死胡同。它固然辉煌，但没有意义。太阳王一手打造了自己荣誉的圣地：大长廊的天花板上、战争厅及和平厅的墙壁上均绘有他的丰功伟绩。实际上这些都是他的大臣和元帅的军功。而君主与王朝的撕裂恰恰反映了权力的象征与权力的实操之间平衡的逆转。

当"科尔贝尔王国"的创始人离世后，便是验证这个团体到底是否稳固的最佳时机。这真让人无法容忍！科尔贝尔遭到了诋毁。勒泰利耶则向君主和公共舆论谴责了他的恶习，他并未提及"偷窃"等字眼，而是说财政总监的正直被高估了。路易十四的反应模棱两可，他知道科尔贝尔犯下欺君之罪后仍对其遗孀和孩子表示感谢和忠诚。显然，这段有关科尔贝尔的回忆容不得玷污，甚至比马扎然程度更甚。这么做基本等同于承认国王被愚弄了，尽管他被看作把控、监督财政政策之人。但国王随后宣布的一些措施实际上是在报复。1674 年后，仍幸存的最高总督奥尔穆瓦也被要求告老还乡。接替他获得该职位的是其宿敌——卢瓦。最后，科尔贝尔主要的心腹均被辞退，甚至有些人沦为阶下囚。他心爱的侄子尼古拉·德马雷因被控玩忽职守而遭免职，甚至卷入假币风波。他的长子塞涅莱因才能出众暂时保住了王室和海军事务国务秘书的职位，但也被参议会孤立。

科尔贝尔家族是否懂得如何度过困难时期呢？要得出结论还太早了，科尔贝尔才刚下葬。他的弟弟克鲁瓦西依然掌管外交事务，担任国务大臣。多亏了勒波捷，雷扎尔（Lézards）家族希望能排挤科尔贝尔家族，他们中有人当上了财政总监和国务大臣。政坛风云骤变。

奥格斯堡同盟战争伊始，科尔贝尔的长子塞涅莱回归法国高等参事会。尽管他于 1690 年早早离开人世，但他在几年内尽力重树科尔贝尔家族的影响力。不久之后，卢瓦也在 1692 年与世长辞。然而他的继承人及继任者——巴伯齐厄——却永远与国务大臣职位无缘。科尔贝尔家族成员巩固了自身的统治地位。克鲁瓦西直至 1696 年逝世前一直掌管着外交事务，蓬波纳继承了他的职位，并将其又传给了他的女婿托尔西（Torcy）。托尔西正是克鲁瓦西的科尔贝尔的后代！而科尔贝尔家族也因科尔贝尔的女婿而得以屹立不倒。1685 年博维利耶公爵任财政参事会主席，又于 1691 年担任国务大臣；谢弗勒斯公爵虽未被授予国务大臣头衔，但路易十四对他的态度与国务大臣并无不同。虽然国库和海军随着蓬查特兰和他的儿子热罗姆的崛起一道落入费利波家族手中，但出身"科尔贝尔王国"海军和财政领域的主要管理人员还在发挥作用。

　　西班牙王位继承战争刚刚打响时，科尔贝尔家族加强了与沙米亚尔的联系。沙米亚尔是财政总监，也是国务大臣和战争事务秘书。他还是当年审判富凯一案的一位加入了正确阵营的法官的儿子。而当沙米亚尔递交辞呈时，战争事务被移交给了出身科尔贝尔家族的丹尼尔·瓦赞（Daniel Voisyn）。他于 1709 年起担任国务大臣，后于 1714 年升任法国司法大臣。至于财政方面，路易十四召回了全法国最杰出的财政技术员——尼古拉·德马雷。也只有他才能让国王摆脱统治末期的预算梦魇。这无异于一场华丽的回归！同时，他也跻身于法国高等参事会，作为对从未欣赏过他的主人的报复。

　　纵观路易十四一生，他不得不与朝臣的小团体打交道。马扎然时期带来了勒泰利耶、塞尔维安、利奥纳、富凯甚至科尔贝尔。科尔贝尔更是如此，甚至去世后影响力仍在。事实上，君主制依靠着这种基因就能延续政治体制的时间。几十年来，无数人巩固了这种政治体制，并且，他们的数量成倍增长，拥有的权力都基于一种近乎返祖的能力。这大大减少了君主的可操作范围，无论是路易十四还是他的继任者。这无疑支持了圣西蒙的论断，他清楚地看到王室权力的实际限制：大臣们负责决策，而君主负责批准他们的提议。除了一点，他至高无上的权力建立在他们对那个人的无知之上！在这个技术性压倒内在（l'immanence）的体系中，大臣们质疑并挑战了绝对主义的理念，即国家完全掌控在拥有神圣权利的君主手中。黎塞留、马扎然和科尔贝尔打造了这一体系，或者说服君王说他是这一体系的创造者，正是他们将君主制推入深渊。之后的时代表明，它无法考虑到其运作带来的社会和意识形态的变化。王权必然会消失，它是内部矛盾和绝对主义这个虚假原则的受害者，因为绝对主义君主制幻想自己会一直存在。

参考文献

ANSELME de SAINTE-MARIE de GUIBOURS P. de (Père), *Histoire généalogique et chronologique de la maison royale de France, des pairs grands officiers de la couronne…*, Paris, 1726-1733, 9 volumes.

AVENEL D.L.M. (éd), *Lettres, instructions diplomatiques et papiers d'État du cardinal de Richelieu*, Paris, 1853-1877, 8 volumes.

ANTOINE M., *Le cœur de l'État, surintendances, contrôle général et intendances des finances, 1552-1791*, Paris, 2003.

AUBERT F. d', Colbert, *La vertu usurpée*, Paris, 2010.

AUBERT G., *Les révoltes du papier timbré, 1765*, P.U.R., 2014.

BAYARD F., *Le monde des Financiers au XVIIe siècle*, Paris, 1988.

—, «Les Chambres de justice de la première moitié du XVIIe siècle», *Cahiers d'Histoire*, t. 19, n° 2, 1974, pp. 121-140.

—, «Fermes et traités dans la première moitié du XVIIe siècle», *Bulletin du Centre d'Histoire économique et sociale de la région lyonnaise*, fasc. 1, 1976, pp. 45-80.

—, «Les fermes des gabelles en France, 1598-1653», in *Le Roi, le marchand et le sel* , sous la direction de J.-C. Hocquet, s. l. 1987.

— avec FÉLIX J.; HAMON Ph., *Dictionnaire des surintendants et des contrôleurs généraux des finances*, Paris, 2000.

BEGUIN K., *Les princes de Condé, rebelles, courtisans et mécènes dans la France du Grand Siècle*, Paris, 1999.

—, *Financer la guerre au XVIIᵉ siècle*, Paris, 2012.

—, « De la finance à l'intendance : Jean Hérault de Gourville, 1625-1703 », *Revue d'Histoire moderne et contemporaine*, t. 46, n° 3, juillet-septembre 1999, pp. 435-456.

BERCE Y.-M., *Histoire des Croquants : étude des soulèvements populaires au XVIIᵉ siècle dans le Sud-Ouest de la France*, Paris, Genève, 1974, 2 volumes.

—, « Le Convoi et comptablie de Bordeaux au XVIIᵉ siècle », in *Etudes sur l'ancienne France offertes en hommage à Michel Antoine*, textes réunis par B. Barbiche et Y.-M. Bercé, Paris, 2003.

BERGIN J., *Pouvoir et fortune de Richelieu*, traduction française, Paris, 1987.

—, *L'ascension de Richelieu*, traduction française, Paris, 1994.

—, *The Making of the french épiscopal, 1589-1661*, New Haven, Londres, 1996.

—, *Crown, Church and Episcopate under Louis XIV*, Londres, 2004.

BITSCH C., *Vie et carrière d'Henri II de Bourbon, prince de Condé, 1588-1646*, Paris, 2008.

BLUCHE F., *L'origine des magistrats du Parlement de Paris au XVIIIᵉ siècle*, *Mémoires de la Fédération historiques et archéologiques de Paris et de l'Ile de France*, t. V-VI, Paris, 1956.

—, *Louis XIV*, Paris, 1986.

—, *Dictionnaire du Grand Siècle*, Paris, 1990.

BOISNARD L., *Les Phélypeaux, une famille de ministres sous l'Ancien Régime*, Paris, 1986.

BOISSONADE P., *Colbert : le triomphe de l'étatisme, la fondation de la suprématie industrielle de la France, la dictature du travail : 1661-1683*, Paris, 1932.

BOISSONNADE P. et Charliat P., *Colbert et la Compagnie de commerce du Nord (1661-1689)*, Paris, 1930.

BONNEAU-AVENANT A., *Madame de Miramion, sa vie et ses œuvres charitables, 1629-1696*, Paris, 1873.

—, *La duchesse d'Aiguillon, nièce du cardinal Richelieu, sa vie et ses œuvres charitables, 1604-1675*, Paris, 1882.

BONNEY R. J., «The secret expensives of Richelieu and Mazarin, 1624-1661», *English Historical Review*, vol. XCI, octobre 1976, pp. 825-836.

—, *Political change in France Under Richelieu and Mazarin, 1624-1661*, Oxford, 1978.

—, «The Failure of the french revenues farms, 1600-1660», *Economic Historic Review*, second serie, vol. XXXII, n° 1, février 1979, p. 11-32.

BOURGEON J.-L., *Colbert avant Colbert*, Paris, 1973.

BOUYER C., «Les Finances extraordinaires de la France de la déclaration de la guerre à l'Espagne à la Fronde, 1635-1648», Université de Paris Sorbonne, thèse de 3ᵉ cycle, 2 volumes dactyl., 1978.

CHARMEIL J.-P., *Les Trésoriers de France à l'époque de la Fronde*, Paris, 1964.

CHERUEL A., *Mémoires sur la vie publique et privée de Fouquet, surintendant des finances*, Paris, 1862, 2 volumes.

CLEMENT P., *Lettres, instructions et mémoires de Colbert* (édités par), Paris, 1861-1882, 8 tomes en 10 volumes.

COLBERT F. de, *Histoire des Colbert du XVᵉ au XXᵉ siècle*, Paris, 2002.

COLE C. W., *Colbert and a century* of *French mercantilism*, New York, 1939.

CORNETTE J., *La Mélancolie du pouvoir: Omer Talon et le procès de la raison d'État*, Paris, 1998.

COSNAC G.J. de, Mazarin et Colbert, 2 volumes, Paris, 1892.

DELAFOSSE M., LAVEAU C.-L., «Le Commerce du sel de Brouage au XVIIᵉ et au XVIIIᵉ siècle», *Cahier des Annales*, n° 17, s. l., 1960.

DENT J., *Crisis in finance, crown, financiers and society in XVIIᵗʰ century France*, New York, 1973.

—, «The role of clienteles in the financial elite of France under cardinal Mazarin», in *French Government and Society, 1500-1850, essays in memory of Alfred Cobban*, Londres, 1973, pp. 41-69.

DESSERT D., «Finances et société au xvII^e siècle : à propos de la Chambre de Justice de 1661», *Annales ESC*, n° 4, juillet-août 1974, pp. 847-882.

—, «Pouvoir et finance au xvII^e siècle : la fortune du cardinal Mazarin», *Revue d'Histoire moderne et contemporaine*, t. 23, avril-juin 1976, pp. 161-181.

—, *Argent, pouvoir et société au Grand Siècle*, Paris, 1984.

—, *Fouquet*, Paris, 1987.

—, *Louis XIV prend le pouvoir*, Bruxelles, 1989.

—, *Colbert ou le serpent venimeux*, Bruxelles, 2000.

—, *Les Daliès de Montauban, une dynastie protestante de financiers sous Louis XIV*, Paris, 2005.

—, *Le royaume de Monsieur Colbert, 1661-1683*, s. l., 2007.

— avec JOURNET J.-L., «Le lobby Colbert, un royaume ou une affaire de famille?», *Annales ESC*, n° 6, novembre-décembre 1975, pp. 1303-1336.

— avec CORVOL A., «Le trafic de bois en Bourgogne», in *Forêt et Marine*, textes réunis et publié par A. Corvol, S.R., 1999, pp. 377-399.

DEVÈZE M., *La grande réformation des forêts royale sous Colbert (1661-1680)*, Nancy, 1962.

DINELI L., *Colbert, marquis de Seignelay*, Paris, 1997.

DORNIC F., *Louis Berryer, agent de Mazarin et de Colbert*, Caen, 1968.

DULONG C., *La fortune de Mazarin*, Paris, 1990.

—, *Mazarin et l'argent, banquiers et prête-noms*, Paris, 2002.

ESMONIN E., *La Taille en Normandie au temps de Colbert (1661-1683)*, Paris, 1913.

FOGEL M., *Roi de France. De Charles VIII à Louis XVI*, S.R., 2014.

FORBONNAIS F., *Véron de Forbonnais : recherches et considérations sur les finances de France depuis 1595 jusqu'à 1721*, Bâle, 1758, 2 volumes.

FOUQUET N., *Les Œuvres de M. Foucquet, ministre d'État, contenant son accusation, son procès et ses Défenses contre Louis XIV...*, Paris, 1696, 16 volumes.

FRONDEVILLE H. et O. de, *Les conseillers du Parlement de Normandie de 1641 à 1715*, Rouen, 1970.

FROSTIN C., «La famille ministérielle des Phélypeaux. Esquisse d'un profil Pontchartrain, xvie-xviiie siècle», *Annales de Bretagne*, 1979, t. LXXXVI, n° 1, pp. 117-140.

—, *Les Pontchartrain, ministres de Louis XIV: alliances et réseaux d'influence sous l'Ancien Régime*, Rennes, 2006.

GOUBERT P., *Louis XIV et vingt millions de Français*, Paris, 1966.

GOURVILLE J. sieur Hérauld de, *Mémoires*, Paris, 1826, rééd. présentée et annotée par A. Lebigre, Mercure de France, 2004.

GRILLON P. (éd.), *Les Papiers de Richelieu*, Paris, 1975-1980, 6 volumes, 2 index.

GUERRE S., *Nicolas Desmaretz: le Colbert oublié du Roi-Soleil*, Paris, Champ-Vallon, 2019.

HAAG E., *La France protestante*, Paris, 1846-1849, 10 volumes.

HAAG E. et E., *La France protestante*, Paris, 1877-1888, 6 volumes.

HOCQUET J.-C., *Le Sel et le Pouvoir de l'an Mille à la Révolution française*, Paris, 1985.

—, *Le Roi, le marchand et le sel*, Lille, 1987.

— avec SARRAZIN J.-L., sous la direction de, *Le Sel de la baie: histoire, archéologie, ethnologie des sels atlantiques*, Rennes, 2006.

KOSSMANN E. H., *La Fronde*, Leyde, 1954.

LABATUT J.-P., *Les ducs et pairs de France au xviie siècle*, Paris, 1972.

LABBE Y., «Une famille de noblesse de robe: les Habert de Montmort, seigneurs du Mesnil-Saint-Denis, 1543-1720», *Mémoires de la Fédération historique et archéologique de Paris et de l'Ile de France*, t. XXXIX, Paris, 1988.

LAIR J., *Nicolas Foucquet, procureur général, surintendant des finances, ministre d'État de Louis XIV*, Paris, 1890, 2 volumes.

LEBIGRE A., *Les dangers de Paris au* XVII*ᵉ siècle: l'assassinat de Jacques Tardieu, lieutenant criminel au Châtelet et de sa femme*, Paris, 1991.

LEFEBVRE P., «Aspects de la fidélité en France au XVIIᵉ siècle: les agents du prince de Condé», *Revue historique*, n° 507, juillet-septembre 1973, pp. 59-106.

LE GOHEREL H., *Les Trésoriers généraux de la marine, 1517-1788*, Paris, 1965.

LIMON M.-F., *Traitants et fraudes dans le recouvrement de l'impôt. Affaires réglées par Claude Le Pelletier, contrôleur général des finances (1683-1689)*, Paris, 1995.

LUTUN B., *La Marine de Colbert, Études d'organisations, S.R.*, 2003.

LYNN J.A., *The wars of Louis XIV, 1667-1714*, Londres, 1999.

MARTIN G., *L'histoire du crédit en France sous le règne de Louis XIV, tome I*, Paris, 1913.

MEYER J., *Colbert*, Paris, 1981.

MICHAUD C., *L'Église et l'argent sous l'Ancien Régime: les receveurs généraux du clergé de France aux* XVIᵉ *et* XVIIᵉ *siècles*, Paris, 1991.

MURAT I., *Colbert*, Paris, 1980.

MOUSNIER R., *La Vénalité des offices sous Henri IV et Louis XIII*, 2ᵉ éd., Paris, 1971.

—, *Le Conseil du Roi de Louis XII à la Révolution*, Paris, 1970.

—, *L'Homme rouge ou la Vie du cardinal Richelieu, 1585-1642*, Paris, 1992.

— (éd.), *Lettres et Mémoires adressés au Chancelier Séguier*, Paris, 1964, 2 volumes.

ORMESSON O. Lefevre d', *Journal*, Paris, 1860-1861, 2 volumes.

PATIN G., *Lettres*, Paris, 1846, 3 volumes.

PENICAUT E., *Faveur et pouvoir au tournant du Grand Siècle: Michel Chamillart, ministre et secrétaire d'État de la guerre de Louis XIV*, Paris, 2004.

PETITFILS J.-C., *Fouquet*, Paris, 1999.

PONET O., *Mazarin l'Italien*, Paris, 2018.

RANUM O., *Les Créatures de Richelieu*, Paris, 1966.

ROWLANDS G., *The Financial Decline of a Great Power, War, Influence, and Money in Louis XIV's France*, Oxford, 2012.

—, *Dangerous and dishonest men: the international bankers of Louis XIV's France*, S.R., 2015.

ROTHKRUG L., *Opposition to Louis XIV*, Princeton, 1965.

RETZ cardinal de, *Mémoires*, édition M. Pernaut, Paris, Folio Classique, 2003.

SARMANT T & STOLL M., *Régner et gouverner, Louis XIV et ses ministres*, Paris, 2010.

SMEDLEY-WEILL A., *Les intendants de Louis XIV*, Paris, 1995.

STURDY D. J., *The d'Aligres de la Rivière, servants of the Bourbon State in the XVIIth century*, New York, 1986.

TALLEMANT des REAUX G., *Historiettes*, Paris, La Pléiade, 1967-1970, 2 volumes.

VERGÉ-FRANCESCHI, M., *Colbert, La politique du bon sens*, Paris, 2003.

VIGNAL-SOULEYREAU M.-C., *La Correspondance du cardinal de Richelieu, au faîte du pouvoir: 1632*, Paris, 2007.

—, *Le cardinal de Richelieu à la conquête de la Lorraine, correspondance: 1633*, Paris, 2010.

VILLAIN J., *La fortune de Colbert*, Paris, 1994.

—, « Denis Marin, traitant timide et inquiet », in Histoire économique et financière de la France, *Études et documents*, t. VIII, Paris, 1996, pp. 149-185.

WICQUEFORT A. de, *Chroniques discontinues de la Fronde*, choix de textes, introduction et présentation, annotations par R. Mandrou, Paris, 1978.

图书在版编目（CIP）数据

科尔贝尔：路易十四王朝的神话／（法）丹尼尔·
德塞尔著；廖宏鸿译．－－北京：社会科学文献出版社，
2023.5

（思想会）

ISBN 978-7-5201-9964-3

Ⅰ.①科… Ⅱ.①丹… ②廖… Ⅲ.①财政金融-金
融史-研究-法国-近代 Ⅳ.①F835.659

中国版本图书馆 CIP 数据核字（2022）第 054955 号

·思想会·

科尔贝尔：路易十四王朝的神话

著　　者／〔法〕丹尼尔·德塞尔（Daniel Dessert）
译　　者／廖宏鸿

出 版 人／王利民
责任编辑／刘学谦　聂　瑶
责任印制／王京美

出　　版／社会科学文献出版社·当代世界出版分社（010）59367004
　　　　　　地址：北京市北三环中路甲 29 号院华龙大厦　邮编：100029
　　　　　　网址：www.ssap.com.cn
发　　行／社会科学文献出版社（010）59367028
印　　装／北京盛通印刷股份有限公司

规　　格／开本：880mm×1230mm 1/32
　　　　　　印张：9 字数：226 千字
版　　次／2023 年 5 月第 1 版 2023 年 5 月第 1 次印刷
书　　号／ISBN 978-7-5201-9964-3
著作权合同
　　　　　　／图字 01-2020-1734 号
登 记 号
定　　价／79.00 元

读者服务电话：4008918866